Kritische Verbraucherforschung

Reihe herausgegeben von
Christian Fridrich, Wien, Österreich
Renate Hübner, Klagenfurt, Österreich
Karl Kollmann, Wien, Österreich
Michael-Burkhard Piorkowsky, Bonn, Deutschland
Nina Tröger, Wien, Österreich

In der Reihe „Kritische Verbraucherforschung" werden Sammelbände und Monographien veröffentlicht, die im Gegensatz zur herkömmlichen, am Markt-Kauf-Paradigma orientierten Verbraucherforschung wenig reflektierte Ansätze stärker in den Blick nehmen. Kritisch wird vor allem die tendenziell zunehmende Vereinnahmung sämtlicher Lebensbereiche durch den Markt gesehen. Die zunehmende Marktorientierung verändert unsere Gesellschaft insofern massiv, als sie erstens Menschen einseitig marktabhängig macht, zweitens aufgrund des dem herrschenden ökonomischen Verständnis inhärenten Wachstumsparadigmas dazu führt, dass alle Lebensbereiche nach der Wachstumslogik funktionieren (müssen) und dadurch drittens die Zerstörung unserer Lebensgrundlagen zu beschleunigen scheint.

Kritische Verbraucherforschung wird daher in mehrerlei Hinsicht aus einer emanzipatorischen Haltung heraus entwickelt: wider die Instrumentalisierung der Verbraucherforschung, wider die Vermarktlichung der Gesellschaft, wider die Infantilisierung der Verbraucherinnen und Verbraucher und wider die Privatisierung von politischer Verantwortung.

Mit einer Kritischen Verbraucherforschung eng verknüpft ist eine kritische Verbrauchertheorie, in der jene Kontexte angemessen berücksichtigt werden, in die das Handeln von Verbraucherinnen und Verbrauchern eingebettet ist, nämlich private Haushalte, Erwerbstätigkeit und Gesellschaft. Diese Handlungskontexte sind für eine sozioökonomisch ausgerichtete Wirtschafts- und Verbraucherbildung von höchster Relevanz, in der die gesellschaftlich eingebetteten Akteurinnen und Akteure in den Mittelpunkt der Analyse gerückt werden und die auf kompetente Orientierungs-, Urteils- sowie Handlungsfähigkeit abzielt.

Die Reihe ist auch ein Angebot an die Verbraucherbildung, die Verbraucherpolitik und die Nachhaltigkeitspolitik, insofern diese Bereiche auch Interesse an wissenschaftlichen Erkenntnissen und Ansätzen abseits von rein marktökonomischen Perspektiven und Gestaltungsspielräumen haben. Umgekehrt sind auch Vertreterinnen und Vertreter insbesondere der Bildungs-, Verbraucher- und Nachhaltigkeitspolitik eingeladen, mitzuwirken und mit ihren Fragestellungen wiederum die Kritische Verbraucherforschung zu fordern und zu fördern.

Weitere Bände in der Reihe http://www.springer.com/series/13869

Michael-Burkhard Piorkowsky ·
Karl Kollmann
(Hrsg.)

Eigensinnige und unorthodoxe Vordenker für eine Kritische Konsumtheorie

Beiträge aus Wirtschafts- und Sozialwissenschaften

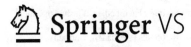

Hrsg.
Michael-Burkhard Piorkowsky
Universität Bonn, Bonn, Deutschland

Karl Kollmann
Österreichischer Verbraucherrat, Wien, Österreich

ISSN 2569-7161   ISSN 2569-717X (electronic)
Kritische Verbraucherforschung
ISBN 978-3-658-31536-8   ISBN 978-3-658-31537-5 (eBook)
https://doi.org/10.1007/978-3-658-31537-5

Die Deutsche Nationalbibliothek verzeichnet diese Publikation in der Deutschen Nationalbibliografie; detaillierte bibliografische Daten sind im Internet über http://dnb.d-nb.de abrufbar.

© Springer Fachmedien Wiesbaden GmbH, ein Teil von Springer Nature 2021
Das Werk einschließlich aller seiner Teile ist urheberrechtlich geschützt. Jede Verwertung, die nicht ausdrücklich vom Urheberrechtsgesetz zugelassen ist, bedarf der vorherigen Zustimmung des Verlags. Das gilt insbesondere für Vervielfältigungen, Bearbeitungen, Übersetzungen, Mikroverfilmungen und die Einspeicherung und Verarbeitung in elektronischen Systemen.
Die Wiedergabe von allgemein beschreibenden Bezeichnungen, Marken, Unternehmensnamen etc. in diesem Werk bedeutet nicht, dass diese frei durch jedermann benutzt werden dürfen. Die Berechtigung zur Benutzung unterliegt, auch ohne gesonderten Hinweis hierzu, den Regeln des Markenrechts. Die Rechte des jeweiligen Zeicheninhabers sind dazu beachten.
Der Verlag, die Autoren und die Herausgeber gehen davon aus, dass die Angaben und Informationen in diesem Werk zum Zeitpunkt der Veröffentlichung vollständig und korrekt sind. Weder der Verlag, noch die Autoren oder die Herausgeber übernehmen, ausdrücklich oder implizit, Gewähr für den Inhalt des Werkes, etwaige Fehler oder Äußerungen. Der Verlag bleibt im Hinblick auf geografische Zuordnungen und Gebietsbezeichnungen in veröffentlichten Karten und Institutionsadressen neutral.

Planung/Lektorat: Katrin Emmerich
Springer VS ist ein Imprint der eingetragenen Gesellschaft Springer Fachmedien Wiesbaden GmbH und ist ein Teil von Springer Nature.
Die Anschrift der Gesellschaft ist: Abraham-Lincoln-Str. 46, 65189 Wiesbaden, Germany

Inhaltsverzeichnis

Einführung: Verbrauchertheorie heute ist ohne eigensinnige und
unorthodoxe Vordenker undenkbar 1
Michael-Burkhard Piorkowsky

Teil I   Auf der Suche nach individueller Zufriedenheit

Bell, Campbell und die Seele des modernen Konsums 21
Kai-Uwe Hellmann

Von Märkten und Menschen: Tibor Scitovskys freudlose
Wirtschaft 57
Günther Rosenberger

Albert O. Hirschman: Vordenker einer handlungsorientierten
Konsumtheorie 91
Christian Bala

Teil II   Auf der Suche nach ökologischer Nachhaltigkeit

Kenneth Ewart Boulding: Ökonomik und Ökologie 121
Michael-Burkhard Piorkowsky

Nachhaltige Entwicklung ist die Alternative zum Kapitalismus –
Erinnerungen an Gerhard Scherhorn 151
Johannes Hoffmann und Gerhard Hofmann

Georg Simmel: Mode und Schönheit 163
Rainer Hufnagel

**Rückblick und Ausblick: „Verbrauchertheorie neu denken!"
Anregungen auf dem Gründungs-Workshop des Bamberger
Kreises** 187
Karl Kollmann

Einführung: Verbrauchertheorie heute ist ohne eigensinnige und unorthodoxe Vordenker undenkbar

Michael-Burkhard Piorkowsky

Zusammenfassung

In den Beiträgen zu diesem Band werden Autoren in Erinnerung gebracht, die eigensinnige und unorthodoxe Wissenschaftler in ihrem Bereich waren, also nicht in Übereinstimmung mit den Grundsätzen ihrer Fachgemeinschaft gearbeitet haben. Thorstein Bunde Veblen mit seinem berühmten Buch *The Theory of the Leisure Class* ist ein Beispiel für die herausragende Bedeutung wissenschaftlicher Abweichler in der Entwicklung der Verbrauchertheorie. Die hier ausgewählten Autoren haben durch ihre Abgrenzung des Gegenstandsbereichs und Zugangsweise zum Erkenntnisobjekt, durch Ablehnung von Axiomen bzw. Teilen des Aussagesystems sowie von Begründungen und Methoden der Erkenntnisgewinnung alternative, insbesondere Disziplinen überschreitende Ansätze gewählt und damit Beiträge zu einer Kritischen Verbrauchertheorie, wie sie mit dieser Schriftenreihe angeregt wird, geleistet. Teilweise haben die Ansätze Aufmerksamkeit, Anerkennung und sogar Eingang in die Verbrauchertheorie gefunden, sodass deren Fruchtbarkeit nicht mehr nachgewiesen werden muss, aber eben dadurch auch die Bedeutung unorthodoxer Vordenker belegt. Teilweise sind die Beiträge aber unbeachtet geblieben. Sie könnten sich noch als fruchtbar erweisen, wenn sie bekannt gemacht oder in Erinnerung gebracht werden. Mit diesem Band soll ein weiterer Anstoß für die Befassung mit der Theoriegeschichte des Fachs und des angrenzenden Fächerspektrums als eine Grundlage für die Entwicklung einer

---

M.-B. Piorkowsky (✉)
Universität Bonn, Bonn, Deutschland
E-Mail: piorkowsky@ilr.uni-bonn.de

nicht zu eng angelegten Verbrauchertheorie gegeben werden, die richtungsweisend für eine entsprechende Verbraucherforschung, -politik und -bildung sein könnte.

1 Wissenschaft lebt gerade auch von Abweichlern

Thorstein Bunde Veblen (o. J. [1899]) mit seinem berühmten Buch *The Theory of the Leisure Class* ist ein Beispiel für die herausragende Bedeutung wissenschaftlicher Abweichler in der Entwicklung der Verbrauchertheorie. Zwar ist – anders als in der Überschrift dieses einführenden Kapitels zum Ausdruck gebracht wird – eine Verbrauchertheorie heute auch ohne die Impulse und beispielgebenden Arbeiten von unorthodoxen Autoren denkbar, aber sie sähe sicherlich ganz anders aus, wie ein Blick auf die neoklassische Theorie der Nachfrage zeigt. Es ist nun aber – nach Ansicht der hier beteiligten Autoren – noch immer so, dass in der Fachgemeinschaft zu wenig von dem wahrgenommen wird, was an richtungsweisenden Beiträgen von Vordenkern entwickelt und angeboten worden ist. Etliches, was als überholt gelten sollte, wird nach wie vor zitiert und scheint damit auch die Denkrichtung der Autoren anzugeben. Und manche Erkenntnis benötigt oft lange, manchmal zu lange, bis sie zu den aktuellen Selbstverständlichkeiten gehört, wie die Degradierung des Homo oeconomicus-Modells, wodurch die Verbrauchertheorie sich mit neuem Selbstbewusstsein darstellt. Was wäre die Verbrauchertheorie heute ohne die Behavioral Economics, deren Kritik an der orthodoxen Wirtschaftstheorie mit der Entwicklung von Gegenpositionen vor über 60 Jahren von den unorthodoxen Sozialwissenschaftlern George Katona, Herbert Simon und Günter Schmölders vorweggenommen wurde (siehe dazu Presse- und Informationsstelle der Freien Universität Berlin 1982; Selten 1999; Rippe und Haarland 1980). An anderen Modellen und Dogmen wird dagegen festgehalten, wie an der theoriezentralen Vorstellung von einem fundamentalen Gegensatz zwischen Konsum und Produktion und der spezifischen Funktion und Rolle der Konsumenten als Käufer und Endverbraucher, auch wenn gelegentlich Zweifel aufkommen und Korrekturen erwogen oder angedeutet werden.

In einem Grundlagenwerk zu *Verbraucherwissenschaften* (Kenning et al. 2017) spricht Kenning (2017, S. 3–17) in seinem Beitrag über *Verbraucherwissenschaften – Begriffliche Grundlagen und Status quo* Probleme begrifflicher und konzeptioneller Festlegungen an und hält insbesondere zeitlich stabile Definitionen für nahezu unmöglich. Dennoch möchte er dies mit seinem Beitrag unternehmen, beginnend mit dem Verbraucherbegriff. Als Ertrag der Literaturanalyse präsentiert Kenning zunächst zwei Sichtweisen, wonach als Verbraucher alle Wirtschaftssubjekte (Institutionen, Organisationen, Individuen) in Betracht kämen, die – als primär wirtschaftliche *Funktion* – Güter (einschließlich Dienste) verbrauchen bzw. – als *Institution* – überwiegend Verbrauchsfunktionen ausüben, und zwar natürliche Personen, private Haushalte und gewerbliche Betriebe, wie „Großküchen in einer Universitätsmensa" (Kenning 2017, S. 5). Das klingt interessant und sogar unorthodox (vgl. dazu den Beitrag über Kenneth Ewart Boulding in diesem Band). Kenning lässt aber offen, ob diese Sichtweisen neben den privaten Haushalten alle abgeleiteten Betriebe in den Blick nehmen oder lediglich solche, die eine haushaltsnahe Versorgung organisieren, und will diesen Aspekt nicht vertiefen. Stattdessen analysiert er Definitionen des Begriffs „Verbraucherwissenschaften", in denen die Idee vom Verbraucher als Teilrolle natürlicher Personen in der Funktion als Käufer und Nutzer im Haushalts- und Familienkontext und in Interaktion mit etlichen Organisationen zum Ausdruck kommt, und plädiert für die institutionelle Sichtweise (Kenning 2017, S. 7). Allerdings wird dabei – wie auch in den folgenden Ausführungen über Bedarfsfelder – nicht wirklich klar, was denn nun eigentlich „verbrauchen" *außer* der „Nutzung von Produkten" und der „Befriedigung von Bedürfnissen" sei. Das lässt sich lediglich intuitiv aus der Liste von Bedarfsfeldern, vor allem hinsichtlich des „Bedarfsfelds Ernährung", und der beispielhaft genannten „Großküchen" erschließen.

Mit diesem Verständnis vom Verbraucher wird in dem von Schreiner und Kenning (2017, S. 81–102) verfassten Beitrag über *Historische Rahmenbedingungen verbraucherrelevanter Datensammlungen* das berühmte Konsum-Dogma von Adam Smith in seinem ökonomischen Hauptwerk *An Inquiry into the Nature and Causes of the Wealth of Nations* in deutscher Übersetzung vorangestellt (Schreiner und Kenning 2017, S. 82):

> Der Verbrauch allein ist Ziel und Zweck einer jeden Produktion, daher sollte man das Interesse des Produzenten eigentlich nur soweit betrachten, wie es erforderlich sein mag, um das Wohl des Konsumenten zu fördern. Die Maxime leuchtet ohne weiteres ein, sodaß es töricht wäre, sie noch beweisen zu wollen. In der merkantilistischen Wirtschaftsordnung wird das Wohl des Verbrauchers beinahe ständig dem Interesse des Produzenten geopfert, und man betrachtet offenbar die Produktion und nicht den Konsum als letztes Ziel oder Objekt allen Wirtschaftens und Handelns.

Die Autorin und der Autor bekräftigen die zitierte Aussage mit der Feststellung: „Schon Adam Smith, Begründer der klassischen Nationalökonomie, wusste um die Stellung der Verbraucher in der Wirtschaft" (Schreiner und Kenning 2017, S. 82). Aber warum sollte das Smith'sche Konsum-Dogma von 1776 noch immer gelten? Und wenn, wie wäre das Interesse der Großküche als gewerblicher Verbraucher und das der Gäste der Mensa als Verbraucher gegeneinander abzuwägen? Zu all dem wäre viel zu sagen, wofür hier nicht der Platz ist (siehe dazu Piorkowsky 2017, 2019). Angemerkt sei lediglich noch, dass die Aussage, der Verbrauch – herkömmlich gedacht als Gegensatz zur Herstellung – allein sei Ziel und Zweck einer jeden Produktion, in dieser Absolutheit zumindest aus heutiger Sicht infrage zu stellen ist. Dass Arbeit nicht nur Last, sondern auch Lust verursachen kann, ist häufig dargelegt worden, so auch von dem hier in einem der Beiträge gewürdigten Verhaltensökonom Tibor Scitovsky (1976, S. 89–101) in seinem Buch *The Joyless Economy*. Neurowissenschaftliche Befunde stützen die These der Selbst-Stimulation durch Arbeit (Lallement et al. 2014 [2013]). In der herkömmlichen Verbrauchertheorie mit der am Markt-Kauf-Paradigma ausgerichteten Verbraucherrolle hat das allerdings keinen Niederschlag gefunden. Dass Schmölders (1969, S. 50) empfohlen hat, Erwerbstätigkeit und Einkommenserzielung in einem gewissen Umfang in die Konsumforschung einzubeziehen, sei hier als ein weiterer Hinweis auf die Sinnhaftigkeit der Befassung mit unorthodoxen Autoren erwähnt.

Was mit unorthodoxen Vordenkern gemeint ist, sei am Beispiel der Ökonomik erläutert. Um für den Bereich der Ökonomik und der ökonomischen Verbrauchertheorie orthodoxe und unorthodoxe Ansätze zu unterscheiden, lassen sich in erster Annäherung die Mikroökonomik und Makroökonomik in ihrer herkömmlichen Form, wie sie sich in den Textbüchern für das Ökonomiestudium findet, als reine Lehre einerseits den auch nicht ganz neuen Ansätzen, wie Evolutorische Ökonomik, Haushalts- und Familienökonomik, (Neue) Institutionenökonomik, Ökologische Ökonomik und Verhaltensökonomik, andererseits als unorthodoxe Ansätze gegenüberstellen. Insbesondere die für Zwecke der Mathematisierung vereinfachten, aber unrealistischen Verhaltens-, Umwelt- und Modellierungsannahmen der mikroökonomischen Theoriebildung haben Angriffspunkte für Kritik und Begründungen von Alternativentwürfen geliefert, um den Hauptfeind Homo oeconomicus zu attackieren. Zu den kritisierten Annahmen gehören bekanntlich vor allem die Folgenden: starkes Rationalverhalten, Egoismus, Nichtsättigung der Bedürfnisse, maximierendes Verhalten, Atemporalität, vollständige Markttransparenz und Voraussicht, gegebene Erstausstattung der Wirtschaftssubjekte, freier Marktzugang, unendlich viele Marktteilnehmer, Homogenität und vollständige Teilbarkeit der Güter, gegebene Technik, Neutralität des Geldes, Abwesenheit von Transaktionskosten und externen Effekten sowie Stetigkeit von Produktions- und Konsumfunktionen (Kade 1962; Holleis 1985, S. 28 f.; vgl. dazu Piorkowsky 2011, S. 80–83). Unorthodoxe Ökonomen haben die Bedeutungslosigkeit der

Annahmen für die Analyse der realen Welt und die Lösung drängender gesellschaftlicher Probleme kritisiert (siehe z. B. Veblen 1998 [1898]; Schmölders 1966; Boulding 1986) und eigene Ansätze entwickelt.

In einer Analyse der Ansätze ausgewählter unorthodoxer Ökonomen hat Bruno S. Frey (1977) Grundüberzeugungen der Autoren herausgearbeitet, die mehr oder weniger kombiniert deren Arbeiten im Sinn konzeptioneller Elemente kennzeichnen. Einbezogen in die Analyse waren Publikationen von Thorstein Bunde Veblen, John Kenneth Galbraith, Albert Otto Hirschman, Kenneth Ewart Boulding und Gunnar Myrdal. Über Boulding und Hirschman finden sich auch in diesem Band Beiträge. Folgende Gemeinsamkeiten in den Sichtweisen und dem Vorgehen der Unorthodoxen hat Frey (1977, S. 50) hervorgehoben:

- Die Wirtschaft ist ein Teil eines sozio-kulturellen Gesamtsystems. Wirtschaft und Politik sind miteinander verknüpft. In dieser Vernetzung müsse die Wirtschaft transdisziplinär analysiert werden.
- Die Institutionen spielen eine wichtige Rolle im Wirtschaftsleben. Zu den mächtigen Institutionen bzw. Organisationen gehören Großunternehmen.
- Macht und Konflikt sind prägende Gegebenheiten im Wirtschaftsleben.
- Die wirtschaftliche Entwicklung vollzieht sich evolutionär in der Zeit und diese ist nicht umkehrbar.
- Ungleichgewichte können schöpferische Kräfte freisetzen. Maßgebliche Faktoren der Entwicklung sind Änderungen von Technologie, Wissen und Präferenzen.
- Die ökonomischen Ungleichgewichte in der Welt, insbesondere die Probleme der sich entwickelnden Länder und der Benachteiligten in Wohlstandsgesellschaften, müssen beseitigt werden.
- In der Analyse wird mehr Gewicht auf praktische Relevanz als auf methodische Strenge gelegt. Qualitative Forschung, gerade auch empirische Analysen, werden gegenüber mathematischen Modellen vorgezogen, wenn sich Probleme nicht naturgemäß strukturgleich quantifizieren lassen; Mathematik wird aber auch ergänzend angewandt.

Unorthodoxe Ökonomen zeichnen sich demnach vor allem durch transdisziplinäre Integration von Erkenntnissen aus Politikwissenschaft, Soziologie, Psychologie und Ökologie aus und zielen mit ihren Arbeiten – jenseits von reiner Theorie – auf die Lösung gesellschaftlicher Probleme, insbesondere mit Blick auf benachteiligte Menschen und Regionen. Die von Frey (1977) in seine Analyse einbezogenen Ökonomen waren zumindest in einer der weiteren genannten Disziplinen ausgebildet oder durch Selbststudium und Forschung aktiv, insbesondere in der Konflikt- und Friedensforschung; und sie waren auch außerhalb der Ökonomik anerkannt. Sie haben sich wohl als Ökonomen verstanden, waren aber „Einzelkämpfer", haben keine wissenschaftliche Gemeinschaft im engen Sinn gebildet und – abgesehen von den verhaltenswissenschaftlich arbeitenden Ökonomen – erst spät zur Bildung wissenschaftlicher Schulen angeregt. Ähnliches gilt auch für die Neue Institutionenökonomik und die Neue Politische Ökonomik, die aber heute nicht mehr durchgehend als unorthodox gelten, sondern nach und nach die Mikro- und Makroökonomik in Teilen ergänzen.

Im Gegensatz zu den bisher angeführten Autoren und Denkschulen bezeichnet Frederic Lee (2009, S. 4–18) ausschließlich die Vertreter des Marxismus und Neomarxismus als *heterodoxe* Ökonomen, weil sie mit ihrer Fundamentalopposition gegenüber der bürgerlichen Ökonomik wie „theologische Ketzer" schon länger eine inhaltlich und methodisch abgegrenzte Fachgemeinschaft bilden. Neben dem ökonomischen Marxismus sieht Warren Joseph Samuels (1987) die amerikanische Institutionenökonomik als heterodoxe ökonomische Schule. Aber – das sei noch einmal gesagt – heute sind die Grenzen fließender als zur aktiven Zeit der bereits genannten und der in diesem Band ins Bewusstsein gehobenen Unorthodoxen.

Hinsichtlich der Soziologie könnte einem Ökonomen die Geschichte der Soziologie von den Anfängen bis heute weitgehend als eine Geschichte von unorthodoxen Denkern erscheinen (vgl. dazu Maus 1956). Als Beispiele für unorthodoxe Soziologen älteren Semesters hat Kai-Uwe Hellmann in einer persönlichen Mitteilung dem Autor dieser Einführung dankenswerterweise die folgenden Autoren genannt: Dirk Baecker, Peter Fuchs, Roland Girtler, Alois Hahn, Karl Otto Hondrich, Niklas Luhmann, Charles Wright Mills, Rolf Schwendter und Harrison White. Nicht selten werden auch unorthodoxe Ökonomen, jedenfalls ökonomische Lehrstuhlinhaber und akademische Lehrer, wie Max Weber und Thorstein Bunde Veblen, von Soziologen als Wirtschaftssoziologen eingeordnet (siehe Kraemer und Brugger 2017); und ich habe Gerhard Scherhorn einmal als Soziologen bezeichnet (Piorkowsky 2017, S. 92). Das entspricht aber zumindest der inter- bzw. transdisziplinär orientierten Überzeugung und Arbeitsweise unorthodoxer Ökonomen, von denen einige in diesem Band gewürdigt werden, darunter auch Gerhard Scherhorn, dass insbesondere von soziologischer und psychologischer Forschung wichtige, ja unverzichtbare Beiträge zur Erklärung des Verbraucherverhaltens zu erwarten seien (vgl. dazu z. B. Boulding 1950, S. 147; Scherhorn 1977, 1986, 2001).

2 Was ist Kritische Verbrauchertheorie?

Kritische Verbrauchertheorie, wie sie grundlegend im *Bamberger Manifest* skizziert worden ist (Fridrich et al. 2014), orientiert sich Wissenschaftsdisziplinen übergreifend und schließt auch die mit Realerfahrungen und Denktraditionen eng verknüpfte Theoriegeschichte ein (vgl. dazu Piorkowsky 2017). Allein der geschichtliche Wandel der jeweils herrschenden Grundvorstellungen und Paradigmen macht deutlich, dass Verbrauch und Verbraucher – bzw. bedeutungsgleich: Konsum und Konsumenten – nicht immer so wie gegenwärtig gedacht wurden, und lässt vermuten, dass auch künftig mit einem Wandel von Grundansichten zu rechnen ist. Das dies Konsequenzen für Verbraucherpolitik und Verbraucherbildung hat, bedarf eigentlich nicht der Erwähnung, aber es unterstreicht doch die Notwendigkeit kritischer Analyse (vgl. dazu Kollmann 2015, 2017).

Die Autoren des *Bamberger Manifests* stören sich vor allem an der rollentheoretischen Engführung des Verbraucherbegriffs, wobei das Rollenkonzept sehr dürftig bleibt, und an der Dominanz des Markt-Kauf-Paradigmas. Sie orientieren sich an einem mehrdimensionalen und mehr ganzheitlichen Verbraucherverständnis sowie am Haushalts- und Lebensformenkontext und der unaufhebbaren Einbettung der Aktivitäten und Organisationen in die sozioökonomische und ökologische Umwelt. Das führt zu einer Erweiterung des herkömmlichen Verbraucher- und Konsumbegriffs, der theoriegeschichtlich in enger Orientierung am Modell des Wirtschaftssystems als Geld- und äquivalenter Güterkreislauf und in Abgrenzung zum Produktionsbegriff nach agrarisch und handwerklich bzw. industriell geprägtem Verständnis entwickelt worden ist (vgl. dazu Streissler und Streissler 1966). Die Kernpunkte der Kritik seien kurz – und nur leicht zugespitzt – genannt (vgl. ausführlich Piorkowsky und Kollmann 2019, S. 5–10).

- Die herrschende Verbrauchertheorie ist eindimensional. Im Zentrum der Analyse steht – nicht nur bei Ökonomen – der Mensch als Käufer von Marktgütern (siehe z. B. Nessel 2017, S. 37 f.). Bereits der Einkauf wird begrifflich mit Verbrauch und Konsum weitgehend gleichgesetzt. Verbrauch an sich wird kaum betrachtet. Schon gar nicht werden der alltägliche Einkauf sowie die Weiterverarbeitung und Nutzung der Vorprodukte als Produktion personaler Güter gewertet, ganz zu schweigen von selteneren Aktivitäten, wie Kauf oder Anmietung und Einrichtung der Wohnung.
- Dass Haushaltsmitglieder auch ausgesonderte Haushaltsgüter und Dienstleistungen, z. B. Strom und Wohnraumnutzung, auf spezialisierten Märkten verkaufen, wird als „Prosumtion" bezeichnet oder sogar als „Entgrenzung der

Verbraucherrolle" gewertet (siehe dazu Blättel-Mink 2010; Kenning und Lamla 2018; Piorkowsky 2018).

- Ergänzende Versorgungssysteme neben dem Markt, wie Nachbarschaftshilfe und Vereine, werden weitgehend übersehen.
- Wenn die Rolle als Verbraucher-Bürger in den Blick gerückt wird, dann vor allem mit der Orientierung auf ein sozial und ökologisch korrektes Kaufverhalten (siehe z. B. Nessel 2017, S. 49 f.), seltener mit Blick auf öffentlich bereitgestellte und genutzte Güter sowie kollektive Aktionen.
- Die Berufsrollen von Haushaltsmitgliedern und die regelmäßige Geldbeschaffung durch Erwerbsarbeit sowie die gegenseitigen Abhängigkeiten von Geld- und Zeitbudget werden verbrauchertheorie- und -politikbedingt vernachlässigt (siehe Stauss 1982).
- Die Verbraucherbildung folgt im Großen und Ganzen den herkömmlichen theoretischen Vorgaben und den entsprechenden politischen Empfehlungen (siehe dazu Sekretariat der Ständigen Konferenz der Kultusminister der Länder in der Bundesrepublik Deutschland 2013).

Die generalisierte und integrative Betrachtung von Produktion und Konsum sowie von ineinander verwobenen personalen Rollenbündelungen und die Einbettung des Wirtschaftens in gesellschaftliche und ökologische Basisstrukturen sind ein Grundanliegen der Kritischen Verbrauchertheorie. Wünschenswert wäre eine verbrauchertheoretische und -politische Neuorientierung, welche die Lebenswelt der Menschen als Akteure im Haushalts- und Familienkontext wie auch in anderen Lebensformen und das Partizipationsbestreben des modernen Menschen, des Bürgers insbesondere im Sinn von Citoyen oder Citizen (statt Bourgeois), in der Zivilgesellschaft in den Mittelpunkt stellt. Erst mit einer solchen Fokussierung und Perspektive lassen sich – durch interdisziplinäre Forschung fundiert – Fragenkreise, wie Möglichkeiten zufriedenstellender Lebensführung und Suffizienz, nachhaltiger Lebensstile und zukunftsfähiger Klimapolitik, mit Konsumfragen zusammenführen. Das heißt auch, Verbraucherpolitik muss sich der Kolonisierung durch tagesaktuelle Wirtschaftspolitik, durch dogmatische ökonomische Wachstumsmantras und durch ritualisierte institutionelle Handlungsstrukturen in der Politik entwinden lernen. Menschen bevorzugen überschaubare Strukturen, die sie produktiv und partizipativ gestalten können – aber diese müssen erst weitgehend hergestellt werden. Das schließt auch die Förderung von Bedingungen für die Entstehung und Verbreitung neuer sozialer Normen und ökonomischer Institutionen, wie Selbsthilfe- und Sharing-Systeme, ein.

Die in diesen Band gewürdigten Autoren haben zu einzelnen oder mehreren der genannten Kritikpunkte eigenständige, gegenüber der herrschenden Lehre

Einführung: Verbrauchertheorie heute ist ohne eigensinnige…

eigenwillige und unorthodoxe Positionen entwickelt und/oder weitergehende Überlegungen angeregt, die bewusst oder unbewusst in die Grundkonzeption der Kritischen Verbrauchertheorie eingeflossen sind. Der vorliegende Band knüpft damit an den – ebenfalls in der Reihe *Kritische Verbraucherforschung* veröffentlichten – Band über *Vergessene und verkannte Vordenker für eine Kritische Konsumtheorie* an (Piorkowsky und Kollmann 2019).

3 Überblick über die Beiträge

Im Zentrum der folgenden Beiträge stehen die in der Tab. 1 aufgeführten Wissenschaftler, die für ihre Arbeiten und Anregungen im Sinn der Kritischen Konsumtheorie gewürdigt werden. Überwiegend sind diese Persönlichkeiten in ihren jeweiligen Fachgemeinschaften und auch darüber hinaus anerkannt; teils sind sie aber auch nicht oder nicht mit den hier hervorgehobenen Leistungen in der konsumtheoretisch ausgerichteten Literatur angemessen wahrgenommen worden.

Tab. 1 Biografische Angaben zu den ausgewählten Autoren. Quelle: Eigene Zusammenstellung

Name und Profession	Geburts- und Sterbejahr	Ort der letzten Hochschulprüfung	Letzte hauptamtliche Position
Georg Simmel, Kulturphilosophischer Soziologe	1858–1918	Universität zu Berlin	Professor, Universität Straßburg
Kenneth Ewart Boulding, Ökologischer Ökonom	1910–1993	University of Oxford	Professor, University of Colorado
Tibor Scitovsky, Verhaltensökonom	1910–2002	London School of Economics	Professor, Stanford University
Albert Otto Hirschman, Politischer Entwicklungsökonom	1915–2012	Universität von Triest	Professor emeritus, Institute for Advanced Study, Princeton
Daniel Bell, Kulturkritischer Soziologe	1919–2011	Columbia University	Professor, Harvard University
Gerhard Scherhorn, Politischer Konsumökonom	1930–2018	Universität zu Köln	Professor, Universität Hohenheim

Alle waren eigensinnige und unorthodoxe Vordenker, die hauptsächlich jenseits des Hauptstroms der wissenschaftlichen Gemeinschaften – vorrangig in kleinen Gruppen und Denkzirkeln – aktiv waren. Ihre Ein- und Weitsicht bei den Analysen von Wirtschaft und Gesellschaft und die zugehörige Entwicklung von Fragen und Antworten bietet Anregungen in der aktuellen Diskussion über Grundfragen des Konsums und der Verbraucherrolle. Die Bezeichnung der Profession in der Tab. 1 entspricht nicht der offiziellen Denomination der jeweiligen Professur an der Hochschule, sondern einer hier gewählten Kennzeichnung des Wirkens in der Wissenschaft und teils auch darüber hinaus.

Die ausgewählten Autoren bzw. die Referenten thematisieren in den Beiträgen insbesondere Ambivalenzen, Optionen und Zukunftsmodi im Konsum bei der Suche nach Zufriedenheit. Das ist so etwas wie der sprichwörtliche rote Faden in diesem Band. Zum einen geht es um das Streben nach Zufriedenheit im Konsum durch den Konsumakt selbst, zum anderen um das Streben nach Zufriedenheit durch zunehmenden „Frieden mit der Natur". Der Band beginnt im Teil I des Hauptteils mit drei Beiträgen, in denen Einsichten über die Suche nach individueller Zufriedenheit im Konsum i.e.S. dargelegt werden. Es folgen im Teil II des Hauptteils drei Beiträge zur Suche nach ökologischer Nachhaltigkeit. Klar ist, dass sich solche Überlegungen aus der Unzufriedenheit mit der aktuellen Situation ergeben, zum einen mit dem Konsum i.e.S., zum anderen mit den Natur-Umwelt-Effekten von Konsum und – folgerichtig – von Produktion, also der Transformation von Input in Output und Outcome.

Im Kern der Beiträge geht es um die Fragen, ob und wie Zufriedenheit bzw. Nachhaltigkeit erreicht werden kann, ob und welche Hindernisse dem gegenwärtig oder auch zukünftig entgegenstehen, ob und wie diese gegenwärtig oder zukünftig überwunden werden können und was man sich ggf. dafür einhandelt. Sehr kurz gesagt zeigt sich in dem Daniel Bell gewidmeten Beitrag von Kai-Uwe Hellmann, dass Zufriedenheit und Frustration unauflöslich zusammengehören. In dem Beitrag von Günther Rosenberger über Tibor Scitovsky zeigt sich mehr Frust als Freude. Albert Otto Hirschman hat sehr tiefsinnig die ambivalenten Optionen der Konsumenten: Nachfrage, Abwanderung und Widerspruch herausgearbeitet, wie Christian Bala darlegt. Die Vision einer mehr nachhaltigen Raumschiff-Ökonomie für die Erde hat Kenneth Ewart Boulding auf der Grundlage seiner Ökologischen Ökonomik entwickelt, über die Michael-Burkhard Piorkowsky referiert. Gerhard Scherhorn hat – so der Beitrag von Johannes Hoffmann und Gerhard Hofmann – für demokratisch legitimierte Nachhaltigkeit als Alternative zum Kapitalismus geworben. Und Rainer Hufnagel zeigt in seinem Beitrag über Georg Simmel, dass Schönheit in der Produktgestaltung einen Beitrag zur ökologischen Nachhaltigkeit leisten könnte. Der Band schließt mit Fragen und Anregungen, die

Karl Kollmann auf dem Gründungs-Workshop des Bamberger Kreises 2013 vorgetragen hat. Auch diese Stellungnahme war durch Unzufriedenheit motiviert: Unzufriedenheit mit dem Stand der Konsum- und Verbrauchertheorie, -politik und -bildung.

Daniel Bell, Soziologe und Visionär der postindustriellen Gesellschaft, war auch ein früher nicht marxistischer Kritiker der modernen Konsumgesellschaft und des Hedonismus, wie Kai-Uwe Hellmann in seinem Beitrag über Bells Bestimmung des modernen Konsums darlegt. Bell wertete die Entwicklung als kulturelle Revolution im Sinn eines Untergangs der gehobenen Kultur des Bildungsbürgertums. Die nordamerikanische Konsumkultur seiner Zeit empfand er als flach und vulgär. Hellmann kritisiert Bells von Arroganz geprägte und getrübte Kritik, die nicht soziologischen Standards der Analyse gerecht werde. Allerdings erkennt Hellmann in Bells kritisch instrumentalisierter Fokussierung auf Hedonismus einen entscheidenden frühen Hinweis für die konsumsoziologische Forschung auf die Leiteinstellung der modernen Konsumgesellschaft mit dem Konsum als Leitsphäre. Um mehr Tiefenschärfe in die Analyse zu bringen, zieht Hellmann insbesondere Beträge von Colin Campbell und Tibor Scitovsky heran und arbeitet heraus, dass Wunsch und Wirklichkeit, Unzufriedenheit und Zufriedenheit – wie bei einem Pendel – sich abwechselnde Phasen im Prozess der Lebensgestaltung sind und dass die intensive Suche nach persönlicher Zufriedenheit im Konsum die Seele des modernen Konsums sei.

Tibor Scitovsky hat Konsumenten nicht nur als Käufer und Nutzer, sondern auch als Verkäufer ihrer ausgesonderten Haushaltsgüter analysiert (Scitovsky 1994) und die Zusammenhänge zwischen Konsum, Erwerbstätigkeit und Stiftung von Zufriedenheit herausgearbeitet. Bekannt geworden ist er vor allem durch seine Analyse der freudlosen Wirtschaft. Scitovsky (1976) hat in seinem Buch *The Joyless Economy* die individuellen und strukturellen Probleme in den Blick gerückt, die für zunehmend mehr Menschen zu einem eher freudlosen, unerfüllten Leben in der vermeintlichen Wohlstandsgesellschaft führen. Auch Scitovsky hat, wie Bell, die Lebensverhältnisse in den USA vor Augen. Der sich für zu viele nicht erfüllende „American Dream" ist sein Paradigma. Scitovsky verbindet Persönlichkeitspsychologie und Kulturkritik zu einer tiefschürfenden Analyse des – fast krankhaften – gesellschaftlichen Unwohlseins, wie Günther Rosenberger im Detail darlegt. Fehlende Bildung, Erwerbsarbeit und Infrastruktur verhindern die Entfaltung von Neugier und Kreativität, um gute Spannungen aufzubauen, die zu einer erfreulichen Lebensgestaltung notwendig sind. Gleichförmige Massenprodukte und anspruchslose Freizeitaktivitäten führen zu „Anpassung nach unten" und Scheinzufriedenheit. Wenn nahezu alles fehlt, bleiben nur noch Gewalt, Kriminalität und Drogen, um eine fälschlich als positiv empfundene Spannung zu erzeugen. Dass gerade auch unerfüllte Erwartungen zur erfolgreichen Suche nach erfüllender Lebensgestaltung führen können, ist eine Erfahrung, die vielen versagt bleibt. Scitovsky hat das psychologisch begründet und Rosenberger vermittelt es eingängig in seinem Beitrag.

Albert Otto Hirschman war nicht nur Wissenschaftler, sondern auch Praktiker in der Umsetzung seiner wissenschaftlichen und politischen Ideale und Ideen. Er hat die Rolle der Verbraucher-Bürger, insbesondere in den Formen von widerständigen individuellen und kollektiven Aktionen, hervorgehoben (Hirschman 1970). Das ist als „Verbraucherpolitik von unten" und damit auch als Produktion kollektiver bzw. öffentlicher Güter zu verstehen. Aber nicht nur Abwanderung und Widerspruch, sondern auch Loyalität gegenüber einem Anbieter und – neben den Optionen – die Ambivalenzen, die mit den Handlungsmöglichkeiten verbunden sein können und jedenfalls zu bedenken sind, zeichnen Hischmans Hauptwerk in besonderer Weise aus. Und Christian Bala hat genau dies herausgearbeitet und stellt es in seinem Beitrag differenziert dar. Dazu gehören z. B. Hirschmans Überlegungen, dass mit der Abwanderung kritischer Konsumenten aus einem Markt auch das Potenzial für Widerspruch reduziert würde und die weniger aktiven Nachfrager „ihrem Schicksal" überlassen blieben und sich deren Versorgungssituation sogar noch verschlechtern könnte; oder dass sich – bei schwachem Wettbewerb und fehlenden Produktalternativen – durch Loyalität gegenüber einem Anbieter auch die Möglichkeit ergeben würde, korrigierende Reaktionen bis hin zu Widerspruch und Abwanderung zunächst einmal zu entdecken und zu erproben.

Kenneth Ewart Boulding war zunächst ein ziemlich regulärer Ökonom, wie er einmal gesagt hat, und wie auch seine früh publizierten Einführungen in die Ökonomik unter dem Titel *Economic Analysis* belegen. Nur bei genauer Lektüre konnte sich bereits in den Einführungen, die den Status von Standardlektüre für Economics-Studierende hatten, ein Hauch von Neuorientierung herauslesen. In seiner *Reconstruction of Economics* präsentierte er dann eine Theorie, in der das ökonomische System konsequent mit der ökologischen Umwelt verknüpft ist und führte als erster Ökonom die Thermodynamik in die Wirtschaftsanalyse ein. Damit konnte er zeigen, dass der ganze Wirtschaftsprozess ein irreversibler Transformationsprozess von Naturgütern in Investitions- und Konsumgüter sowie Rest- und Schadstoffe ist. Das führte ihn zu der Überlegung, dass Konsum und Produktion eher schlecht als gut seien und fand in dem berühmten Artikel *The Economics of the Coming Spaceship Earth* und dem Folgeartikel *Spaceship Earth Revisited* einen genialen Abschluss. Außerdem hat Boulding u. a. die herrschende marktzentrierte Sichtweise in der Ökonomik um eine Theorie der Nicht-Markt-Ökonomie ergänzt und die basale Rolle der Privathaushalte herausgestellt. Das hat ihm den Vorwurf eines berühmten Kollegen eingebracht, er sei ein Institutionenökonom – eben unorthodox und eigensinnig. Das und mehr wird in dem Beitrag von Michael-Burkhard Piorkowsky ausführlich dargestellt.

Gerhard Scherhorn war Volkswirt, ausgestattet mit der sozioökonomischen Grundorientierung aus der Forschungsstelle für empirische Sozialökonomik von Günter Schmölders. Die Befassung mit Konsumtheorie, Verbraucherfragen und Wirtschaftspolitik, insbesondere auch mit Verbraucherbildung und Verbraucherpolitik, führte ihn früh zu Fragen nach den Grundlagen und Wegen eines sozioökonomisch-ökologisch verantwortlichen Handelns, nach einem „Frieden mit der Natur" (Klaus Michael Meyer-Abich) und einem Wohlstandsausgleich in der Welt. Er war u. a. Gründungsmitglied der Vereinigung für Ökologische Ökonomen und des Netzwerks Ökologische Ökonomie und leitete am Wuppertalinstitut für Klima, Umwelt und Energie u. a. die Forschungen über „Neue Wohlstandsmodelle" sowie „Nachhaltiges Produzieren und Konsumieren". An diese Arbeitsschwerpunkte, insbesondere an die Arbeit der Projektgruppe „Ethisch-Ökologisches Rating" erinnern Johannes Hoffmann und Gerhard Hofmann in ihrem Beitrag über Gerhard Scherhorn.

Georg Simmel gehört zu den Mitbegründern der deutschen Soziologie und publizierte zu einer Zeit, als es noch keine Orthodoxie geben konnte. Fast kein Thema ließ er aus. Zu der hier gewählten Kennzeichnung als „kulturphilosophischer Soziologe" hat mich das von Ingo Meyer (2018) verfasste Portrait von Simmel angeregt. Dass Simmel über Nachhaltigkeit geschrieben hätte, wird in der Literatur wohl nicht behauptet. Und dennoch hat Rainer Hufnagel dazu ein interessantes Detail in Simmels *Philosophie der Mode* gefunden und auf kreative Weise in eine konstruktiv-kritische Betrachtung über nachhaltige Lebensstile und Konsummuster eingearbeitet. Hufnagel greift die Betrachtung von Modewellen bei Simmel auf und untersucht Analogien zum Verblassen von Nutzenempfindungen und zur Dynamik von Pendelbewegungen. In der Bedeutsamkeit und Wahrnehmung von Schönheit könnte – so das Ergebnis – eine Schlüsselrolle für die mehr oder weniger nachhaltige Nutzung von Gebrauchsgegenständen liegen. Diese Analyse ergänzt die Auseinandersetzung mit der von Boulding aufgeworfenen und in dem Beitrag von Piorkowsky behandelten Frage, ob für die Wohlfahrtsstiftung eher das Ergebnis oder der Prozess des Konsumierens maßgeblich sei, also z. B. gut gekleidet zu sein oder sich auch abwechslungsreich kleiden zu können.

Zum Abschluss des Bandes ist die Unterlage von Karl Kollmann zu seinem Vortrag in Bamberg abgedruckt. Im Juli 2013 hatten sich auf Initiative der beiden Herausgeber dieses Bandes der Schriftenreihe *Kritische Verbraucherforschung* Wissenschaftlerinnen und Wissenschaftler aus Deutschland, den Niederlanden und Österreich im geographisch zentral zwischen Holland und Österreich gelegenen Bamberg getroffen, um unter dem Motto „Verbrauchertheorie neu denken!" über den Stand der Verbrauchertheorie und Verbraucherforschung zu diskutieren. Die Teilnehmer waren Christian Fridrich, Renate Hübner, Rainer Hufnagel, Mirjam Jaquemoth, Karl Kollmann, Michael-Burkhard Piorkowsky, Norbert F. Schneider, Nina Tröger und Stefan Wahlen. Ein erstes Ergebnis des Austauschs war der Wunsch, sich als Gruppe zu konstituieren und mit dem *Bamberger Manifest für ein neues Verbraucherverständnis* einen Diskurs in der Fachöffentlichkeit anzuregen (Fridrich et al. 2014). Die von Kollmann in der Unterlage zu seinem Vortrag auf dem Gründungs-Workshop aufgeführten Punkte dokumentieren beispielhaft die kritisch-fragende Herangehensweise der Workshop-Teilnehmer. Zu einigen Kritikpunkten sind zwischenzeitlich Beiträge in der Literatur auch außerhalb der Reihe *Kritische Verbraucherforschung* zu finden, insbesondere in den von Bala und Schuldzinski (2016, 2018) herausgegebenen Bänden der *Beiträge zur Verbraucherforschung* aus dem Kompetenzzentrum Verbraucherforschung Nordrhein-Westfalen. Der Schwerpunkt der Verbrauchertheorie ist aber unverändert am Markt-Kauf-Paradigma des Verbraucherverhaltens ausgerichtet. Der Beitrag hat also nicht nur zeitgeschichtlich-dokumentarische Bedeutung, sondern ist nach wie vor als Anregung für die Verbraucherforschung, Verbraucherpolitik und Verbraucherarbeit zu lesen.

Literatur

Bala, C., & Schuldzinski, W. (Hrsg.). (2016). *Prosuming und Sharing – neuer sozialer Konsum: Aspekte kollaborativer Formen von Konsumtion und Produktion. Beiträge zur Verbraucherforschung*, (Bd. 4). Düsseldorf: Verbraucherzentrale NRW.
Bala, C., & Schuldzinski, W. (Hrsg.). (2018). *Jenseits des Otto Normalverbrauchers. Verbraucherpolitik in Zeiten des „unmanageable consumer" Beiträge zur Verbraucherforschung*, (Bd. 8). Düsseldorf: Verbraucherzentrale NRW.
Blättel-Mink, B. (2010). Prosuming im online-gestützten Gebrauchtwarenhandel und Nachhaltigkeit. Das Beispiel eBay. In B. Blättel-Mink & K.-U. Hellmann (Hrsg.), *Prosumer Revisited. Zur Aktualität einer Debatte* (S. 117–130). Wiesbaden: VS Verlag für Sozialwissenschaften.
Boulding, K. E. (1950). *A reconstruction of economics*. New York, London: John Wiley & Sons, Chapman & Hall.
Boulding, K. E. (1986). What went wrong with economics? *The American Economist, 30*(1), 5–12.
Frey, B. S. (1977). Unorthodoxe Ökonomen. *WiSt, Wirtschaftswissenschaftliches Studium, 6*, 49–54.

Fridrich, C., Hübner, R., Hufnagel, R., Jaquemoth, M., Kollmann, K., Piorkowsky, M.-B., Schneider, N. F., Tröger, N., & Wahlen, S. (2014). Bamberger Manifest für ein neues Verbraucherverständnis. *Journal für Verbraucherschutz und Lebensmittelsicherheit.* https://doi.org/10.1007/s00003-014-0880-1.

Hirschman, A. O. (1970). *Exit, Voice and Loyalty. Responses to Decline in Firms, Organizations and States.* Cambridge MA: Harvard University Press.

Holleis, W. (1985). *Das Ungleichgewicht der Gleichgewichtstheorie. Zur Diskussion um die neoklassische Wirtschaftstheorie.* Frankfurt/Main.: Campus.

Kade, G. (1962). *Die Grundannahmen der Preistheorie. Eine Kritik an den Ausgangssätzen der mikroökonomischen Modellbildung.* Berlin: Franz Vahlen.

Kenning, P. (2017). Verbraucherwissenschaften – Begriffliche Grundlagen und Status-Quo. In P. Kenning, A. Oehler, L. A. Reisch, & C. Grugel (Hrsg.), *Verbraucherwissenschaften. Rahmenbedingungen, Forschungsfelder und Institutionen* (S. 3–17). Wiesbaden: Springer Gabler.

Kenning, P., Oehler, A., Reisch, L. A., & Grugel, C. (Hrsg.). (2017). *Verbraucherwissenschaften. Rahmenbedingungen, Forschungsfelder und Institutionen.* Wiesbaden: Springer Gabler.

Kenning, P., & Lamla, J. (Hrsg.). (2018). *Entgrenzungen des Konsums. Dokumentation der Jahreskonferenz des Netzwerks Verbraucherforschung.* Unter Mitarbeit von Nadine Schreiner. Wiesbaden: Springer Gabler.

Kollmann, K. (2015). Verbraucherpolitik – nur Reparaturbetrieb oder Motor für gesellschaftspolitischen Fortschritt? In *WISO direkt. Analysen und Konzepte zur Wirtschafts- und Sozialpolitik* (S. 1–4). Bonn: Friedrich-Ebert-Stiftung.

Kollmann, K. (2017). Menschen in der Arbeits-, Konsum- und Mediengesellschaft. Zur Vermachtung und Verschränkung der Lebensfelder bzw. Teilmärkte moderner Gesellschaften. In C. Fridrich, R. Hübner, K. Kollmann, M.-B. Piorkowsky, & N. Tröger (Hrsg.), *Abschied vom eindimensionalen Verbraucher. Reihe Kritische Verbraucherforschung* (S. 23–46). Wiesbaden: Springer VS.

Kraemer, K., & Brugger, F. (Hrsg.). (2017). *Schlüsselwerke der Wirtschaftssoziologie.* Wiesbaden: Springer VS.

Lallement, J. H., Kuss, K., Trautner, P., Weber, B., Falk, A., & Fliessbach, K. (2014 [2013]). Effort increases sensitivity to reward and loss magnitude in the human brain. In *Social Cognitive and Affective Neuroscience.* https://doi.org/10.1093/scan/nss147.

Lee, F. (2009). *A History of Heterodox Economics. Challenging the mainstream in the twentieth century.* London, New York: Routledge.

Maus, H. (1956). Geschichte der Soziologie. In W. Ziegenfuss (Hrsg.), *Handbuch der Soziologie* (S. 1–120). Stuttgart: Ferdinand Enke.

Meyer, I. (2018). Georg Simmel. Die Formen der Vergesellschaftung und die Kunst der Unterscheidung. *Soziopolis. Gesellschaft beobachten.* Online-Publikation: 20. Sept. 2018. https://www.soziopolis.de/erinnern/jubilaeen/artikel/georg-simmel/. Zugegriffen: 28. April 2020.

Nessel, S. (2017). Was macht Menschen zu Konsumenten? Dimensionen und Voraussetzungen der Konsumentenrolle in Geschichte und Gegenwart. In C. Bala, C. Kleinschmidt, K. Rick, & W. Schuldzinski (Hrsg.), *Verbraucher in Geschichte und Gegenwart. Wandel und Konfliktfelder in der Verbraucherpolitik. Beiträge zur Verbraucherforschung,* (Bd. 7, S. 35–54). Düsseldorf: Verbraucherzentrale NRW.

Piorkowsky, M.-B. (2011). *Alltags- und Lebensökonomie. Erweiterte mikroökonomische Grundlagen für finanzwirtschaftliche und sozioökonomisch-ökologische Basiskompetenzen*. Bonn University Press, Göttingen: V&R Unipress.

Piorkowsky, M.-B. (2017). Konsum im Fokus der Alltags- und Lebensökonomie. In C. Fridrich, R. Hübner, K. Kollmann, M.-B. Piorkowsky, & N. Tröger (Hrsg.), Abschied vom eindimensionalen Verbraucher. *Reihe Kritische Verbraucherforschung* (S. 73–112). Wiesbaden: Springer VS.

Piorkowsky, M.-B. (2018). Konsumenten, Prosumenten oder Conpreneure? Wenn Konsumgüter auch unternehmerisch genutzt werden. In S. Nessel, N. Tröger, C. Fridrich & R. Hübner (Hrsg.), *Multiperspektivische Verbraucherforschung. Ansätze und Perspektiven* (S. 83-109). Reihe Kritische Verbraucherforschung. Wiesbaden: Springer VS.

Piorkowsky, M.-B. (2019). Konsum. I. Wirtschaftswissenschaft. In Görres-Gesellschaft & Verlag Herder (Hrsg.), *Staatslexikon. Recht – Wirtschaft – Gesellschaf in 5 Bänden, 8., völlig neu bearb. Aufl. Bd. 3* (S. 1027–1031). Freiburg: Herder.

Piorkowsky, M.-B., & Kollmann, K. (2019). Einführung: Warum wir zurückblicken. In M.-B. Piorkowsky & K. Kollmann (Hrsg.), *Vergessene und verkannte Vordenker für eine Kritische Konsumtheorie. Beiträge aus Ökonomik, Soziologie und Philosophie* (S. 1–18). Reihe Kritische Verbraucherforschung. Wiesbaden: Springer VS.

Presse- und Informationsstelle der Freien Universität Berlin (Hrsg.). (1982). *Fachbereich Wirtschaftswissenschaft der Freien Universität Berlin. Ehrenpromotion von Prof. Dr. George Katona, Ann Arbor, Michigan, am 15. Juni 1981. Gedenkschrift*. Informationen aus Lehre und Forschung, Band 1/1982. Berlin: Presse- und Informationsstelle der Freien Universität Berlin.

Rippe, W., & Haarland, H.-P. (Hrsg.). (1980). *Wirtschaftstheorie als Verhaltenstheorie. Beiträge zu einem Symposium der Forschungsstelle für empirische Sozialökonomik (Prof. Dr. G. Schmölders) e.V. am 28. und 29. September 1978*. Berlin: Duncker und Humblot.

Samuels, W. J. (1987). Institutional economics. *The new Palgrave. A dictionary of economics 4* (S. 864–866). Toronto: Palgrave Macmillan UK.

Scherhorn, G. (1977). Konsum. In R. König (Hrsg.), *Handbuch der empirischen Sozialforschung, 2, völlig neu bearbeitete Aufl, (Bd 11): Freizeit und Konsum* (S. 193–265). Stuttgart: Ferdinand Enke.

Scherhorn, G. (1986). Der Wandel der Präferenzen und die „New Home Economics". *Hauswirtschaft und Wissenschaft, 34*, 226–231.

Scherhorn, G. (2001). Ökonomie. In H. Keupp & K. Weber (Hrsg.), *Psychologie. Ein Grundkurs* (S. 441–450). Reinbek bei Hamburg: Rowohlt Taschenbuch Verlag.

Schmölders, G. (1966). Sozialökonomische Verhaltensforschung am Menschen. In R. Keiter (Hrsg.), *Verhaltensforschung im Rahmen der Wissenschaften vom Menschen* (S. 185–201). Göttingen, Zürich, Frankfurt: Musterschmitt.

Schmölders, G. (1969). Der private Haushalt als Gegenstand der Verhaltensforschung. In F. Schneider (Hrsg.), *Die Finanzen des privaten Haushalts. Festschrift für Walter Kaminsky* (S. 45–56). Frankfurt a. M.: Fritz Knapp.

Schreiner, N., & Kenning, P. (2017). Historische Rahmenbedingungen verbraucherrelevanter Datensammlungen. In P. Kenning, A. Oehler, L. A. Reisch, & C. Grugel (Hrsg.), *Verbraucherwissenschaften. Rahmenbedingungen, Forschungsfelder und Institutionen* (S. 81–102). Wiesbaden: Springer Gabler.

Scitovsky, T. (1976). *The Joyless Economy. An Inquiry into Human Satisfaction and Consumer Dissatisfaction*. New York, London, Toronto: Oxford University Press.
Scitovsky, T. (1994). Towards a Theory of Second-Hand-Markets. *Kyklos, 47,* 33–52.
Sekretariat der Ständigen Konferenz der Kultusminister der Länder in der Bundesrepublik Deutschland (Hrsg.). (2013). *Verbraucherbildung an Schulen*. Beschluss der Kultusministerkonferenz vom 12.09.2013. https://www.kmk.org/fileadmin/Dateien/pdf/PresseUnd Aktuelles/2013/Verbraucherbildung.pdf. Zugegriffen: 2. Februar 2020.
Selten, R. (1999). *What is Bounded Rationality? Paper prepared for the Dahlem Conference 1999*. Sonderforschungsbereich 303 „Information und die Koordination wirtschaftlicher Aktivitäten", Projektbereich B. Discussion Paper B-454. Bonn: Rheinische Friedrich-Wilhelms-Universität Bonn. Available at SSRN: https://ssrn.com/abstract=182776.
Stauss, B. (1982). Verbraucherbegriff und Verbraucherpolitik. *Mitteilungsdienst der Verbraucher-Zentrale Nordrhein-Westfalen – Landesarbeitsgemeinschaft der Verbraucherverbände e.V.,4*(3), 66–70.
Streissler, E., & Streissler, M. (1966). Einleitung. In E. Streissler & M. Streissler (Hrsg.), *Konsum und Nachfrage* (S. 13–147). Köln: Kiepenheuer & Witsch.
Veblen, T. B. (o. J. [1899]). *The Theory of the Leisure Class*. Leipzig: Amazon Distribution.
Veblen, T. B. (1998 [1898]). Why is economics not an evolutionary science? In *Cambridge Journal of Economics 22,* 403–414. Nachdruck aus *The Quarterly Journal of Economics,* July 1898, No. 4, 373–397.

Michael-Burkhard Piorkowsky Dipl.-Kfm., Dipl.-Volksw., Dr. rer. pol., Professor em. für Haushalts- und Konsumökonomik an der Universität Bonn. Forschungsschwerpunkte: Lebensgestaltung im Haushaltskontext, Sozioökonomische Hybriden, Mikro-Makro-Übergänge im Wirtschaftssystem, Produktions- und Konsumtheorie.

Teil I
Auf der Suche nach individueller Zufriedenheit

Bell, Campbell und die Seele des modernen Konsums

Kai-Uwe Hellmann

Zusammenfassung

Daniel Bell war einer der ersten Sozialwissenschaftler, der sich mit der hedonistisch-mentalen Dimension des modernen Konsums offensiv auseinandergesetzt hat, wenngleich äußert kritisch, ja ablehnend. Die Analyse wird zeigen, dass er damit einen neuralgischen Punkt getroffen hatte. Dies wurde in der nachfolgenden Konsum- und Konsumentenforschung auch bemerkt und anerkannt. Seine ablehnende Haltung färbte seinen Befund allerdings äußerst negativ-pessimistisch ein, was die Relevanz dieser Dimension für den modernen Konsum eher verunklarte. Aus diesem Grunde folgt im Anschluss eine dichte Exposition eines elf Jahre danach veröffentlichten Essays von Colin Campbell zum gleichen Gegenstand, wie man fast sagen kann, um aufzuzeigen, dass die hedonistisch-mentale Dimension modernen Konsums durchaus positiv, perspektivisch und vor allem werturteilsneutral betrachtet werden kann und damit den Blick freigibt auf das Moderne des modernen Konsums.

1 Das Moderne des modernen Konsums

1990 sprach Niklas Luhmann auf dem Frankfurter Soziologentag[1] über *Das Moderne der modernen Gesellschaft* (Luhmann 1991). Dabei definierte er das

---

K.-U. Hellmann (✉)
Technische Universität Berlin, Berlin, Deutschland
E-Mail: kai-uwe.hellmann@campus.tu-berlin.de

[1] So lautete der Deutsche Soziologiekongress 1990 noch, vgl. Zapf (1991).

© Springer Fachmedien Wiesbaden GmbH, ein Teil von Springer Nature 2021
M.-B. Piorkowsky und K. Kollmann (Hrsg.), *Eigensinnige und unorthodoxe Vordenker für eine Kritische Konsumtheorie*, Kritische Verbraucherforschung,
https://doi.org/10.1007/978-3-658-31537-5_2

Moderne der modernen Gesellschaft durch ihre primäre Differenzierungsform, d. h. funktionale Differenzierung, mithin jene Form der Binnendifferenzierung, durch welche sich die gegenwärtige Gesellschaft von früheren Gesellschaftsformen unterscheiden lässt (Durkheim 1992; Luhmann 1997; Schimank 2007). Demnach bestimmen nicht mehr Familien oder Schichten die Sozialstruktur dieser Gesellschaft, sondern abstrakte[2] Subsysteme, die jeweils spezifische, universal zuständige, teilweise sogar weltgesellschaftlich relevante Funktionen wahrnehmen, wie Bedürfnisbefriedigung, Erkenntnisgewinn, Erziehungsaufgabe, Gesundheitsversorgung, Informationsvermittlung, Körperertüchtigung, Konfliktregulierung, Kontingenzerfahrung, Letztgewissheit, Makroverbindlichkeit usw. Jedes dieser Funktionssysteme, ob Erziehungs-, Gesundheits-, Kunst-, Massenmedien-, Politik-, Rechts-, Religions-, Sport-, Wirtschafts- oder Wissenschaftssystem, besitzt quasi ein eigenes Betriebsprogramm, das weitgehend autonom abläuft und auf sich gestellt ist, sofern alle anderen Funktionssysteme ihrer eigenen Aufgabenstellung akkurat nachkommen. Dadurch sind diese Systeme zugleich independent wie interdependent. Außerdem ermöglicht diese Form der sozialen Arbeitsteilung auf der Makroebene jedem Funktionssystem Autonomie bedingt erhebliche Leistungssteigerungen. Allerdings birgt diese Form der Arbeitsteilung, gerade wegen der operativen wie funktionalen Autonomien der Funktionssysteme, auch beträchtliche Risiken. So sind etwa die Integration der Gesellschaft und mehr noch Solidarität in der Gesellschaft keineswegs gesichert, eher im Gegenteil. Nicht ohne Grund ist die Frage ‚Was hält die Gesellschaft zusammen?', welche schon Émile Durkheims primärem Erkenntnisinteresse zugrunde lag, unvermindert virulent[3].

Überträgt man diese Perspektive Luhmanns auf die Konsum- und Konsumentenforschung, würde die Frage lauten: Was ist das Moderne des modernen Konsums? Und eine Antwort könnte sein: die Autonomie des Konsums. Freilich ist völlig ungeklärt, ob es sich bei Konsum überhaupt um ein eigenes Sozial-, gar Funktionssystem handelt, immerhin unverzichtbare Voraussetzung für das Vermögen zur Autonomie, soweit es die Systemtheorie betrifft. Der zu diesem Zweck überwiegend eingesetzte Kulturbegriff gibt hierauf keine präzise Auskunft (Wiswede 1972, S. 252 ff.; Featherstone 1991; Lury 1996; Slater 1997; Goodman und Cohen 2004; Sassatelli 2007; König 2009; Firat et al. 2013; Wiedenhoft Murphy 2017; Kravets et al. 2018; Hohnsträter und Krankenhagen 2019).

---

[2]Das Adjektiv ‚abstrakt' ist Giddens (1990) entnommen.
[3]Diese Frage taucht übrigens auch bei Bell (1978, S. 84) auf: „What, then, can hold the society together?". Vgl. ferner Touraine (1977, S. 470 f.); Gilbert (2013, S. 88 f.); Pooley (2007, S. 404).

In der angelsächsischen Konsum- und Konsumentenforschung gibt es ungeachtet dessen zahlreiche Stellungnahmen, die zumindest der Autonomieannahme ausdrücklich zuneigen (Hellmann 2019, S. 295 ff.). Und orientiert man sich an Jean Baudrillards Klassiker *Konsumgesellschaft*, Zygmunt Bauman (2007) hätte dem wohl uneingeschränkt zugestimmt, scheint unbestreitbar, dass Konsum heutzutage sogar kulturelle Hegemonie zuerkannt gehört (Baudrillard 2015). Nur bleibt bislang unbestimmt, worauf diese Hegemonie empirisch genau fußen soll.

Schaltet man an diesem Punkt einen Gang zurück, führt die Frage nach der Modernität modernen Konsums schnurstracks auf das Verhältnis von Konsum und moderner Gesellschaft. In der einschlägigen Forschungsliteratur gibt es durchaus Beiträge, die sich mit diesem Verhältnis wenigstens ansatzweise beschäftigt haben (Wiswede 1972; Goodwin et al. 1997; Purvis 1998; Schneider 2000; Jäckel 2008; Firat et al. 2013; Baudrillard 2015; Wiedenhoft Croft 2017). Die meisten davon verfügen jedoch über keine oder keine zeitgemäße Gesellschaftstheorie, während andererseits das Erkenntnisinteresse an Konsum seitens solcher Gesellschaftstheorien kaum ausgeprägt ist, wenn es denn überhaupt geäußert wurde (Hellmann 2019, S. 287 ff.).

Fragt man vor diesem Hintergrund, wer denn je den Versuch unternommen hat, das Verhältnis von Konsum und moderner Gesellschaft gesellschaftstheoretisch zu analysieren, stößt man, genealogisch vorgehend, relativ früh auf den Essayband *The Cultural Contradictions of Capitalism* von Daniel Bell, einem zweifellos eigensinnigen Vordenker für eine Kritische Konsumtheorie, dem dieser Beitrag im Wesentlichen gewidmet ist.

Aus Sicht der Konsum- und Konsumentenforschung ist dabei nicht nur bemerkenswert, wie früh Bell schon auf die hedonistisch-mentale Dimension des modernen Konsums Bezug nahm, sondern mehr noch wie kritisch, ja ablehnend er dies tat. Später wurde eben diese Wertung Bells seitens der Forschung wiederholt aufgegriffen (Featherstone 1983; 1991; Shapiro 1983; Campbell 1987; Illouz 1997; Slater 1997; Buchholz 1998; Pendergast 1998; Goodman 2003; Goodman und Cohen 2004; Horowitz 2004, S. 206; Korczynski und Ott 2004; Featherstone und Tamari 2007, S. 8; Sassatelli 2007; Bozkurz et al. 2010; Dahrendorf 2010; Southerton 2011; Deutschmann 2012; Bozkurz und Yesilada 2017).[4]

Allerdings wird die anschließende Analyse zeigen, dass Bell weder über eine tragfähige Gesellschaftstheorie verfügte, noch war sein Verhältnis zum modernen Konsum im Sinne Max Webers ausreichend werturteilsneutral, d. h. vorwiegend wissenschaftlich geartet. Aus diesem Grund wird sich der zweite Teil

---

[4]Erstaunlicherweise nimmt Edwards (2000), obgleich vom Titel *Contradictions of Consumption* darauf angelegt, auf Bells Schrift von 1976 kaum Bezug.

dieses Beitrags mit Colin Campbells Essay *The Romantic Ethic and the Spirit of Modern Consumerism* befassen, der an der gleichen Schnittstelle wie Bell ansetzt, zwar ebenfalls keine zeitgemäße Gesellschaftstheorie voraussetzt, dafür aber eine grundsätzlich unbelastete, vor allem aufgeschlossen-neugierige Haltung zum modernen Konsum und dieser hedonistisch-mentalen Dimension einzunehmen vermag. Eine Schlussbetrachtung rundet den Beitrag ab.

2 Daniel Bell: *The Cultural Contradictions of Capitalism* (1976)

Daniel Bell, gut drei Jahrzehnte lang Professor für Soziologie, nahm in mehrfacher Hinsicht eine Sonderstellung im Fach ein. So hielt er sich von grundlegender Theoriearbeit, wofür in diesen Jahren vor allem der Name Talcott Parsons stand, ebenso fern wie von methodengetriebener empirischer Forschung, den beiden dominanten Paradigmen dieser Ära. Auch der Symbolische Interaktionismus kam für ihn nicht infrage. Bell schlug stattdessen einen vierten Weg ein.

In einem Interview, in dem er sich auch zu Parsons' damaligem Projekt äußerte, eine ‚general theory' der modernen Gesellschaft zu entwickeln, die bei aller Differenziertheit unverdrossen die Einheit dieser Gesellschaft zu erfassen suchte, ein Unterfangen, das Bell für aussichtslos hielt, sagte er: „So if you can't have a general theory and you can't have sociology as a system, sociology has to go back to historical grounding" (Beilharz 2006, S. 97). Gute Gründe nannte er dafür übrigens nicht.

Nun wäre es kaum statthaft, Bell lediglich als historischen Soziologen einzuordnen (Waters 2003, S. 154). Immerhin hat er sich selber einer rudimentär entwickelten Theorie der modernen Gesellschaft Marke Eigenbau bedient. Doch blieb diese erklärte Abstinenz von gründlicher Theoriearbeit nicht ohne Folgen. Denn wer sich mit Bells Schriften näher befasst, wird unweigerlich merken, dass es sich um Texte handelt, die überaus reich an Assoziationen sind und von einer stupenden Belesenheit zeugen, die weit über das Fach Soziologie hinausreichte, dass diese Texte allerdings sehr sprunghaft argumentieren, selten systematisch strukturiert sind und kaum strenge Definitionen aufweisen (Fox 1982). Es ginge sicher zu weit, sie lediglich als die persönlichen Ansichten eines Daniel Bell abzutun. Nichtsdestotrotz zog es Bell oft vor, ohne erkennbare Einbindung einschlägiger Forschungsstände sehr subjektiv gefärbte Perspektiven auf engstem Raum zu entfalten, freizügig in der Wahl seiner Mittel und mitunter merkwürdig bei der Verfolgung bestimmter Zwecke (Touraine 1977).

Diese kurze Vorbemerkung soll darauf vorbereiten, dass die anschließenden Ausführungen fortlaufend damit ringen, aus Bells Assoziationsflut einen halbwegs konsistenten roten Faden zu spinnen, was sicher nicht immer befriedigend gelungen ist. Im Zentrum steht Bells sehr persönlich geprägte Haltung zur ‚kulturellen' Entwicklung moderner, insbesondere der US-amerikanischen Gesellschaft im 20. Jahrhundert (Bell 1978, S. xxx, S. 74).

But I write not of the events of the decade but of the deeper cultural crises which beset bourgeois societies and which, in the longer run, devitalize a country, confuse the motivations of individuals, instill a sense of *carpe diem*, and undercut its civic will. The problems are less those of the adequacy of institutions than of the kinds of meanings that sustain a society (Bell 1978, S. 28).

2.1 Biographie und Bücher

Daniel Bell, Geburtsname Bolotsky, 1919 als Kind polnisch-jüdischer Einwanderer an der Lower East Side in New York City geboren, wuchs unter ärmlichen Verhältnissen auf. Seine Muttersprache war Jiddisch (Bell und Lepenies 2006, S. 121). Sein Vater verstarb früh; Vormund wurde später dessen Bruder, Bells Onkel. Bell studierte von 1935 bis 1938 am City College in New York „classics",[5] die er mit einem Bachelor abschloss. Danach ging er an die Columbia University, ebenfalls in New York, verließ diese aber schon nach einem Jahr wieder, ohne Abschluss. Von 1940 bis 1945 arbeitete Bell als Journalist für die sich selber als ‚social democratic' verstehende Zeitschrift *The New Leader* in New York, die er zum Ende dieser Jahre sogar herausgab. 1945 wechselte er mit seiner kleinen Familie an die University of Chicago, um dort als Dozent für ‚social science' zu wirken. Von 1946 bis 1958 arbeitete er wieder als Journalist des Magazins *Fortune* in Chicago, mit besonderer Zuständigkeit für Arbeits- und Gewerkschaftsthemen, und stieg spater erneut zu einem ihrer Herausgeber auf. Von 1959 bis 1969 wechselte er zurück an die University of Columbia, nachdem er an dieser mit dem Sammelband *The End of Ideology* promoviert worden war, und wurde dort 1962 zum Full Professor berufen. 1969 wechselte Bell ein weiteres Mal an die Harvard University, an der er bis zu einer Emeritierung 1990 als Professor für Soziologie lehrte. 2011 verstarb Daniel Bell in Cambridge, Massachusetts (Waters 1996, S. 13 ff.; Neun 2012, S. 57 ff.).

---

[5] Vgl. Waters (1996, S. 14). Siehe ferner Neun (2012) zur besonderen Bedeutung des City College New York in der damaligen Zeit.

Von Bell sind drei Bücher weltbekannt geworden, zumindest in akademisch-intellektuellen Kreisen: zuerst seine Dissertation *The End of Ideology*, 1960 veröffentlicht, in der er – pointiert formuliert – propagierte, dass die Ideologien der 1950er-Jahre wie Kommunismus und Liberalismus in den USA nicht länger opportun seien; sodann *The Coming of Post-Industrial Society*, veröffentlicht 1973, eine vergleichsweise konsequent aufgebaute, monographisch[6] angelegte Studie, die sich mit einem grundlegenden Strukturwandel der US-amerikanischen Volkswirtschaft beschäftigte und von einer vorwiegend optimistisch-technokratischen Grundhaltung getragen wurde[7]; und schließlich *Cultural Contradictions of Capitalism*, 1976 veröffentlicht, ein Sammelband, welcher im Mittelpunkt dieses Beitrags steht und der eine ausgeprägt kulturkritische, streckenweise sogar kulturpessimistische Stimmungslage vermittelte[8]. Ansonsten hat Bell zahlreiche Aufsätze publiziert, allerdings kaum in soziologischen Fachzeitschriften, sondern eher in populärwissenschaftlichen und politischen Zeitungen und Zeitschriften[9]. Daneben war er Mitherausgeber der Zeitschrift *The Public Interest*[10]. Überhaupt hat Bell weniger in das Fach Soziologie aktiv hineingewirkt; viel lieber schien er bestenfalls transdisziplinär, oftmals eher journalistisch an der Schnittstelle zwischen Wissenschaft und Gesellschaft Stellung bezogen zu haben, mit möglichst breiter Wirksamkeit, als öffentlicher Intellektueller (Levi 1972, S. 69; Wade 1975, S. 35; Klein 1976; Fox 1982, S. 71; Bell 1992; Chase 1996; Waters 1996, S. 23 ff., 45; Bell und Lepenies 2006, S. 122; Neun 2012, S. 17 f.).

---

[6] Vgl. Rahe (2009): „*The Coming of Post-Industrial Society*, which is a genuine monograph dedicated to a single subject, is ponderous and labored".

[7] Die Urheberschaft für den Titel ‚Postindustrielle Gesellschaft' gebührt allerdings Alain Touraine, der 1969 das Buch *La société post-industrielle* herausgab, 1972 auf Deutsch unter dem Titel *Die postindustrielle Gesellschaft* erschienen.

[8] Bezüglich dieser Stimmungslage behauptete er sogar einmal selbst von sich: „My characteristic trait is pessimistic" (Bell und Lepenies 2006, S. 123). In der Sekundärliteratur gab es wiederholt Anmerkungen dahingehend, dass Bells Bewertungen in besonderem Maße als kulturpessimistisch wahrgenommen wurden, vgl. Abrahams (1977, S. 468); Veysey (1982, S. 59); Featherstone (1991, S. 118); Galbo (2004, S. 72); Gauthier et al. (2011, S. 291); Deutschmann (2012, S. 521); Roberts (2012, S. 91).

[9] So hat Bell gemäß der Auflistung bei Waters (1996, S. 187 f.) häufig in nicht-soziologischen Zeitschriften wie *Daedalus*, zum größeren Teil in nicht einmal wissenschaftlichen Zeitschriften wie *Commentary, Dissent, Partisan Review* und vor allem in der eigenen Zeitschrift *The Public Interest* veröffentlicht. Vgl. hierzu auch Chase (1996).

[10] Daniel Bell war 1965 Mitgründer der Zeitschrift *The Public Interest*, legte die Herausgeberschaft aber 1973 nieder, publizierte danach allerdings weiter dort.

2.2 Entstehung und Gliederung

Wendet man sich damit direkt den *Cultural Contradictions of Capitalism* zu, und zwar in der Ausgabe von 1978[11], ist zu Beginn festzuhalten, dass es sich um eine Sammlung älterer, schon veröffentlichter Essays und Vorträge[12] zu recht unterschiedlichen Themen handelt, die Bell (1978, S. xxxi) für diese Buchfassung nochmals überarbeitet hatte. Dieser Themenvielfalt wegen wirkt der Band mitunter etwas uneinheitlich (Veysey 1982; Rahe 2009)[13]. Wobei Bell generell ein eher unsystematischer, bisweilen vagabundierender Argumentationsstil nachgesagt wurde (Crittenden 1972; Levi 1972; Fox 1982; Pooley 2007, S. 405). „To grapple with the Bell corpus is a bit like dancing a tango with an octopus" (Chernow 1979, S. 13).

So bezieht sich der Buchtitel *Cultural Contradictions of Capitalism* auf einen gleichlautenden, erstmals 1970 veröffentlichten Essay, der nach der Einleitung von 1976 als erstes Kapitel sozusagen die Ouvertüre dieses Sammelbandes darstellt. Die anschließenden Kapitel beschäftigen sich hingegen nur bedingt noch mit ‚Cultural Contradictions of Capitalism' im strengen Sinne (Rahe 2009). Wie überhaupt fraglich erscheint, inwieweit es sich durchgängig um ‚Contradictions' handelt, wann immer Bell dieses Wort zum Einsatz brachte (Crittenden 1972, S. 142; Levi 1972, S. 77 f.; Marx 1976, S. 43; Waters 1996, S. 47 f.; Ci 1999; Galbo 2004, S. 68 f.; Pooley 2007, S. 402)[14].

---

[11] Diese Ausgabe wird hier wegen des zusätzlichen Vorwortes von 1978 vorgezogen.

[12] Vgl. hierzu die ‚Acknowledgments' in Bell (1978, S. xxxiiif.). Siehe auch die Einschätzung von Rahe (2009): „He was at his best as an essayist". Ähnlich Waters (1996, S. 24): „Bell writes in a fluid, limpid prose style. [...] Bell is an essayist, the master of the pithy argument, full of punch and challenge. The essay, he says, is his natural *métier* [...] However, this essayistic style is not without its unsatisfactory aspects".

[13] Und dies scheint für alle Bände Bells zu gelten. So heißt es bei Waters (1996, S. 24): „Essays, especially if they are published in friendly non-refereed journals, are not always subjected to highest levels of rigorous social-scientific criticism. They do not, therefore, always meet conventional standards of precision and logic. Bell's essays are therefore mixtures of good social science, anecdote, personal philosophy and exegesis. Moreover, because they are written as ends in themselves they are often mutually inconsistent. This is not always problematic because every scholar's *oeuvre* evolves, but in Bell's case it presents special difficulties because his major books are collections of unreconstructed essays".

[14] Wobei Bell (1978, S. 55 ff.) auch selber mehrere Widersprüche unterliefen, etwa, wenn er sich für die ‚Small Town'-Kultur erwärmte, eine uramerikanische Idylle, zugleich aber seine eigene großstädtische Hochkultur mit New York als Heimstätte zum Maßstab erhob, was sich gewiss nicht ohne weiteres in Deckung bringen lässt. Vgl. ferner Averitt (1976); Chernow (1979, S. 17); Pooley (2007, S. 404, S. 406).

Die Hauptgliederung dieses Bandes setzt sich aus zwei Teilen zusammen. Der erste Teil umfasst vier Kapitel, in denen für die Vereinigten Staaten, um es kurz zu fassen, ein aufkeimendes Spannungsverhältnis zwischen wirtschaftlichen Belangen (Arbeitsethos, Wirtschaftsordnung etc.) und einem avantgardistisch-modernistischen Zeitgeist (Jugendkultur, Kunst, Massenmedien, Werbung etc.) thematisiert wurde. Im zweiten Teil, der nach einer gesonderten Einleitung noch zwei Kapitel bereithält, geht es um die Bedeutung des Wohlfahrtsstaates („Public Household') nordamerikanischer Prägung. Im weiteren Verlauf dieses Beitrags wird dieser zweite Teil keine nennenswerte Rolle mehr spielen, und auch die Beiträge im ersten Teil finden nur soweit Berücksichtigung, wie es für die eigentliche Fragestellung notwendig erscheint.

2.3 Eine unheilige Trinität[15]

Schon in der ersten Einleitung von 1976, den beiden Hauptteilen vorangestellt, vermutlich eigens dafür verfasst und mit „The Disjunction of Realms: A Statement of Themes" überschrieben – auf Deutsch „Das Auseinanderfallen der Bereiche: die Thematik" (Bell 1991, S. 13) –, stellte Bell Grundzüge seiner Gesellschaftstheorie vor, die Exposition seiner Disjunktionsthese inbegriffen. Demnach differenzierte Bell seine eigene damalige Gesellschaft, also die USA – exemplarisch für hochindustrialisierte Volkswirtschaften im Allgemeinen – in drei Bereiche (‚realms'), nämlich *Wirtschaft* (‚economy', öfters hieß es bei ihm auch ‚technical–economic order', ‚technical–economic structure' (TES) oder bloß ‚social structure'), *Politik* und *Kultur*[16]. Seine Begründung dafür lautete wie folgt:

Against the holistic view of society, I find it more useful to think of *contemporary* society (I leave aside the question of whether this can be applied generally to the inherent character of society) as three distinct realms, each of which is obedient to a different axial principle. I divide society, analytically, into the *techno-economic* structure, the *polity,* and the *culture* (Bell 1978, S. 9).

---

[15]Der Trinitätsbegriff ist von Waters (1996, S. 32) bzw. Galbo (2004, S. 66) entlehnt.

[16]Obgleich Bell (1978, S. 92 ff.) in Bezug auf wissenschaftliche Disziplinen, aber auch für die Arbeitsteilung innerhalb von Organisationen oder bezüglich der Vielfalt der Berufe/Professionen von „functional specialization" sprach, benutzte er diesen soziologisch so zentralen Terminus dennoch nicht für die Binnendifferenzierung der modernen Gesellschaft, obgleich seine Ausführungen zu den drei ‚realms' genau dies nahelegen. Überdies referierte Bell auf Durkheim wiederholt. Allerdings erweist sich Bells Form der Binnendifferenzierung als derart unzureichend begründet, dass wiederum keine reflektierte Theorie dahinter vermutet werden kann.

Dabei verstand Bell unter ‚Wirtschaft' ein „system"[17], das zu tun hat mit der „organization of production and the allocation of goods and services. It frames the occupation and stratification system of the society and involves the use of technology for instrumental ends" (Bell 1978, S. 11). Das zentrale Prinzip von Wirtschaft sah Bell in ihrer Effizienz[18]. Bei ‚Politik' dachte Bell hingegen an die „arena of social justice and power: the control of the legitimate use of force and the regulation of conflict (in libertarian societies within the rule of law), in order to achieve the particular conceptions of justice embodied in a society's traditions or in its constitution, written or unwritten" (Bell 1978, S. 11). Hier lautete das zentrale Prinzip Gleichheit[19]. Und mit ‚Kultur' meinte Bell den „realm of symbolic forms and, in the context of the argument in this book, more narrowly the arena of *expressive symbolism:* those efforts, in painting, poetry, and fiction, or within the religious forms of litany, liturgy, and ritual, which seek to explore and express the meanings of human existence in some imaginative form" (Bell 1978, S. 12). Zentrales Prinzip dieser ‚modernistischen' Form von Kultur, wie Bell sie wiederholte bezeichnete, war ihm zufolge Selbstverwirklichung, Selbstbefriedigung bzw. Selbsterfüllung (Bell 1978, S. 13 f.).

Indes handelte es sich hier, Bell hob dies wiederholt explizit hervor, um ein sehr spezifisches, sachlich wie zeitlich höchst eingeschränktes Verständnis von Kultur, ohne jede anthropologisch-holistisch-kosmologische Konnotation – eine Kulturauslegung, die letztlich nur Geltung für das zwanzigste Jahrhundert

---

[17] In einem Interview, das 2006 durchgeführt wurde, bezeichnete Bell den „technical and economic realm", also Wirtschaft, als „more or less [...] a system", bestritt dies hingegen für „polity", ließ den System-Status für „culture" aber erneut gelten, vgl. Beilharz (2006, S. 97 f.). Wie Bell zu dieser Einschätzung kam, bleibt unklar, es hat etwas Essayistisches.

[18] Vgl. Bell (1978, S. 11): „In modern society, the axial principle [of economy] is *functional rationality,* and the regulative mode is *economizing.* Essentially, economizing means efficiency, least cost, greatest return, maximization, optimization, and similar measures of judgment about the employment and mix of resources. The contrast is one of costs and benefits, and these are usually expressed in monetary terms. The axial structure is bureaucracy and hierarchy, since these derive from the specialization and segmentation of functions and the need to coordinate activities. [...] Since the tasks are functional and instrumental, the management of enterprise is primarily technocratic in character".

[19] Vgl. Bell (1978, S. 11): „The implicit contradiction is the idea of equality, that all men are to have an equal voice in this consensus. But the idea of citizenship which embodies this conception has in the past 100 years been expanded to include equality not only in the public sphere, but in all other dimensions of social life as well – equality before the law, equality of civil rights, equality of opportunity, even equality of results – so that a person is able to participate fully, as a citizen, in the society".

beanspruchen sollte (Crittenden 1972, S. 140; Waters 2003, S. 156)[20]. Daneben und vor allem davor, historisch betrachtet, also für die Zeit vor dem 20. Jahrhundert und möglicherweise bis in die Anfänge der Menschheitsgeschichte zurückreichend, bediente sich Bell zumeist eines Kulturverständnisses, das viel umfassender geartet und primär vergangenheitsorientiert war. Außerdem sah Bell (vor)moderne Kulturen seit jeher mit Religion in engster Verknüpfung, teilweise sogar als direkten Ausfluss derselben[21]. „Historically, therefore, culture has been fused with religion" (Bell 1978, S. 121). Überdies stellten Kultur wie Religion für Bell – beinahe im Sinne von Parsons' Kulturverständnisses, dem zufolge Kultur ja die Funktion der ‚latent pattern maintenance' wahrnehmen sollte – seit Anbeginn der Menschheitsgeschichte sicher, dass (vor)moderne Gesellschaften über genügend Einheit, Identität, Kontinuität, Tradition verfügten und dadurch hinreichend integriert waren – genau das, was im Laufe des 20. Jahrhunderts dann so radikal verloren gehen sollte und schließlich zur Brutstätte für ‚cultural contradictions of capitalism' wurde, so wie Bell sie wahrnahm[22].

---

[20] Bell dachte Kultur definitiv dichotomisch, nämlich als vormoderne Kultur einerseits, als modern(istisch)e Kultur andererseits, die nur dem Namen nach etwas gemeinsam haben. So ging Kultur in ihrer vormodernen Ausprägung, so Bell, mit Religion (historisch betrachtet) offenbar prinzipiell ein Bündnis ein, welches erst in der Moderne aufgekündigt wurde: „The *modalities* of culture are few, and they derive from the existential situations which confront all human beings, through all times, in the nature of consciousness: how one meets death, the nature of tragedy and the character of heroism, the definition of loyalty and obligation, the redemption of the soul, the meaning of love and of sacrifice, the understanding of compassion, the tension between an animal and a human nature, the claims of instinct and restraint. Historically, therefore, culture has been fused with religion" (Bell 1978, S. 12). Außerdem war Kultur in ihrer vormodernen Ausprägung für Bell durchgängig vergangenheitsorientiert: „But in culture there is always a *ricorso*, a return to the concerns and questions that are the existential agonies of human beings" (Bell 1978, S. 13). Beides verträgt sich nicht mit Bells Verständnis modern(istisch)er Kultur, welches er seiner Gesellschaftsdiagnose zugrunde legte, da die modern(istisch)e Fassung von Kultur nicht nur ihr Verhältnis zur (klerikal organisierten) Religion aufgab, sondern auch die Zeitorientierung an der Vergangenheit radikal auf Zukunft umstellte. Man hat es also mit zwei qualitativ unterschiedlichen Kulturbegriffen zu tun, was für Bells Argumentation erhebliche Probleme mit sich brachte.

[21] So formulierte Bell (1987, S. 129), dass „culture derived from religion", Kultur (früher) also von Religion abgeleitet war.

[22] Schwerwiegende Widersprüche, die Bell so beunruhigten, betrafen für ihn in erster Linie Motivationsdifferenzen zwischen Produktion und Konsumtion: Während die Produktion auf den Arbeitssinn des Personals setze, rechne die Konsumtion mit dem Vergnügungssinn der Verbraucher. Oder in den Worten Bells (1978, S. 15): „the contradictions of capitalism of which I speak in these pages have to do with the disjunction between the kind of organization and the norms demanded in the economic realm, and the norms of self-realization that are now central in the culture. The two realms which had historically been joined to produce

Diese drei Bereiche waren für Bell gesellschaftstheoretisch jedenfalls konstitutiv, als relativ homogene Einheiten konzipiert, ohne sie substanziell-systemhaft je weiter ausdifferenziert zu haben (Waters 1996, S. 46). Allerdings blieb unklar, ob er nur die moderne Gesellschaft so wahrnahm, unter Berücksichtigung gewisser zeitgenössischer nationaler Varianten, oder menschliche Gesellschaften generell, ob Bell diese Differenzierungsform somit ahistorisch dachte (Waters 2003, S. 155)[23].

---

a single character structure – that of the Puritan and of his calling – have now become unjoined". So erklärt sich die später häufig aufgegriffene Metapher Bells (1978, S. xxv): „a corporation finds its people being straight by day and swingers by night". Außerdem gäbe es auf der Makroebene Widersprüche zwischen den Rollenerwartungen in der Wirtschaft und dem Personenkult der modern(istisch)en Kultur: „between a social structure that is organized fundamentally in terms of roles and specialization, and a culture which is concerned with the enhancement and fulfillment of the self and the ‚whole' person" (Bell 1978, S. 14 f.).

[23] Siehe das erste Zitat, in dem Bell (1978, S. 10) diese Unentschiedenheit wie folgt formulierte: „(I leave aside the question of whether this can be applied generally to the inherent character of society)", also für alle Gesellschaftsformen gelten soll. Ebenso bleibt unklar, ob, sofern diese Dreierdifferenzierung – „societal trinity", so Waters (1996, S. 32) treffend – für sämtliche Gesellschaftsformen gelten sollte, ihr Autonomiepotenzial erst für die moderne Gesellschaft zur Entfaltung käme, oder ob vormoderne Gesellschaften diese Dreierdifferenzierung allenfalls in Ansätzen oder gar nicht aufwiesen. Hierzu nochmals Waters (1996, S. 32), der von einer ‚second confusion' spricht: „We can take the second confusion to mean that the three realms are universal aspects of all societies but become separate and autonomous only in modern society".

Dabei funktionierten diese drei Bereiche größtenteils unabhängig voneinander und auf sich gestellt, also weitestgehend autonom[24]. Zugleich sollten diese Bereiche fortlaufend aufeinander Bezug nehmen, Bell sprach dann von ‚crossovers'[25], und zwar in füreinander affirmativer wie kritischer Art und Weise. Überdies gäbe es evolutionäre Perioden, die von hoher Konvergenz und einer gewissen Abstimmung untereinander bzw. Arbeitsteilung zwischen den Bereichen geprägt seien, und solche, für die eher das Gegenteil zutreffe[26].

---

[24]Bell blieb auch bei diesem zentralen Aspekt terminologisch uneindeutig. So schrieb er in der Einleitung zwar: „In modern society, the political order increasingly becomes autonomous, and the management of the techno-economic order, or the democratic planning, or the management of the economy, becomes ever more independent of capitalism" (Bell 1978, S. 14 f.). Ferner sprach er von „an effort by anti-bourgeois culture to achieve autonomy from the social structure" (Bell 1978, S. 53) oder dass sich „the autonomy of the aesthetic from moral norms" (Bell 1978, S. xxi) ergeben hätte. Und in einem späteren Essay heißt es für Wirtschaft mit Verweis auf Adam Smith wiederum, diese besäße „an autonomous activity"; ebenso gäbe es „the autonomy of law from morality" wie „the autonomy of the aesthetic from all constraints so that art exists for art's sake alone" (Bell 1987, S. 122 f.). Doch bei der zentralen Bestimmung blieb dieses Merkmal unerwähnt: „And society, I would say, is not integral, but disjunctive; the different realms respond to different norms, have different rhythms of change, and are regulated by different, even contrary, axial principles" (Bell 1978, S. 10). Siehe ebenso Robbins (1999, S. 35). Diese Uneindeutigkeit ist entscheidend, denn wenn Bell jede Gesellschaft grundsätzlich als differenziert zu begreifen schien und jedem Bereich Autonomie zugestand, dann ist es hochgradig inkonsequent, wenn er zugleich damit haderte, dass Autonomie prinzipiell das Potenzial (Risiko) von Eigenentwicklungen in sich birgt, die eine verstärkte Binnendifferenzierung und strukturelle Entkopplung auf Kosten der Integration zur Folge haben können – übrigens das Kernproblem Durkheims, wofür Bell jedoch eine eher anachronistische Lösung vorschlug, nämlich die Renaissance von Religion, und nicht Deliberation wie Durkheim, vgl. Bell (1978, S. xxviiif.); Hellmann (2004).

[25]Vgl. Bell (1978, S. 18 ff., S. 156 f., S. 213, S. 275); Waters (1996, S. 38).

[26]Freilich erweckte Bell an mehreren Stellen den Eindruck, dass für (alle) früheren Gesellschaftsformen die Konvergenzthese zutraf. So schrieb Bell (1978, S. 8) etwa: „Within each period, every phase of a culture, from its morals and art, through its political form, to its philosophy, is shaped by this single *Geist* (leading to the idea, in cultural history, of the ‚style' of a period); or every aspect of a society is determined, directly or indirectly, by the prevailing economic mode, whether the hierarchical relation of feudal baron and serf, or the formally free commodity exchanges between individuals whose relations are mediated by the monetary sale of everything, from goods to culture". Ob dies nur Referat war oder seine eigene Einschätzung wiedergab, ist unklar. Aber es gibt eindeutig die Tendenz bei ihm, früheren Gesellschaften Einheit zu bescheinigen, während er für die eigene einen tiefgreifenden Zwiespalt diagnostizierte.

So zeichneten sich Perioden hoher Konvergenz und Kongruenz[27] beispielsweise dadurch aus, dass bereichsübergreifend nur ein singulärer, alle Bereiche integrierender Sozialcharakter ('social character') im Sinne David Riesmans zur Verfügung stehe, während in Phasen der Divergenz und Devianz jeder Bereich einen eigenen Sozialcharakter generiere, die dann miteinander wenig kompatibel seien. Genau daraus könnten sich wiederum gesellschaftsrelevante Widersprüche ('contradictions', 'disjunctions') ergeben.[28]

2.4 Die bürgerliche Gesellschaft als Idealtypus

Gewissermaßen als Idealtypus einer weitgehend harmonischen, hoch integrierten, intern gut abgestimmten Gesellschaftsordnung betrachtete Bell nun die ‚bourgeois society', wobei wiederum unklar blieb, für welchen Zeitraum Bell diese Einheit am ehesten erfüllt sah. So schrieb er an einer Stelle: „With the rise of the bourgeoisie, there may have been a single societal mode threaded through all realms from economic relations to moral conduct to cultural conceptions to character structure" (Bell 1978, S. 10). Kurz darauf wiederholte er diese Datierung nochmals: „In early modern times, bourgeois culture and bourgeois social structure fused a distinct unity with a specific character structure around the theme of order and work" (Bell 1978, S. 36). Doch gibt es auch anderslautende Aussagen, welche

---

[27] Indes ist der Kongruenzbegriff an dieser Stelle schwierig (wenngleich die Kongruenzannahme für Bell argumentationstaktisch bedeutsam war), da er explizit davon sprach, daß die Bereiche nicht kongruent seien: „These are not congruent with one another and have different rhythms of change; they follow different norms which legitimate different, and even contrasting, types of behavior" (Bell 1978, S. 10). Wobei er sich genau an solchen von Kongruenz bestimmten Entwicklungsphasen orientierte, um gerade die Desintegriertheit seiner zeitgenössischen Gesellschaft als Symptom für Anomie zu problematisieren.

[28] Auch in diesem Punkt war Bell nicht eindeutig: Einerseits stellte er fest, daß die Dreierdifferenzierung grundsätzlich ‚discordances' und damit ‚contradictions' erzeuge: „It is the discordances between these realms which are responsible for the various contradictions within society" (Bell 1978, S. 10). Andererseits gäbe es Perioden, bei denen dies nicht zum Problem geworden sei, und andere, in denen solche ‚contradictions' den Zusammenhalt der Gesellschaft akut gefährden würden.

die Mitte bzw. das letzte Drittel des 19. Jahrhunderts ins Auge fassen[29]. Als zentrale Bezugsquelle berief Bell sich hingegen ausgesprochen loyal auf den Essay *Die Protestantische Ethik und der Geist des Kapitalismus* von Max Weber aus dem Jahre 1904, wie dieser Essay überhaupt eine Basisreferenz für Bells Ansatz bedeutete (Bell 1996)[30].

So unterstellte Bell für die bürgerliche Gesellschaft während einer noch näher zu bestimmenden Hochphase, dass sich Wirtschaft und Kultur in zentralen Aspekten wechselseitig ergänzt und gestützt hätten. Dementsprechend konstatierte er für diese Phase sogar eine bürgerliche Kultur (‚bourgeois culture'), die gemeinhin vorherrschend war und sich mit der bürgerlichen Sozialstruktur größtenteils in Deckung befand (Bell 1978, S. 53; 1992, S. 79). So formulierte er mit Verweis auf Weber:

> Culture as ideology reflected a substructure and could not have an autonomy of its own. Moreover, in bourgeois society, culture was tied to the economy because culture, too, had become a commodity, to be evaluated by the market and bought and sold through the exchange process. Max Weber argued that thought, conduct, and societal structure were highly integrated, in that all its branches – science, economy, law, and culture – were predominantly rationalistic. Even the modes of art were predominantly rationalistic (Bell 1978, S. 36).

Sozialpsychologisch fand diese Konvergenz insbesondere in einem scheinbar allgemein akzeptierten, auf Arbeit- und Betriebsamkeit konzentrierten Sozialcharakter (‚character structure') Ausdruck, der für diese Periode mehrheitlich bestimmend war und die protestantische Ethik geradezu verkörperte, ganz im

---

[29] So sprach Bell im obigen Zitat von der Aufstiegsphase des Bürgertums, die durch diese Einheit geprägt gewesen sei und die bis ins 18. Jahrhundert zurückreiche, vgl. auch Bell (1978, S. 65). Vier Jahre davor war Bell (1970, S. 35) hingegen noch der Auffassung, dass die Hochzeit der bürgerlichen Kultur in „the mid-nineteenth century" lag. Waters (1996, S. 37) hingegen sieht für Bell eher das letzte Drittel des 19. Jahrhunderts als relevant an: „In certain periods of time the particular formations apparent in each of the realms will be synchronized and there will be an accidental unity between them. Bell identifies twelfth-century Europe and the 'apogee' of bourgeois society in the last third of nineteenth century as examples of such periods". Zudem ist die genaue Länge dieser Stabilitätsphase nicht mit Sicherheit auszumachen. So findet sich bei Bell (1978, S. 7) die Erwähnung von 200 Jahren, in deren Verlauf die ‚bourgeois idea' die moderne Ära geformt hätte, ohne aber genau anzugeben, wann die Hochphase eintrat und wieder endete. Und die Ursprünge des Modernismus datierte er einmal 125 Jahre zurück, kurz danach hingegen auf das 16. Jahrhundert (Bell 1978, S. 7, S. 16).

[30] Eine weitere wichtige Referenz stellte für Bell Werner Sombart und dessen Idee dar, daß für die Entstehung des Kapitalismus der Erwerbstrieb (‚acquisitiveness') besonders wichtig gewesen sei, vgl. Bell (1978, S. xviii, S. xx, S. 82, S. 248, S. 254; 1996, S. 36).

Einklang mit den damaligen wirtschaftlichen Erfordernissen – ein Verhaltensmuster, das vollständig erfüllt zu sein schien von asketisch-protestantisch orientierten Werten, wie sie Bell (1978, S. 58) namentlich von Benjamin Franklin herleitete (der ja auch für Weber so bedeutsam war), nämlich „temperance, silence, order, resolution, frugality, industry, sincerity, justice, moderation, cleanliness, tranquility, chastity, and humility". Andere Neigungen, andere Optionen, wie man sich zur damaligen Zeit verhalten könnte, wie man leben sollte, ja wie Gesellschaft grundsätzlich geartet sein könnte, mag es wohl gegeben haben. Bell ging darauf jedoch nicht näher ein. Historisch befanden sich diese andersdenkenden, antibürgerlich agierenden, stark auf Kunst konzentrierten Kreise jedenfalls in der Minderheit, sich an der Peripherie der bürgerlichen Gesellschaft ausprobierend, aufdrängend, abkämpfend (Bell 1978, S. 38 f.). Schlagworte sind Avantgarde, Boheme, Romantik (Bell 1978, S. xxiv, S. 17, S. 35 ff.). Doch geschah dies wohl ohne große Wirkung, wie es scheint: Die Einheit der bürgerlichen Kultur blieb davon weitgehend unberührt. Insofern konnte der Eindruck entstehen, die bürgerliche Gesellschaft sei eine allein auf Arbeit- und Betriebsamkeit ausgerichtete, hervorragend integrierte Gesellschaft gewesen, in der die klare Mehrheit der Bevölkerung das Zentrum vollständig ausfüllte, den Ton vorgab und quasi habituell am gleichen Strang gezogen hat, so zumindest Bells (idealisierende) Darstellung.[31]

Betrachtet man Bells Verständnis dieser bürgerlichen Kultur genauer, so verstand er darunter die Exzellenz einer „high culture" (Bell 1978, S. 102), die für Einheit, Hierarchie, Ordnung und Übersicht sorgte und bezüglich der Künste, ein Feld, auf dem sich Bell mit Vorliebe profilierte, klare Unterscheidungen zwischen wertvoll und wertlos einführte, klassisch begründet – natürlich bis auf die antiken Griechen (Homer, Platon, Aristoteles) rekurrierend (Bell 1978, S. 8, S. 97 ff., S. 105, S. 124, S. 150 f., S. 162) – und für kulturelle Hochkonjunkturen einen

---

[31] Kritisch sahen das Bensman und Vidich (1972, S. 55 f.), weil sie davon ausgingen, dass diese antibürgerlichen Kreise selber oft bürgerlichen Ursprungs waren, häufig die Kinder bürgerlicher Eltern, weil diesen die nötigen Ressourcen dafür zur Verfügung standen, sich entsprechend fortzubilden und solchen Kreisen anzuschließen.

ehernen Kanon definierend, der für die Bessergestellten und Gebildeten, letztlich sogar nur eine kleine Elite, die sich rein intern verständigte,[32] allgemein unanfechtbar galt[33].

Es wird nun kaum verwundern, wenn man Stück für Stück herausfindet, dass Bell sich genau dieser ‚high culture' nicht nur zugehörig fühlte, sondern sie durch sich selbst auch hervorragend zu repräsentieren glaubte (Crittenden 1972, S. 141; Kramer 1979; Veysey 1982, S. 59). Fast im Sinne Hegels schien damit eine Krönung der kulturellen Entwicklung erreicht; was davon abwich, war Teufels Werk (Bell 1970, S. 33 f.; Chernow 1979, S. 15; Veysey 1982, S. 55; Waters 1996, S. 124; Arens 2000; Pooley 2007, S. 406). Und genau in dieser Haltung urteilte Bell über die weitere kulturelle Entwicklung im 20. Jahrhundert, sofern sie davon radikal abwich, vernichtend. Einen Angriff auf diese vermeintliche ‚high culture' schien er gleichsam wie einen Angriff auf seine eigene Lebensform zu empfinden (Touraine 1977, S. 470)[34]. Entsprechend kategorisch und kompromißlos sprach er sich gegen alle diese Neuerungen aus. Verantwortlich für diesen Angriff hat Bell übrigens die ‚modern(istisch)e Kultur' gemacht (Bell 1978, S. 73 f.)[35].

2.5 Die modern(istisch)e Kultur

Die genaue Datierung und Periodisierung dieser neuen Kultur fällt nicht ganz leicht[36]. Zumal Bell sich mehrerer Begriffe bedient hat, wie ‚Moderne', ‚Modernität' und ‚Modernismus', ohne dass die Bedeutungsgrenzen immer ganz klar

---

[32]Es ist davon auszugehen, wie dies für die ‚New York Intellectuals' (Jumonville 1989; Neun 2012) wiederholt kolportiert wurde, daß hier im Sinne Bourdieus (2001) Analyse die Unterscheidung zwischen einem ‚inner circle' der Intellektuellen (bei Bourdieu der Künstler) und ihrem Publikum anzuwenden ist.

[33]Zum verzwickten Verhältnis der damaligen Intellektuellen zum Spannungsverhältnis von Hoch- und Populärkultur vgl. Jumonville (1989); Riccio (1993).

[34]So findet sich bei Bell die Rede von der „very attack on Puritanism" (Bell 1978, S. 63) oder der „attack on the canon" (Bell 1992, S. 97) seitens der Avantgarde, welche die Radikalität dieses Kulturkampfes sehr gut auf den Punkt bringt: Es ging für Bell nicht bloß um Marginalien, sondern ums Ganze.

[35]Überdies entpuppte sich Bell wiederholt als sehr polemischer Rezensent und Replizent, vgl. etwa Bell (1967; 1967; 1974; 1982).

[36]Ohne daß ganz klar wird bei ihm, wann diese Entwicklung sich historisch umgekehrt hat, Bell ging von mehreren Schüben aus, einmal 1895 bis 1914, dann die 1930er und nochmals die 1960er-Jahre, wobei er diese Entwicklung u. a. bis auf Rousseau zurückführte, vgl. Bell (1978, S. 132).

werden (Bell 1987, 1990; Singal 1987; kritisch Crittenden 1972, S. 143)[37]. Im Kern verstand Bell unter dieser neuen, zumeist als ‚modernistisch' bezeichneten Kultur ein Erstarken der früheren Peripherie, also dieser andersdenkenden, antibürgerlich gestimmten Kulturexperimente und Kunstströmungen am Rande der bürgerlichen Gesellschaft im 19. Jahrhundert, bis zu einem Umschlagpunkt, der für ihn in den 1960er Jahren erreicht war und überschritten wurde, ab dem diese neue Form von Kultur dann ihrerseits kulturelle Hegemonie beanspruchte und auch errang[38], und zwar durchgängig auf Kosten der ehemals vorherrschenden bürgerlichen Hochkultur und ihrer Repräsentanten, so die Wahrnehmung Bells. Die frühere Machtasymmetrie hatte sich demnach vollends in ihr Gegenteil verkehrt: Was Avantgarde war, wurde Mainstream, und wer als Elite galt, geriet in die Defensive (Bell 1970, S. 35; 1979, S. 23; 1987, S. 126)[39].

As we have seen, the last 100 years have witnessed an effort by anti-bourgeois culture to achieve autonomy from the social structure, first by denying bourgeois values in the realm of art, and second by carving out enclaves where the bohemian and the avant-gardist could live a contrary style of life. By the turn of the century the avant-garde had succeeded in establishing a 'life-space' of its own, and by 1910–1930 it was on the offensive against traditional culture. [...] In both doctrine and life-style, the anti-bourgeois won out. This triumph meant that in the culture antinomianism and anti-institutionalism ruled (Bell 1978, S. 53).

Entsprechend kritisch fielen die Urteile Bells gegenüber allem aus, was er mit dieser modern(istisch)en Kultur verband, insbesondere den grassierenden Individualismus und Hedonismus betreffend[40]. Denn alles, was er für gut befand

---

[37] Auch bezüglich der Periodisierung gibt es Kritik, vgl. Bensman und Vidich (1972, S. 54). Außerdem gab es für Bell noch einen 'cultural modernism', nicht nur eine 'modernist culture': „Cultural modernism, though it still calls itself subversive, finds a home largely in bourgeois, capitalist society. That society, lacking a culture derived from its empty beliefs and desiccated religions, in turn, adopts as its norm the life-style of a cultural mass that wants to be ‚emancipated' or ‚liberated', yet lacks any sure moral or cultural guides as to what worthwhile experiences may be" (Bell 1978, S. 145).

[38] Vgl. Bell (1978), S. xxi („gaining hegemony in the culture"), S. xxiii, S. 75 („reign supreme"). Siehe ferner Bell (1970, S. 23): „The adversary culture has come to dominante the social order", die Umkehrung der Werte war in den Augen Bells somit vollzogen. Kritisch hierzu Kavolis (1972, S. 126).

[39] So formulierte Bell (1978, S. 35) einmal lapidar: „the avantgarde has won its victory". Überdies lautete eine Überschrift sogar „Death of the Bourgeois" (Bell 1970, S. 35) bzw. „Death of the Bourgeois World-View" (Bell 1978, S. 53).

[40] Eine deutlich neutralere, positiv aufgeschlossenere Behandlung der Popkultur findet sich bei Andreas Reckwitz (2006, S. 441 ff.). Und von dort aus betrachtet, gleicht Bells Empörung

und hochhielt, wurde von dieser Kultur in seinen Augen grundsätzlich infrage gestellt und dekonstruiert[41]. Was aus seiner Sicht lediglich übrig blieb, war daher Unordnung, Unübersichtlichkeit, der Verlust an Distanz („eclipse of distance') und Einheit („lack of a center'), Sensationslust, Zerstreuung, Leere, das Nichts („nothing').

> Modern culture is defined by this extraordinary freedom to ransack the world storehouse and to engorge any and every style it comes upon. Such freedom comes from the fact that the axial principle of modern culture is the expression and remaking of the 'self' in order to achieve self-realization and self-fulfillment. And in its search, there is a denial of any limits or boundaries to experience. It is a reaching out for all experience; nothing is forbidden, all is to be explored (Bell 1978, S. 13 f.).

Besonders giftig konnte er sogar werden, wenn es um die ‚new sensibility' ging, die durchaus historische Vorläufer hat, vor allem in der Romantik, in ihren jugendkulturellen und sämtliche Kunstgrenzen überschreitenden Ausprägungen der 1960er-Jahre vor Bells Augen aber keinerlei Gnade fand (Gilbert 2013, S. 89)[42]. Die Bewertungen Bells sprechen hierauf bezogen Bände[43]. Sehr deutlich wird dies, sowie Bell die ‚sensibility' der 1950er-Jahre – seine eigene

---

der Logik einer ‚Charaktermaske', die peu à peu bemerkt, dass die einst wirksame kulturelle Hegemonie ihrer ‚Subjektform' radikal erodiert, vgl. Reckwitz 2006, S. 68 ff.

[41] Bei vielem, was Bell als Problem diagnostizierte, hat man es auch mit vermeintlichen Entdifferenzierungseffekten zu tun, wenn er etwa vom Verlust der Distanz, von Einebnung, Entgrenzung, Gleichmacherei, Aneignung entgegen dem klassischen Verständnis, Unmittelbarkeit, Plötzlichkeit, Jetzigkeit, vermischen, auslöschen, Grenzen überschreiten oder aberkennen, einem Kollaps der Differenz von Hochkultur und Populärkultur, Verkehrung, unzulässiger Asymmetrie oder wenigstens doch Resymmetrisierung sprach, vgl. Bell (1978, 1987). Dass solche Entdifferenzierungseffekte möglicherweise auch nur sozialen Wandel anzeigen, sodass man Bells Gepolter mit Karl Mannheim (1985) als Ideologie eines ‚gefühlten' Modernisierungsverlierers entlarven könnte, kam dem Autor von *The End of Ideology* offenbar nicht in den Sinn, vgl. Levi (1972, S. 76); Abrahams (1977, S. 468); Touraine (1977, S. 470 ff.).

[42] Dabei gab es damals auch Stellungnahmen, die dieser ‚new sensibility' sehr viel Positives abgewinnen konnten, bei Susan Sontag (1961, S. 293 ff.) gar nicht erst angefangen, zum Beispiel von Herbert Marcuse (1969, S. 23 ff.).

[43] Vgl. Bell (1978, S. 121): „Yet to all this, the sensibility of the 1960s added something distinctly its own: a concern with violence and cruelty; a preoccupation with the sexually perverse; a desire to make noise; an anticognitive and anti-intellectual mood; an effort once and for all to erase the boundary between 'art' and 'life'; and a fusion of art and politics".

zentrale intellektuelle Formationsphase (Neun 2012, S. 57 ff.) – mit der der 1960er verglich:[44]

> The sensibility of the 1950s was largely a literary one. In the writings of such representative critics of the period as Lionel Trilling, Yvor Winters, and John Crowe Ransom, the emphasis was on complexity, irony, ambiguity, and paradox. These are properties peculiar to the mind. They foster a critical attitude, a detachment and distance which guard one against any overwhelming involvement, absorption, immolation in a creed or an experience. At worst a form of quietism, at best a mode of self-consciousness, this attitude is essentially moderate in tone. The sensibility of the 1960s rejected that mood in savage, even mindless fashion. In its fury with the times, the new sensibility was loud, imprecatory, prone to obscenity, and given to posing every issue, political or otherwise, in disjunctive correlatives (Bell 1978, S. 120 f.).

Hier spielte sich beinahe eine Art Freund/Feind-Konflikt ab, und Bell war in dieser Angelegenheit geradezu schonungslos, fühlte er sich doch persönlich angegriffen und an den Pranger gestellt[45]. Angesichts dieses Bedrohungsszenarios konnte er dieser modern(istisch)en Kultur, die scheinbar alles in ihren Bann zu ziehen vermochte und das öffentliche Bewusstsein weitläufig beherrschte, jedenfalls nichts Positives abgewinnen.

2.6 Hedonismus und Konsum

Ohne hier weiter ins Detail gehen zu können, was angesichts Bells polemischer Bewertungen auch einigermaßen schwer fällt, brach er die damalige Konfliktlage bis auf den Werteantagonismus Asketismus versus Hedonismus herunter (Bell 1978, S. 69, S. 82; Gilbert 2013, S. 86)[46]. Während Hochkultur, also seine eigene innere Lebensphilosophie, noch dem Ideal asketischer Lebensweise huldigte, das Bibliophile, Intellektuelle, Kognitiv-Kontrollierte über alles stellte und sich im

---

[44] Ähnlich parteilich war Bells (1978, S. 122) Bewertung an dieser Stelle: „The 1950s, one could almost say of its sensibility, had been a period of silence. The plays of Samuel Beckett tried to achieve a sense of silence, and the music of John Cage even attempted an aesthetic of silence. But the 1960s was preeminently a period of noise. Beginning with the ‚new sound' of the Beatles in 1964, rock reached such soaring crescendos that it was impossible to hear oneself think, and that may indeed have been its intention".

[45] Besonders deutlich wird dies, wenn man sich seine Invektiven gegen Susan Sontag und ihre Mitstreiter aus anderen Kunstfeldern anschaut, vgl. Bell (1978, S. 122 f., S. 129 f.).

[46] An anderer Stelle verwies Bell (1978, S. 79) auf „a struggle between tradition and modernity" als zentraler Konfliktlinie.

Sinne von Freuds Kulturthese für aufgeschobene Bedürfnisbefriedigung ("deferred gratification") begeistern konnte, wurde die modern(istisch)e Kultur von einer alles umfassenden Neigung zum Hedonismus getrieben, bei dem das Visuelle, Physisch-Unmittelbare, Sinnlich-Rauschhafte überwogen und Bedürfnisbefriedigung prinzipiell ohne Aufschub erfolgen sollte ("instant gratification"). Wobei der Hedonismus diesen Kulturkampf in Bells Augen längst gewonnen hatte: "The contradictions I see in contemporary capitalism derive from the unraveling of the threads which had once held the culture and the economy together, and from the influence of the hedonism which has become the prevailing value in our society" (Bell 1978, S. xxx). Passenderweise sprach er deswegen auch von einer "consumption ethic" (Bell 1978, S. 63), die sich inzwischen institutionalisiert hätte[47]. Außerdem sei der Kapitalismus von sich aus, nicht ohne Eigeninteresse, komplett auf diesen Hedonismus umgeschwenkt[48]. "The cultural, if not moral, justification of capitalism has become hedonism, the idea of pleasure as a way of life" (Bell 1978, S. 21 f.). So hätten Marketing und Reklame große Anteile an der Hypertrophie dieses Konsumhedonismus gehabt, sollte doch sichergestellt werden, dass die hochfahrende Massenproduktion im Sinne Galbraiths unentwegt mit genügend Massenkonsum versorgt wurde, um den Dauerbetrieb aufrechterhalten zu können. Insofern trugen viele Werbekampagnen aktiv dazu bei, einen solchen grenzenlosen Hedonismus zu nähren. "Yet, on the marketing side, the sale of goods, packaged in the glossy images of glamour and sex, promotes a hedonistic way of life whose promise is the voluptuous gratification of the lineaments of desire" (Bell 1978, S. xxv). Besondere Hebelwirkung entfaltete darüber hinaus die Einführung von Konsumentenkrediten in den 1920er-Jahren[49].

---

[47] Damit war für Bell (1978, S. 82 f.) aber auch der Zerfall der Gesellschaft vorweggenommen, wie er mit Verweis auf Ibn Chaldūn ausführte, demzufolge Hedonismus die letzte Periode vor dem (unausweichlichen) Niedergang einer Kultur markiere: "In the scheme of Khaldun, reflecting in the fourteenth century the vicissitudes of Berber and Arabic civilizations, the sequences of transformation went from the Bedouin to the sedentary to the hedonistic life, and from there, in three generations, to the decline of the society".

[48] Diese Einschätzung vertrat Bell übrigens schon in *The Coming of Post-Industrial Society* (vgl. Bell 1973, S. 477).

[49] Vgl. Bell (1978, S. 66): "Mass consumption, which began in the 1920s, was made possible by revolutions in technology, principally the application of electrical energy to household tasks (washing machines, refrigerators, vacuum cleaners, and the like), and by three social inventions: mass production on an assembly line, which made a cheap automobile possible; the development of marketing, which rationalized the art of identifying different kinds of buying groups and whetting consumer appetites; and the spread of installment buying, which, more than any other social device, broke down the old Protestant fear of debt".

The greatest single engine in the destruction of the Protestant ethic was the invention of the installment plan, or instant credit. Previously one had to save in order to buy. But with credit cards one could indulge in instant gratification. The system was transformed by mass production and mass consumption, by the creation of new wants and new means of gratifying those wants (Bell 1978, S. 21).

Damit wird nun endlich auch, worauf sich ja das eigentliche Erkenntnisinteresse an Bell hier richtet, die Konsumsphäre im Kern berührt, welche die Produktionssphäre nach Bells Eindruck bei weitem in den Schatten stellte, eine Sphäre, die weitläufig bestimmt wurde von dieser hedonistischen Konsum- und Lebenseinstellung.

The culture was no longer concerned with how to work and achieve, but with how to spend and enjoy. Despite some continuing use of the language of the Protestant ethic, the fact was that by the 1950s American culture had become primarily hedonistic, concerned with play, fun, display, and pleasure – and, typical of things in America, in a compulsive way (Bell 1978, S. 70).

Daneben traten Faktoren wie Gefühle, Imaginationsvermögen, Sinnlichkeit, Spontaneität, Subjektivität hinzu, die für Bell quasi ein Gesamtsyndrom bildeten.

But the new sensibility that emerged in the 1960s scorned such definitions completely. Authenticity in a work of art was defined almost exclusively in terms of the quality of immediacy, both the immediacy of the artist's intention and the immediacy of his effect upon the viewer. In the theater, for example, spontaneity was all; the text was virtually eliminated and the reigning form became improvisation – exalting the 'natural' over the contrived, sincerity over judgment, spontaneity over reflection (Bell 1978, S. 133).

Insofern greift die Bezeichnung ‚Hedonismus' für diese modernistische Kultur zwar ein wenig zu kurz. Und doch drückt sich darin im Wesentlichen aus, was für Bell die Geschicke der nordamerikanischen Gesellschaft seit den 1920er-Jahren immer stärker zu bestimmen begann, mit Hedonismus als Leiteinstellung und Konsum als Leitsphäre.

Durch diese Fokussierung nahm Bell nun vorweg, was in der Konsum- und Konsumentenforschung erst Jahre später zunehmende Aufmerksamkeit finden sollte: die Relevanz hedonistischen Konsums für die Bestimmung dessen, was das Moderne des modernen Konsums sein könnte (Hirschman und Holbrook 1982; Sassatelli 2001; O'Shaughnessy und O'Shaughnessy 2002; Migone 2007; Alba und Williams 2013). Nicht dass andere Motivlagen nicht ebenso bedeutsam und wirksam geworden sein mögen. Doch gerade die hedonistischen Anteile beim modernen Massenkonsum stechen besonders markant hervor und sollten sich später als hoch signifikant erweisen. Insofern hat sich Bell mit dieser Fokussierung, wenn er diesem hedonistischen Konsumgebaren auch auf das Schärfste entgegentrat, gleichsam als Trendforscher profiliert und einen Anfang gesetzt, der für die spätere Konsum- und Konsumentenforschung wie ein Fanal gewirkt haben dürfte. Dies rechtfertigt allemal, ihn hier als einen sehr eigensinnigen Vordenker für eine Kritische Konsumtheorie zu reklamieren.

3   Zwischenbetrachtung

Freilich dürfte auch erkennbar geworden sein, dass Bells Beitrag ernsthafte Schwierigkeiten bereitet. Diese betreffen zum einen seine Gesellschaftstheorie, zum anderen sein Konsumverständnis. Bei seiner Gesellschaftstheorie Marke Eigenbau geht es sogar um mehrere Schwachstellen, Waters hat darauf schon hingewiesen (Levi 1972, S. 68; Thompson 1976; Touraine 1977)[50].

So ist zunächst zu fragen, weshalb Bell (die moderne) Gesellschaft lediglich in drei ‚Bereiche' differenziert hat, zumal diese Bereiche unterschiedlichen Status zugewiesen bekamen. Überdies hat Bell jeden dieser Bereiche mit wichtigen Unterbereichen ausgestattet, bei denen es nahegelegen hätte, sie gesondert zu behandeln. Bei Wirtschaft gilt dies etwa für Technik und Verwaltung, bei Politik für das Recht, und bei Kultur für Erziehung, die Künste, die Religion und die Wissenschaften, während andere Bereiche wie Familie, Gesundheit, Massenmedien, Medizin, Militär oder Sport so gut wie gar nicht auftauchen. Schließlich bleibt zu hinterfragen, ob der Bereich der Kultur nicht generell eine seltsame Isoliertheit und Reifikation zugewiesen erhielt, kommt Kultur zweifelsohne doch auch in Politik und Wirtschaft vor, während Kultur wiederum nicht ohne Politik und Wirtschaft denkbar ist (Bensman und Vidich 1972, S. 59; Abrahams 1977). Hier wurden eher analytisch-artifizielle Unterschiede und Schwerpunktsetzungen vorgenommen, die weder im Einklang mit der sozialen Wirklichkeit stehen noch durch zeitgemäße Gesellschaftstheorien Bestätigung erfahren[51]. Insofern hätte es

---

[50] So stellte Waters (1996, S. 45 ff.) folgende vier Fragen: ‚Is society really divided into realms?', ‚How many realms are there?', ‚Are the axes identified appropriately?' und ‚Are the realms disjunctive?', und keine davon konnte zur völligen Entlastung Bells beantwortet werden.

[51] Bis auf Parsons' Gesellschaftstheorie, dies wurde erwähnt, da Parsons Kultur eine besondere Funktion und damit Autonomie zuwies, allerdings systematisch-systemisch eingebettet in eine echte Gesellschafts*theorie*, was bei Bell gänzlich fehlte.

Bell gut getan, sich gerade an Parsons' Projekt ein Beispiel zu nehmen, als es schlicht für unrealisierbar zu erklären[52].
Ungleich problematischer ist hingegen Bells Konsum- und Kulturverständnis. Denn durch seine polemische Betrachtungsweise, die sämtlichen Neuerungen dieser Zeit nichts Gutes einzuräumen vermochte, sondern alles in Bausch und Bogen verunglimpfte, zeugt sein Kritikstil von einer besonders verbissenen Bunkermentalität und Verbohrtheit, oder anders formuliert, lassen Bells Ausführungen jede Aufgeschlossenheit, Neugier, Sensibilität, Toleranz vermissen (Wiswede 1972, S. 277 ff.). Dabei wäre viel gewonnen gewesen, hätte er lediglich eine hinlängliche wissenschaftliche Neutralität bei der Behandlung bewahrt. Denn vieles, was Bell schärfster Kritik unterzog, lässt sich etwa mit Ronald Inglehart (1977) als Bildungs-, Generationen- und Wertewandel verstehen, mit dem sich ja durchaus viele positive Anstöße und Entwicklungen verbinden (Bensman und Vidich 1972, S. 60 f.; Schaffer 1973). Eine Susan Sontag, gar einen Michel Foucault oder Marshall McLuhan kanzelt man ebenfalls nicht so leichtfertig ab (Bell 1978, S. 34, S. 51 f., S. 122, S. 129, 1992, S. 98). Und dass sich Hochkulturvertreter für ihren Anspruch, sich für etwas Besonderes zu halten, allemal rechtfertigen sollten, kann nur befürwortet werden. Auch bleibt fraglich, ob die modern(istisch)e Kultur, ihre hypostasierte Homogenität gar nicht erst hinterfragend, tatsächlich den Sieg in diesen ‚Cultural Wars' (Bell 1992) davon getragen hat. Schließlich steht es einem Soziologen prinzipiell nicht zu, seine persönlichen Präferenzen soweit in die Waagschale zu werfen, dies verletzt das Diktum Webers von der Werturteilsfreiheit auf das Empfindlichste (Touraine 1977, S. 469 f.; Waters 2003, S. 174). Albert William Levi (1972, S. 68) machte Bell dafür richtiggehend lächerlich: „The sociologist as social governess. Custodian of the authentic mores. Lawgiver to the world". Insofern erweist sich Bells Beschäftigung mit dem modernen, insbesondere hedonistischen Konsum als tendenziell vergiftet, selbst wenn ihm zugute zu halten ist, dass er frühzeitig darauf aufmerksam machte.

Die Frage stellt sich angesichts dieser Lage, ob man dem Hedonismus für die Bestimmung des modernen Konsums nicht deutlich mehr abgewinnen kann, würde man dieser Motivlage ohne solche Vorbehalte begegnen. Und die Antwort lautet hierauf lapidar: Man kann! Belegt werden soll diese Einschätzung anhand eines Essays, der elf Jahre nach den *Cultural Contradictions of Capitalism* veröffentlicht wurde und ein ungleich fruchtbareres, historisch verständiges, die Augen öffnendes Verständnis des modernen Konsums erlaubt.

---

[52]Vgl. Bell (1979), ein Nachruf auf Parsons' Tod 1979, der deutlich macht, wie wenig Bell von dieser Großtheorie verstanden hatte.

4 Colin Campbell: *The Romantic Ethic and the Spirit of Modern Consumerism* (1987)

Bald jeder Sozialwissenschaftler, weibliche selbstredend mit eingeschlossen, kennt wohl Max Webers Essay *Die protestantische Ethik und der Geist des Kapitalismus* von 1904 und weiß im Grunde auch, welche Kernthese darin vertreten wurde: Können Ideen Einfluss nehmen auf den sozialen Wandel? Im Falle Webers (1984) bedeutete das damals: auf die Entwicklung des modernen Kapitalismus. Ihn vielleicht sogar anregen, befördern, motivieren? Die Wirkung dieses Essays ist jedenfalls epochal zu nennen und seine Relevanz bis heute ungebrochen. In gewisser Hinsicht löste diese Studie sogar selber einen sozialen Wandel in den Sozialwissenschaften aus und ist zum Vorbild geworden. Bell ist ein Beispiel dafür.

Freilich lag Webers Erkenntnisinteresse im Wesentlichen auf der Produktionsseite, während die Konsumtionsseite kaum seine Beachtung fand – allenfalls indirekt, wenn er etwa ausführte, dass der frühkapitalistische Unternehmer wie ein Asket lebte und für Konsum nicht viel übrig hatte.

Heutzutage hat sich diese Sichtweise fast in ihr Gegenteil verkehrt. Im Vordergrund steht oftmals der Konsum, und von Asketismus ist höchstens noch für eine Minderheit von Minimalisten die Rede, während ein universaler Hedonismus beinahe kulturelle Hegemonie beanspruchen darf und die Produktionsseite dafür allenfalls noch Ressourcenbeschaffung bedeutet – so vor allem das angelsächsische Forschungsverständnis.

Allerdings fehlte lange Zeit eine zeitgemäße Theorie des modernen Konsums. Zwar gab es die Schriften von Georg Simmel, Thorstein Veblen und Werner Sombart, zwischen 1895 bis 1912 veröffentlicht. 1923 folgte die fast vergessene Studie *A Theory of Consumption* von Hazel Kyrk. 1960 erschien die *Soziologie der Prosperität* von Ernest Zahn. Und 1970 veröffentlichte Jean Baudrillard die erste systematisch angelegte Konsumsoziologie, zusammen mit ähnlich gelagerten Studien im gleichen Zeitraum. Doch gab es weiterhin keine Übersicht, die sowohl Entstehung als auch Grundlage des modernen Konsums theoretisch umfassend zu beschreiben suchte.

Eine solche Studie dieses Anspruchs, vom Autor bescheiden als ‚Essay' bezeichnet, legte 1987 der englische Soziologe Colin Campbell vor, so wenigstens seine damalige Einschätzung. Und er nahm sich dafür Webers Essay zum Vorbild, einschließlich dessen Methode und Titel (Campbell 1983, 1997, S. 168). Im Grunde vervollständigte Campbell Webers Analyse damit um eine zweite Hälfte, so wie Produktion und Konsumtion ja schon von der Neoklassik immer als Pärchen konzipiert worden waren – freilich ohne dem Konsum jemals jene

Aufmerksamkeit geschenkt zu haben, die er wohl verdient hat. Heute weiß man es besser.

Die Studie von Colin Campbell – zugrunde gelegt wird nunmehr die ‚extended edition' von 2018 – weist zwei Teile auf. Im ersten Teil, „The Spirit of Modern Consumerism" überschrieben, beschäftigte sich Campbell nach einer ersten, der ursprünglichen Einleitung (der für die 2018er Auflage eine zweite neue vorangestellt wurde, um 30 Jahre Rezeptionsgeschichte Revue passieren zu lassen) in vier Kapiteln mit den Besonderheiten des modernen Konsums im Kontrast zum traditionellen Konsum. Im zweiten Teil geht es dann nochmals in vier Kapiteln um „The Romantic Ethic", und ähnlich wie Weber – in der neuen Einleitung heißt es sogar kokett, dieser Essay sei kaum mehr denn ‚A Footnote to Weber' (Campbell 2018, S. 23) – unternahm Campbell den Versuch, zuerst das Wesen des modernen Konsums zu bestimmen, um anschließend aufzuzeigen, wie es dazu kommen konnte. Eine Schlussbetrachtung rundet Campbells Essay ab.

Die Vorgehensweise von Campbell ist für einen Essay ungewöhnlich aufwendig. Im ersten Teil griff er zunächst mehrere Ansätze auf, die für die damalige Konsumforschung bedeutsam waren, vor allem Veblen und die Arbeiten von McKendrick et al. (1982), um daran aufzuzeigen, dass die Emulations- oder Imitationsthese, wonach die unteren Schichten die oberen in deren Konsumverhalten nachahmen würden, empirisch zwar nicht falsch sei, theoretisch aber problematisch, vor allem wenn man Weber darin folge, dass die damalige Bourgeoisie der Aristokratie keineswegs nachzueifern bemüht war, sondern sich von ihr gerade absetzen wollte, nicht zuletzt im Konsumverhalten. Allerdings ist historisch erwiesen, dass es das aufstrebende Bürgertum war, welches maßgeblich und in großer Zahl zur Entwicklung des modernen Konsums aktiv beigetragen hat. Es war sogar die eigentliche Trägerschicht. Wie lässt sich dieses Paradoxon auflösen: Abgrenzung einerseits, Nachahmung andererseits?

Ohne diese Paradoxie sogleich aufzulösen, wendete sich Campbell im nächsten Schritt einer ersten Bestimmung des modernen Konsums zu. Demnach könne man vielleicht für Bedürfnisse (‚needs'), aber keinesfalls für Wünsche (‚wants', ‚desires') davon ausgehen, dass sie begrenzt und endlich seien (Campbell 2018, S. 84 ff.). Ganz im Gegenteil verhielten sich Wünsche beinahe unendlich, geradezu unersättlich (‚insatiable') und unerschöpflich („inexhaustible", Campbell 1997, S. 166), eine Annahme, für die schon Baudrillard (1981) vehement eingetreten war. Betrachtet man daraufhin die Besonderheiten des modernen Konsums, so zeichne diesen aus, dass er im Unterschied zu traditionellen Konsummustern, die in die jeweilige Gesellschaftsstruktur strikt eingebettet seien, demgegenüber als weitgehend autonom eingeschätzt werden könne, sich größtenteils losgelöst von seiner sozialen Umgebung entfalte, primär durch Wünsche geleitet werde und nicht mehr am Althergebrachten klebe, sondern sich für alles Neue begeistere, also die komplette Abkehr von der vorherigen Konsumära darstelle. Außerdem spielten Emotionen und Imaginationen eine große Rolle (Campbell 2004)[53].

> In the first place, pleasure is sought via emotional and not merely sensory stimulation, whilst, secondly, the images which fulfil this function are either imaginatively created or modified by the individual for self-consumption, there being little reliance upon the presence of 'real' stimuli. These two facts mean that modern hedonism tends to be covert and self-illusory; that is to say, individuals employ their imaginative and creative powers to construct mental images which they consume for the intrinsic pleasure they provide, a practice best described as day-dreaming or fantasizing (Campbell 2018, S. 131.)

Vor diesem Hintergrund schärfte Campbell sodann die Bestimmung des modernen Konsums weiter, indem er herausstellte, dass im Unterschied zum traditionellen Konsum, bei dem zwar einzelne Vergnügungen („pleasures', immer im Plural), allerdings auf bestimmte Sinneserfahrungen (Essen, Trinken etc.) beschränkt, durchaus wiederkehrend und intensiv wertgeschätzt würden, beim modernen Konsum alles Mögliche unter dem Gesichtspunkt des Vergnügens („pleasure' im Singular, quasi als Zentralwert) von Belang werden könne, fast ohne Unterschied. „Traditional hedonism involves a concern with 'pleasures' rather than with 'pleasure', there being a world of difference between valuing an experience because (among other things) it yields pleasure, and valuing the pleasure which experiences can bring" (Campbell 2018, S. 118). Dabei werde alles, was sich anbiete und eigne, dafür benutzt, um sich innerpsychisch besonders intensive Gefühle zu verschaffen. „Very simply put, we live in a culture in which reality is equated with intensity of experience, and is hence accorded both to the source of intense stimuli and to the aspect of our being that responds to them" (Campbell 2004, S. 36).

Wobei es nicht einmal darauf ankomme, dass es real erfahrene äußere Reize sein müßten; reine Simulationen, als Phantasie oder Tagtraum („day dreaming')

---

[53] Diese beiden Dimensionen, Gefühle und Imaginationen, spielten auch für Bell schon eine Rolle, wenngleich pejorativ bewertet. So schrieb Bell (1978, S. xxiif.): „when the distinction between art and life became blurred so that what was once permitted in the *imagination* (the novels of murder, lust, perversity) has often passed over into *fantasy*, and is acted out by individuals who want to make their ‚lives' a work of art, and when, with the ‚democratization' of criticism, the touchstone of judgment is no longer some consensual agreement on standards, but each ‚self's' judgment as to how art enhances that ‚self'", dann sei dies ein hoher Preis, den man für dieses ‚blurring' bezahlen müsse. Campbell erkennt demgegenüber genau darin die Besonderheit des modernen Konsums.

erlebt, reichten völlig aus, und sie würden sogar den größeren Anteil an unserem Konsum ausmachen.

> The central insight required is the realization that individuals do not so much seek satisfaction from products as pleasure from the self-illusory experiences that they construct from their associated meanings. The essential activity of consumption is thus not the actual selection, purchase or use of products, but the imaginative pleasure-seeking to which the product image lends itself, ‚real' consumption being largely a resultant of this ‚mentalistic' hedonism (Campbell 2018, S. 144).

Jedenfalls sei vorrangig relevant, was innerlich passiere, und der einzelne Konsument spiele sich dabei wie ein ‚Despot' auf, der frei schalte und walte, je nach individuellem Vergnügungsbedarf: „Modern hedonism presents all individuals with the possibility of being their own despot, exercising total control over the stimuli they experience, and hence the pleasure they receive" (Campbell 2018, S. 126).

Hier komme nun die eigentliche Besonderheit des modernen Konsums zum Vorschein. Denn für Campbell war das „day dreaming"[54] die alles überstrahlende Zentralkompetenz des modernen Konsums, und der moderne Konsument gebärde sich wie ein wahrhafter „dream artist"[55] – ein Selbst-Manipulator und Selbst-Inszenierer vor dem Herrn, gleichsam ein echter souveräner Herr über sich selbst, denn in das, was sich jeder einzelne für sich selber erträumt, kann von außen schlechterdings nicht eingegriffen werden: Die Gedanken sind frei!

Campbell veranschaulichte diesen Umstand an Hand von Fiktionen wie *The Thurber Carnival* von James Thurber und ‚Billy Liar' von Willis Hall und Keith Waterhouse, in denen Menschen im Mittelpunkt stehen, die vorrangig in ihren Tagträumen leben, weniger in der harten Wirklichkeit, ja vor dieser sogar fliehen möchten. Diese gesteigerte Imaginationskompetenz, die es auf wirkungsstarke innere Bilder und Gefühle anlegt, um eine „perfect vision of life" (Campbell 2018,

---

[54] Vgl. Campbell (2018, S. 137): „The category of most interest in this discussion is that which has here been designated as 'day-dreaming', and this is taken to be that form of mental activity in which fairly vivid future images are brought to mind (either deliberately or not in the first instance) and are either found to be pleasant or elaborated in a way which renders them so".

[55] Vgl. Campbell (2018, S. 132): „In this sense the contemporary hedonist is a dream artist, the special psychic skills possessed by modern man making this possible. Crucial to this process is the ability to gain pleasure from the emotions so aroused, for when the images are adjusted, so too are the emotions. As a direct consequence, convincing day-dreams are created, such that individuals react subjectively to them as if they were real. This is the distinctively modern faculty, the ability to create an illusion that is known to be false but felt to be true. The individual is both actor and audience in his own drama, 'his own' in the sense that he constructed it, stars in it, and constitutes the sum total of the audience".

S. 139) zu kreieren, stellt den ‚spirit of modern consumerism' in der Hauptsache dar, eine Form von Erlebnisrationalität, wie wir sie ansatzweise schon von Gerhard Schulze (1992) kennen, nur, dass es hier um strategisch angestrebten Hedonismus geht (Hellmann 2018).

Freilich klaffen zwischen Wunsch und Wirklichkeit oftmals tiefe Gräben. Deswegen pendele der moderne Konsument ständig zwischen überschießender Erwartung und realitätsbedingter Enttäuschung, ein beinahe geschlossener „cycle of desire-acquisition-use-desillusionment-renewed desire" (Campbell 2018, S. 145 f.), wie ihn schon Tibor Scitovsky (1976) modelliert hatte, ebenso Gerhard Schulze (1992, S. 63 ff.).

Nach diesem Durchlauf des ersten Teils, der vom Umfang etwas kleiner ausfiel als der zweite, griff Campbell im Prinzip das Paradoxon von Abgrenzung und Nachahmung wieder auf und nahm die durchaus diffizile Aufgabe in Angriff zu zeigen, wie beides möglich ist. Die Lösung liegt in der Zeit und dem damit verbundenen Wandel der Ideen und Lebensformen. Denn während Webers Studie mit dem Ausgang des 17. Jahrhunderts endete, war die Entwicklung des Protestantismus damit ja keineswegs abgeschlossen. Vielmehr gab es in Reaktion auf den Calvinismus, aber auch durch das Theodizeeproblem bedingt, mehrere religionsspezifische, auch sektenförmige Strömungen, die auf gewisse Einseitigkeiten, Härten und Unstimmigkeiten in diesem Ansatz Bezug nahmen und zahlreiche Neuerungen in die Betrachtung mit einbezogen. In Summe wurden dadurch nicht nur Gefühle und Wünsche stärker berücksichtigt, sondern es entwickelte sich – wunderbar an ‚Sense and Sensibility' von Jane Austen illustriert – ein regelrechter ‚cult of sensibility', der durch aristokratische Vorläufer wie den ‚cavalier effect', aber auch durch postaristokratische Phänomene wie den ‚Dandy' befördert wurde, bis schließlich die Romantik und nicht zuletzt die Sonderform der Boheme Einzug hielten und ein starkes Gegengewicht im Verhältnis zur streng calvinistischen Arbeitsethik bildeten, die sich über die Jahrzehnte freilich auch zunehmend erschöpfte und an Einfluß verlor. Außerdem, dies dürfte kaum überraschen, beteiligten sich an diesem Trend vor allem Bürgersfrauen, die ja selten arbeiten, also Lohnarbeit verrichten durften, sondern den Haushalt präsentieren mußten, wie Veblen dies so scharfsinnig analysierte, sodass allein schon durch die Geschlechtertrennung eine Auflösung der Paradoxie erreicht wurde (Campbell 2018, S. 325; Wagner 2020, S. 46 ff.).

Im Endergebnis gelang es Campbell, ganz im Sinne seines Vorbilds Weber, durch diese Vorgehensweise eine parallele Entwicklungslinie zur Entstehung des kapitalistischen Geistes für den modernen Konsum nachzuzeichnen, der sich durch einen imaginativ höchst produktiven Hedonismus auszeichnet und sich aus ganz ähnlichen Quellen speist, nämlich Semantiken der Romantik, durch religiöse Neigungen unterstützt, also durch Ideen initiiert und institutionalisiert. Und ähnlich wie beim Geist des Kapitalismus, für den die religiösen Startbedingungen inzwischen völlig unbedeutend geworden sind, waren die literarischen Vorläufer, die emotional-symbolische Aufgeladenheit durch Klassiker wie ‚Sense and Sensibility', für das zeitgenössischen Konsumgebaren ebenso längst in Vergessenheit geraten. Geblieben sind diese gesteigerte Imaginationskompetenz und eine anhaltende Sehnsucht (‚longing') nach einem glücklichen, ja perfekten Leben, weitgehend profanisiert und inhaltsentleert, dafür umso unersättlicher und wirkungsmächtiger, gänzlich befreit von historischen Vorgaben und Zwängen ganz sich selbst überlassen (Campbell 2018, S. 140 ff.).

Im Rückblick, und hier gilt es, eine beachtliche Komplexitätssteigerung innerhalb der Konsum- und Konsumentenforschung über die letzten 33 Jahre zur Kenntnis zu nehmen, gebührt Campbells Studie von 1987, nach mehreren Nachdrucken 2018 in erweiterter Fassung wieder vorgelegt, zweifelsohne Klassikerstatus, ähnlich wie den Arbeiten von Baudrillard oder Scitovsky. Dabei hat es den Eindruck, dass die Grundideen in diesem Essay, so sehr die akademische Konsum- und Konsumentenforschung sich inzwischen auch ausgiebigst mit der Verbindung von Hedonismus, Imagination und Konsum befasst hat, noch immer nicht vollends diskutiert und rezipiert wurden. Es gibt zwar dieses Buch; aber sein Inhalt bleibt teilweise noch unbeachtet.

5 Schlussbetrachtung

Die ursprüngliche Problemstellung dieses Beitrages gipfelte in der Frage danach, was das Moderne des modernen Konsums sei. Beantwortbar dürfte diese Frage letztlich nur sein, wenn man das Verhältnis zwischen modernem Konsum und moderner Gesellschaft ins Auge fasst. Hierdurch kamen *The Cultural Contradictions of Capitalism* von Daniel Bell in den Blick, eine Sammlung von Essays, die eine vergleichsweise frühe, wenngleich überaus kritisch-ablehnende Beschäftigung mit Hedonismus als einem zentralen Konsummotiv dokumentieren. Die anschließende Analyse hat dann offenbart, dass Bells Gesellschaftstheorie sehr grundsätzliche Schwächen aufweist, und dass sein Kultur- und Konsumverständnis äußerst parteiisch war. Zudem blieb bei Bell bis zuletzt unklar, woher die Attraktivität des Hedonismusmotivs eigentlich rührte. Was im Grunde fehlte, war eine spezielle Herleitung für dessen gegenwärtige Relevanz. Deshalb wurde im Anschluß der Groß-Essay *The Romantic Ethic and the Spirit of Modern Consumerism* von Colin Campbell dagegengesetzt, um den durchaus bedeutenden

Diagnosewert von Bells damaligen Deutungen zu konservieren. Denn trotz der kategorisch ablehnenden Haltung, die Bell gegen dieses Konsummotiv zum Vortrag brachte – und nicht zuletzt ihretwegen – erfuhr dieses Motiv zweifelsohne eine bemerkenswerte Aufmerksamkeit und bei Campbell sogar besondere Wertschätzung. Und dies ganz zu Recht, ging es bei dieser „cultural revolution" (Bell 1978, S. 30) doch mitnichten bloß um den „Death of the Bourgeois World-View", wie es Bell (1978, S. 53) so melodramatisch-larmoyant formulierte, sondern um einen grundsätzlichen gesellschaftlichen Wandel, für den der Hedonismus als zentrales Konsummotiv symptomatisch geworden sein dürfte. Die Arbeiten von Inglehart und Jumonville machen sehr schön deutlich, warum dem damals so war. Und Campbells Beitrag rekonstruiert im Nachgang historisch, aber auch sozialpsychologisch versiert, insbesondere durch seine Hereinnahme der Imaginationsdimension, wo das moderne Hedonismusmotiv seine Wurzeln hat und weshalb es später eine solch große Akzeptanz und Nachfrage erfuhr (Hellmann 2018).

Wie also lässt sich die Frage danach, was das Moderne des modernen Konsums ist, angesichts dieser Deutungslage jetzt beantworten? Entscheidend ist hierfür, wie das Moderne der modernen Gesellschaft verstanden wird. In einem späteren Text, mit *Modernism Mummified* überschrieben, präsentierte Bell (1987, S. 123) eine relativ dichte und neutrale Beschreibung für das, was er mit ‚the modern' verband:

> What is clear, out of all these variegated elements, is that what defines the modern is a sense of openness to change, of detachment from place and time, of social and geographical mobility, and a readiness, if not eagerness, to welcome the new, even at the expense of tradition and the past. It is the proposition that there are no ends or purposes given ‚in nature', that the individual, and his or her self-realization, is the new ideal and imago of life, and that one can remake one's self and remake society in the effort to achieve those individual goals. Revolution, which had once been a *ricorso* in an endless cycle, now becomes a rupture with the endless wheel, and is the impulse to destroy old worlds, and for new worlds to create.

Die Moderne zeichnete sich nach Bell also durch Offenheit für Wandel, die Ablösung von Raum und Zeit, soziale und geografische Mobilität, Neophilie, die Entgrenzung der Zwecksetzung von althergebrachten Vorgaben und Individualismus sowie Selbstverwirklichung als neue Lebensideale aus. Betrachtet man diese Aufzählung kurzerhand von hinten her, rückte das Individuum offensichtlich in den Mittelpunkt des Geschehens, und da es zunehmend freigestellt wurde von externen Einschränkungen, avancierte sein eigenes Wohlbefinden, und hierfür waren nicht nur Marketing und Werbung mit verantwortlich, sondern auch die „revolution of rising entitlements" durch den Wohlfahrtsstaat, wie Bell (1978, S. 233) darlegte, zum Zentralwert seiner Selbstbewertung. Im Zuge dessen erfuhr der Hedonismus gesellschaftlich legitimiert allerhöchste Geltung. Und was vermochte dieses Wohlbefinden alltagspraktisch am besten zu vermitteln? In erster Linie der Konsum – zumindest war das damals die Kernbotschaft gegenüber der amerikanischen Konsumentenschaft, so Christopher Lasch (1979), und die Binnenwahrnehmung bei den Konsumenten und Konsumentinnen korrespondierte damit scheinbar bestens (Lebergott 1993; Migone 2007; Liverant 2018). Schließlich lässt sich mit Campbell noch festhalten, dass die Verbindung von Emotionen, Imaginationsfähigkeit und Hedonismus eine besondere Gemengelage darstellt, die, findet sie derart Anwendung auf Konsum, ihm etwas ungemein Modernes verleiht (Illouz 2009).

Im Übrigen deckt sich diese Bestimmung des modernen Konsums durchaus mit der, die anfangs schon geäußert wurde: *Autonomie*. Denn Autonomie bedeutet ja, dass Selbstreferenz zum vorherrschenden Maßstab dafür wird, wie man selber erleben und handeln möchte. Äußere Begrenzungen gibt es zwar noch. Doch wie man sich diesen gegenüber verhält, bleibt einem selbst überlassen: Man kreist primär um sich selber; Selbstbezüglichkeit bestimmt die private Konsumagenda. Zudem tendiert Autonomie dazu, Grenzen auszutesten und dabei die eigenen Belange in den Vordergrund zu stellen (Roubal und Wawrosz 2020). Das persönliche Wohlbefinden und die Wahl geeigneter Mittel bestimmen somit das eigene Erleben und Handeln vorrangig (Reckwitz 2017, S. 273 ff.). Der moderne Konsum, insbesondere seine hedonistische, mit intensiven Gefühlen angereicherte und von Tagträumen getriebene Ausprägung, und sollte dies auch nur in extremer Form vollends sichtbar werden, ist genau darauf geeicht. Bell hat dies sehr früh gespürt, sich als überzeugter ‚bourgeois' allerdings vehement dagegen ausgesprochen.

Literatur

Abrahams, R. D. (1977). Contradicting Bell. *American Journal of Sociology, 83*, 463–469.
Alba, J. W., & Williams, E. F. (2013). Pleasure principles: A review of research on hedonic consumption. *Journal of Consumer Psychology, 23*, 2–18.
Arens, E. (2000). The Anxiety of Prosperity. *Policy Review*, December. https://www.hoover.org/research/anxiety-prosperity. Zugegriffen: 19. Juni 2020.
Averitt, R. T. (1976). Review. *Journal of Economic Issues, 10*, 991–994.
Baudrillard, J. (1981). *For a Critique of the Political Economy of the Sign*. St. Louis: Telos.
Baudrillard, J. (2015). *Die Konsumgesellschaft. Ihre Mythen, ihre Strukturen*. Wiesbaden: Springer VS.

Bauman, Z. (2007). *Consuming Life.* Cambridge/Malden: Polity.
Beilharz, P. (2006). Ends and rebirths: An interview with Daniel Bell. *Thesis Eleven, 85,* 93–103.
Bell, D. (1967). About sociodicy. *The American Scholar, 36,* 462–463.
Bell, D. (1970). The Cultural Contradictions of Capitalism. *The Public Interest, 6,* 16–43.
Bell, D. (1973). *The Coming of Post-Industrial Society. A Venture in Social Forecasting.* New York: Basic Books.
Bell, D. (1974). Reply by Daniel Bell. *Contemporary Sociology, 3,* 107–109.
Bell, D. (1978). *The Cultural Contradictions of Capitalism* (2. Aufl.). New York: Basic Books.
Bell, D. (1979). Talcott Parsons: Nobody's Theories Where Bigger. *The New York Times,* 13. Mai 1979, 9.
Bell, D. (1982). *Mr. Veysey's Strabismus. American Quarterly, 34,* 82–87.
Bell, D. (1987). Modernism Mummified. *American Quarterly, 39,* 122–132.
Bell, D. (1990). Zur Auflösung der Widersprüche von Modernität und Modernismus: Das Beispiel Amerikas. In H. Meier (Hrsg.), *Zur Diagnose der Moderne* (S. 21–67). München/Zürich: Piper.
Bell, D. (1991). *Die kulturellen Widersprüche des Kapitalismus.* Frankfurt/New York: Campus.
Bell, D. (1992). The Cultural Wars. American Intellectuals 1965–1992. *The Wilson Quarterly, 16,* 74–107.
Bell, D. (1996). The Protestant Ethic. *World Policy Journal, 13,* 35–39.
Bell, D., & Lepenies, W. (2006). On society & sociology past & present. *Daedalus, 135,* 120–123.
Bensman, J., & Vidich, A. J. (1972). The Cultural Contradictions of Daniel Bell. *The Journal of Aesthetic Education, 6,* 53–65.
Bourdieu, P. (2001). *Die Regeln der Kunst. Genese und Struktur des literarischen Feldes.* Frankfurt/M.: Suhrkamp.
Bozkurt, V., Bayram, N., Furnham, A., & Dawes, G. (2010). The protestant work ethic and hedonism among Kyrgyz, Turkish and Australian college students. *Drustvena Istrazivanja, 19,* 749–769.
Bozkurz, V., & Yeşilada, B. A. (2017). Has Capitalism Lost its Puritan Spirit? What do Recent WVS Data Say about Religiosity and Work Values? *Economics and Sociology, 10,* 125–139.
Buchholz, R. A. (1998). A Future Paradigm? *Journal of Business Ethics, 17,* 871–882.
Campbell, C. (1983). Romanticism and The Consumer Ethic: Intimations of a Weber-style Thesis. *Sociological Analysis, 44,* 279–296.
Campbell, C. (1987). *The Romantic Ethic and the Spirit of Modern Consumerism.* London: Basil Blackwell.
Campbell, C. (1997). Romanticism, Introspection, and Consumption: A Response to Professor Holbrook. *Consumption, Markets and Culture, 1,* 165–173.
Campbell, C. (2004). I shop therefore I Know that I am: The Metaphysical Basis of Modern Consumption. In K. M. Ekström & H. Brembeck (Hrsg.), *Elusive Consumption* (S. 27–44). Oxford/New York: Berg.
Campbell, C. (2018). *The Romantic Ethic and the Spirit of Modern Consumerism.New New* (Extended). London: Palgrave MacMillan.
Chase, E. T. (1996). Daniel Bell: Schriftsteller Extraordinaire. *Challenge, 39,* 57–59.

Chernow, R. (1979). The Cultural Contradictions of Daniel Bell. *Change, 11,* 12–17.
Ci, J. (1999). Disenchantment, Desublimation, and Demoralization: Some Cultural Conjunctions of Capitalism. *New Literacy History, 30,* 295–324.
Crittenden, B. (1972). A Demurral to Daniel Bell's 'The Cultural Contradiction of Capitalism'. *The Journal of Aesthetic Education, 6,* 139–145.
Dahrendorf, R. (2010). After the crisis: back to the Protestant ethic? Six critical observations. *Max Webers Studies, 10,* 11–21.
Deutschmann, C. (2012). Die Dynamik des Konsums und die moralische Integration moderner Gesellschaften – ein Konzeptualisierungsversuch. *Leviathan, 40,* 517–535.
Durkheim, D. É. (1992). *Über soziale Arbeitsteilung.* Frankfurt/M.: Suhrkamp.
Edwards, T. (2000). *Contradictions of Consumption. Concepts, Practices and Politics in Consumer Society.* Berkshire/New York: Open University Press.
Featherstone, M. (1983). Consumer Culture: an Introduction. *Theory, Culture & Society, 1,* 4–9.
Featherstone, M. (1991). *Consumer Culture and Postmodernism.* London/Newbury Park/New Delhi: Sage.
Featherstone, M., & Tamari, T. (2007). Consumer Culture and Chinese Food in Britain. *Jiangxi Social Sciences* 8. https://www.semanticscholar.org/paper/Consumer-Culture-and-Chinese-Food-in-Britain-Tamari/642f7efd50e678eb84a9ec321c13446642f8a901ama.
Firat, A., Kutucuoğlu, K. Y., Arikan Saltik, I., & Tunçel, Ö. (2013). Consumption, Consumer Culture and Consumer Society. *Journal of Community Positive Practices, 13,* 182–203.
Fox, R. W. (1982). Breathless: The Cultural Consternation of Daniel Bell. *American Quarterly, 34,* 70–77.
Galbo, J. (2004). From *The Lonely Crowd* to *The Cultural Contradictions of Capitalism* and beyond: The Shifting Ground of Liberal Narratives. *Journal of the History of the Behavioral Science, 40,* 47–76.
Giddens, A. (1990). *The Consequences of Modernity.* Stanford: Stanford University Press.
Gilbert, A. (2013). The culture crunch: Daniel Bell's *The Cultural Contradictions of Capitalism. Thesis Eleven, 118,* 83–95.
Goodman, D. J. (2003). Consumption as a Social Problem. In G. Ritzer (Hrsg.), *Handbook of Social Problems. A Comparative International Perspective* (S. 226–245). Thousand Oaks: Sage.
Goodman, D. J., & Cohen, M. (Hrsg.). (2004). *Consumer Culture. A Reference Handbook,* Santa Barbara/Denver/Oxford: ABC-Clio.
Goodwin, N. R., Ackerman, F., & Kiron, D. (1997). *The Consumer Society.* Washington/Covelo: Island Press.
Hellmann, K.-U. (2004). Solidarität, Sozialkapital und Systemvertrauen. Formen sozialer Integration. In A. Klein, K. Kern, B. Geißel, & M. Berger (Hrsg.), *Zivilgesellschaft und Sozialkapital. Herausforderungen politischer und sozialer Integration* (S. 131–149). Opladen: Verlag für Sozialwissenschaften.
Hellmann, K.-U. (2018). Verbraucherleitbilder, Konsumerlebnisse und die mentale Dimension des modernen Konsums. Zum Menschenbild der akademischen Verbraucherforschung. In C. Bala (Hrsg.), *Jenseits des Otto Normalverbrauchers. Verbraucherpolitik in Zeiten des unmanageable consumer* (S. 19–51). Düsseldorf: Verbraucherzentrale NRW.
Hellmann, K.-U. (2019). *Der Konsum der Gesellschaft. Studien zur Soziologie des Konsums.* 2. (erweiterte). Wiesbaden: Springer VS.

Hirschman, E. C., & Holbrook, M. B. (1982). Hedonic Consumption: Emerging Concepts, Methods and Propositions. *Journal of Marketing, 46,* 91–101.
Hohnsträter, D., & Krankenhagen, S. (Hrsg.). (2019). *Konsumkultur. Eine Standortbestimmung.* Berlin: Kadmos.
Horowitz, D. (2004). *The Anxieties of Affluence. Critiques of American Consumer Culture, 1939–1979.* Amherst: University of Massachusetts Press.
Illouz, E. (1997). *Consuming the Romantic Utopia. Love and the Cultural Contradictions of Capitalism.* Berkeley/Los Angeles: University of California Press.
Illouz, E. (2009). Emotions, Imagination and Consumption. A new research agenda. *Journal of Consumer Culture, 9,* 377–411.
Inglehart, R. (1977). *The Silent Revolution. Changing Values and Political Styles Among Western Publics.* New Jersey: Princeton University Press.
Jäckel, M. (2008). Konsum und Gesellschaft. In H. Willems (Hrsg.), *Lehr(er)buch Soziologie. Für die pädagogischen und soziologischen Studiengänge* (Bd. 1, S. 375–399). Wiesbaden: VS Verlag für Sozialwissenschaften.
Jumonville, N. (1989). The New York Intellectuals and Mass Culture Criticism. *American Culture, 12,* 87–95.
Kavolis, V. (1972). An Alternative Postmodernity. *The Journal of Aesthetic Education, 6,* 125–137.
Klein, L. R. (1976). Overloading the System. *Monthly Labor Review, 99,* 57–58.
König, G. M. (2009). *Konsumkultur. Inszenierte Warenwelt um 1900.* Wien/Köln/Weimar: Böhlau.
Korczynski, M., & Ott, U. F. (2004). When Production and Consumption Meet: Cultural Contradictions and the Enchanting Myth of Customer Sovereignty. *Journal of Management Studies, 41,* 575–599.
Kramer, B. (1979). Daniel Bell, The Cultural Contradictions of Capitalism. *Canadian Journal of Political and Social Theory, 3,* 201–203.
Kravets, O., MacLaren, P., Miles, S., & Venkatesh, A. (Hrsg.). (2018). *The SAGE Handbook of Consumer Culture.* Los Angeles/New Delhi/Singapore/Washington/Melbourne: Sage.
Lasch, C. (1979). *The Culture of Narcissism. American Life in an Age of Diminishing Expectations.* New York: Norton.
Lebergott, S. (1993). *Pursuing Happiness. American Consumers in the Twentieth Century.* New Jersey: Princeton University Press.
Levi, A. W. (1972). Psychedelic Science. *The Journal of Aesthetic Education, 6,* 67–81.
Liverant, B. (2018). *Buying Happiness. The Emergence of Consumer Consciousness in English Canada.* Vancouver/Toronto: UBC Press.
Luhmann, N. (1991). Das Moderne der modernen Gesellschaft. In W. Zapf (Hrsg.), *Die Modernisierung moderner Gesellschaft. Verhandlungen des 25. Deutschen Soziologentages in Frankfurt am Main 1990* (S. 87–108). Frankfurt: Campus.
Luhmann, N. (1997). *Die Gesellschaft der Gesellschaft. 2 Bände.* Frankfurt a. M.: Suhrkamp.
Lury, C. (1996). *Consumer Culture.* Cambridge: Polity Press.
Marcuse, H. (1969). *An Essay on Liberation.* Boston: Beacon Press.
Marx, L. (1976). The Cultural Contradictions of Capitalism. *Challenge, 19,* 43–44.
McKendrick, N., Brewer, J., & Plumb, J. H. (1982). *The Birth of a Consumer Society. Commercialization of Eighteenth Century.* Bloomington: Indiana University Press.
Mannheim, K. (1985). *Ideologie und Utopie.* Frankfurt/M.: Vittorio Klostermann.

Migone, A. (2007). Hedonistic Consumption: Patterns of Consumption in Contemporary Capitalism. *Review of Radical Political Economics, 39,* 173–200.
Neun, O. (2012). *Daniel Bell und der Kreis der New York Intellectuals. Frühe amerikanische öffentliche Soziologie.* Wiesbaden: Springer VS.
O'Shaughnessy, J., & O'Shaughnessy, N. J. (2002). Marketing, the consumer society and hedonism. *European Journal of Marketing, 36,* 524–547.
Pendergast, T. (1998). Consuming Questions: Scholarship on Consumerism in America to 1940. *American Studies International, 36,* 23–43.
Pooley, J. (2007). Straight by Day, Swingers by Night: Re-reading Daniel Bell on Capitalism and its Culture. *The Review of Communication, 7,* 401–410.
Purvis, M. (1998). Societies of consumers and consumer societies: co-operation, consumption and politics in Britain and continental Europe. *Journal of Historical Geography, 24,* 147–169.
Rahe, P. A. (2009). Retroview: The Contradictions of Daniel Bell. *The American Interest.* https://www.the-american-interest.com/2009/11/01/retroview-the-contradictions-of-daniel-bell/. Zugegriffen: 19. Juni 2020.
Reckwitz, A. (2006). *Das hybride Subjekt. Eine Theorie der Subjektkulturen von der bürgerlichen Moderne zur Postmoderne.* Weilerswist: Velbrück.
Reckwitz, A. (2017). *Die Gesellschaft der Singularitäten.* Berlin: Suhrkamp.
Riccio, B. D. (1993). Popular Culture and High Culture: Dwight MacDonald, his Critics and the Ideal of Cultural Hierarchy in Modern America. *Journal of American Culture, 16,* 7–18.
Robbins, B. (1999). Disjoining the Left: Cultural Contradictions of Anticapitalism. *Boundary,* 2(26), 29–38.
Roberts, D. (2012). From the cultural contradictions of capitalism to the creative economy: Reflections on the new spirit of art and capitalism. *Thesis Eleven, 110,* 83–97.
Roubal, O., & Wawrosz, P. (2020). Predatory and Alternative Hedonism – Better Later than Now? *ACTA VSFS, University of Finance and Administration, 14,* 166–179.
Sassatelli, R. (2001). Tamed hedonism: Choice, desires and deviant pleasures. In J. Gronow & A. Warde (Hrsg.), *Ordinary Consumption. Studies in Consumption and Market Series* (S. 93–106). London: Routledge.
Sassatelli, R. (2007). *Consumer Culture. History, Theory and Politics.* London: Sage.
Schaffer, E. (1973). Academic Milieu, Social Structure, and Student Cultures. *The Journal of Aesthetic Education, 7,* 79–90.
Schimank, U. (2007). *Theorien gesellschaftlicher Differenzierung.* Wiesbaden: Springer Fachmedien.
Schneider, N. (2000). Konsum und Gesellschaft. In D. Rosenkranz & N. F. Schneider (Hrsg.), *Konsum. Soziologische, ökonomische und psychologische Perspektiven* (S. 9–22). Opladen: Leske und Budrich.
Schulze, G. (1992). *Die Erlebnisgesellschaft. Kultursoziologie der Gegenwart.* Frankfurt/New York: Campus.
Scitovsky, T. (1976). *The Joyless Economy. An Inquiry into Human Satisfaction and Consumer Dissatisfaction.* New York/Oxford: Oxford University Press.
Shapiro, H. S. (1983). Schools, Work and Consumption: Education and the Cultural Contradictions of Capitalism. *The Journal of Educational Thought, 17,* 209–220.

Singal, D. J. (1987). Towards a Definition of American Modernism. *American Quarterly, 39,* 7–26.
Slater, D. (1997). *Consumer Culture and Modernity.* Cambridge/Oxford/Malden: Polity.
Sontag, S. (1961). *Against Interpretation and Other Essays.* New York: Penguin Books.
Southerton, D. (Hrsg.). (2011). *Encyclopedia of Consumer Culture. 3 Bände. 3 Bände.* Thousand Oaks/London/New Delhi/Singapore: Sage.
Thompson, J. (1976). Two Hundred Years Is Enough. *The American Scholar, 45,* 604–606.
Touraine, A. (1977). What is Daniel Bell afraid of? *American Journal of Sociology, 83,* 469–473.
Veysey, L. (1982). A Postmortem on Daniel Bell's Postindustrialism. *American Quarterly, 34,* 49–69.
Wade, N. (1975). Daniel Bell: Science as the Imago of the Future Society. *Science, 188,* 35–37.
Wagner, A. (2020). *Feminismus und Konsum.* Heidelberg: arthistoricum.net.
Waters, M. (1996). *Daniel Bell.* London: Routledge.
Waters, M. (2003). Daniel Bell. In G. Ritzer (Hrsg.), *The Blackwell Companion to Major Contemporary Social Theorists* (S. 154–177). Malden: Blackwell.
Weber, M. (1984). *Die protestantische Ethik I. Eine Aufsatzsammlung.* Gütersloh: GTB.
Wiedenhoft Croft, W. (2017). *Consumer Culture and Society.* Thousand Oaks: Sage.
Wiswede, G. (1972). *Soziologie des Verbraucherverhaltens.* Stuttgart: Ferdinand Enke.
Zapf, W. (Hrsg.). (1991). *Die Modernisierung moderner Gesellschaften. Verhandlungen des 25. Deutschen Soziologentages in Frankfurt am Main 1990.* Frankfurt: Campus.

Kai-Uwe Hellmann Dr. habil., apl. Professor für Konsum- und Wirtschaftssoziologie an der TU Berlin. Forschungsschwerpunkt: Konsumsoziologie. Ko-Leiter der AG Konsumsoziologie. Mitherausgeber der Buchreihe „Konsumsoziologie und Massenkultur", Verlag für Sozialwissenschaften, Wiesbaden.

Von Märkten und Menschen: Tibor Scitovskys freudlose Wirtschaft

Günther Rosenberger

Zusammenfassung

Tibor Scitovsky hat Erkenntnisse der empirischen Verhaltenspsychologie in die traditionelle neoklassische Wirtschaftswissenschaft einbezogen und gezeigt, warum Wohlstandskonsum allein nicht glücklich machen kann. Vielmehr leiden Amerikaner unter einem Defizit an befriedigender Anregung, sodass ihnen viele anregende Erfahrungen nicht zugänglich sind. Dazu wäre das Erlernen von Konsumfähigkeiten erforderlich, die erst eine Zuwendung zu anspruchsvolleren Befriedigungsmitteln ermöglichen. Andernfalls verharrt man im Wohlgefühl sofortiger Bedürfnisbefriedigung durch banale und ihren Reiz rasch verlierende Konsumpraktiken. Buch und Autor fanden erst spät eine gewisse Anerkennung. Scitovskys Bedeutung ist in seiner Rolle als Vorbereiter der Behavioural Economics und in der Erklärungskraft seines Ansatzes für das Verständnis aktueller Fehlentwicklungen in der Zivilgesellschaft zu sehen. Trotzdem wurde er bis heute verkannt. Warum?

1 Vorbemerkung

Manche Träume wollen nicht enden. Nach Siegmund Freud wirken kompensatorisch in ihnen große Wünsche, und, wenn sie von vielen gemeinsam geträumt werden, behaupten sie sich hartnäckig. So wie der *American Dream* von steigendem Wohlstand, von Aufstieg und Zufriedenheit durch eigene Leistung. Als

---

G. Rosenberger (✉)
Institut für Verbraucherjournalismus ifv, Berlin, Deutschland
E-Mail: guenther.rosenberger@t-online.de

© Springer Fachmedien Wiesbaden GmbH, ein Teil von Springer Nature 2021
M.-B. Piorkowsky und K. Kollmann (Hrsg.), *Eigensinnige und unorthodoxe Vordenker für eine Kritische Konsumtheorie*, Kritische Verbraucherforschung,
https://doi.org/10.1007/978-3-658-31537-5_3

Voraussetzung Chancengleichheit und Wettbewerb, ein Recht auf Waffen als Zugabe, Misstrauen gegenüber jeglicher Regierung als Bedingung. „Der ‚Traum' muss einfach fortbestehen, wie anders sollten die Menschen im reichsten und mächtigstem Land der Welt, das mit so vielen Vorzügen gesegnet ist, mit der Realität um sie herum klarkommen?" (Chomsky 2017, S. 10). Zumal amerikanische Präsidenten den *American Dream* mit neoliberaler Ideologie zu verbinden suchten, wobei sie den Bürgerkonsumenten in ihrem Moralitätsmythos als einen für den Traum verantwortlichen Helden darstellten (Coskuner-Balli 2020). „Der Begriff des *citizen consumer* übertrug die Vorstellung der politisch-formalen Gleichheit der Bürger in der Demokratie auf die Teilhabe der Konsumenten auf dem Konsumgütermarkt" (Rödder 2016, S. 146). Die in den Vereinigten Staaten besonders krassen Ungleichheiten beim Einkommen, im Bildungs- und Gesundheitswesen und in der Sozialversicherung liefern freilich ein düsteres Bild: „This is a depressing picture, and the American Dream is clearly tattered" (Graham 2017, S. 148).

Der amerikanische Traum wusste sich gleichwohl gegen Weckrufe zu behaupten. Beispielsweise 1937 gegenüber der Novelle „Von Mäusen und Menschen" *(Of Mice and Men)* von John Steinbeck. Darin wird das Schicksal zweier befreundeter Wanderarbeiter geschildert, die dem Traum von einer eigenen Farm anhängen und auf ihrer Jobsuche jammervoll scheitern. Steinbeck zeigt, wie die Illusionen des Selfmade-Traums unter widrigen, ungerechten Umständen zerplatzen, wie der *American Dream* aber als Sedativum für die dem Glück erfolglos nachjagenden Unterprivilegierten wirkt. Steinbeck war selbst Wanderarbeiter gewesen und wusste, worüber er schrieb: *helplessly hoping* als scheinbare Schicksalszuweisung.

40 Jahre später attackierte ein Steinbeck geistesverwandter Autor den Traum vom Glück in der Wohlstandsgesellschaft. Tibor Scitovsky schickte 1976 mit seiner *The Joyless Economy: An Inquiry into Human Satisfaction and Consumer Dissatisfaction* (in gedankenloser Übersetzung *Psychologie des Wohlstands. Die Bedürfnisse des Menschen und der Bedarf der Verbraucher,* 1977, 1985, 1989) eine Veröffentlichung in die wissenschaftliche Arena, in der er die Illusionen der amerikanischen Konsumgesellschaft zerpflückte. Mit seiner schonungslosen Wirklichkeitsanalyse fledderte er den Amerikanischen Traum, mutete den tagträumenden Konsumenten ein „More is not necessarily better" zu. Das Buch war ein Meilenstein, ab dem die traditionelle Wirtschaftswissenschaft sich aufgefordert sehen musste, ihre methodologische Perspektive zu erweitern. Die Vertreter der Neoklassik fanden das wenig reizvoll, denn Scitovsky stellte deren Schlüsselbegriff infrage: die individuellen Präferenzen, die scheinbar wahre Wünsche und Bedürfnisse widerspiegeln und, so sah man es, sinnvolle Entscheidungen bedingen. Wer war dieser Wissenschaftler, der seinen Kollegen vorwarf, sie blieben in

ihrem disziplinären Lockdown ahnungslos, dass man den Präferenzen nicht trauen darf, dass man die Erkenntnisse der Verhaltenspsychologie berücksichtigen muss? Wer war dieser den Alltagsfreuden nicht abgeneigte *consumer citizen*, der wusste, warum die käuflichen Befriedigungsmittel allein nicht glücklich machen? Who's dunnit? Die Antwort: Er war ein intellektueller Freigeist, feldunabhängig und interdisziplinär aufgeschlossen, zudem ein in der Wolle gefärbter Europäer, der es auch blieb, nachdem er Amerikaner geworden war. Denn es ist seine Sozialisation im bildungsbürgerlichen Europa, die man zu den entscheidenden Prerequisiten seines Denkens zählen muss. „Scitovsky's eventful life was a rich source of inspiration for *The Joyless Economy*, as he himself said on several occasions" (Pugno 2018, S. 44).

2 Vita activa zwischen Old Europe und Neuer Welt

2.1 Der Aus-Wanderer

Scitovsky wurde 1910 in Budapest geboren, als Sohn einer kultivierten und wohlhabenden Adelsfamilie mit dem Namen de Scitovsky (de Haan 2016, S. 201 ff.; Pugno 2018, S. 45 ff.). Beide Eltern waren kunstsinnig, nahmen den Heranwachsenden auf Reisen mit, führten ihn in Museen, Ausstellungen, Galerien, Theater. „As a child, dragged along to innumerable antique shops, picture galleries and museums of decorative arts in Paris, Munich, Nürnberg, Dresden, etc. I was bored at first but then became interested and quite knowledgeable about French and other European artistic styles. I retained an interest in antique furniture and interior decoration to this day" (Scitovsky 1999a, S. 50). Seine Mutter kümmerte sich um die Ausstattung des hochherrschaftlichen Heims mit Antiquitäten, Gemälden, Skulpturen, organisierte die glanzvollen Empfänge und Bewirtungen von politischen und kulturellen Zelebritäten. Dabei wurde Tibor u. a. John Galsworthy, Thomas Mann, Paul Valéry, Salvador de Madariaga, Colette und Prominenten der High Society Budapests vorgestellt (Scitovsky 1999a, S. 50).

Scitovsky schilderte seine Mutter als beeindruckend, weltläufig und großherzig, mit starkem Willen und mancherlei Eigenheiten. „To me, my mother's generosity took the unfortunate form of never letting me go to school, arguing that two hours of private tutoring accomplishes as much as five hours of school, making the time so saved available for individual lessons in French, English, German, fencing, dancing and piano playing" (Scitovsky 1999a, S. 43). Das war einerseits förderlich für seine wissenschaftliche Karriere, hatte andererseits eine langfristige Kehrseite: „A further cost of private tutoring and the language skills it gave me was my lack of contact with others of my age, which I badly missed and which set back by many years my learning the social skills, the facts of life, and the art of fending for myself" (Scitovsky 1999a, S. 43). Das müssen prägende Erlebnisse gewesen sein. Der anfängliche Widerstand gegen *The Joyless Economy* mag auch mit einer gewissen Ablehnung des Autors zu tun gehabt haben, für den man später viel Respekt, aber anscheinend nur mäßige Zuneigung empfand. Und das nicht ganz ohne Grund:

> My resentment of possessive mother-love and isolation from contemporaries affected me for life. The former sensitized me to the implications of one person's power over others in whatever form and context, which may explain my later attempt to bring market power to the center stage of economic theory by introducing the price-maker, price-taker relationships; the latter made me a bookish, lonely, aloof person, almost as inhibited from showing affection and making friends as my father was, despite the great differences in our upbringing (Scitovsky 1999a, S. 44).

Der Vater, mit gleichem Vornamen, war seinem Sohn nicht unähnlich. Der empfand ihn als „conservative, compassionate, honest, fair, invariably polite and kind, but also lonely, remote and unapproachable" (Scitovsky 1999a, S. 44). Er bewunderte ihn, sicher auch wegen der beruflichen Erfolge, die den Reichtum der Familie begründeten. Denn Tibor de Scitovsky Sr hatte es weit gebracht, vom Diplomaten zum Banker, dann zum Außenminister und schließlich zum Präsidenten Ungarns größter Bank. So lernte der junge Scitovsky, was Wohlstand bedeuten kann, wurde aber auch konfrontiert mit sozialen und ökonomischen Ungleichheiten, erlebte bildungsbürgerliche Selbstverständlichkeiten und nationale Eigenheiten. „This mix of experiences would help him to conceive a source of enjoyment different from material comfort" (Pugno 2018, S. 45). Scitovsky formulierte oft „wir Amerikaner" und definierte sich wohl als einen solchen. Doch vieles Konstitutive in seinen Argumenten blieb der Herkunft aus dem europäischen Bildungsbürgertum geschuldet. „The kind of economist that he became and, indeed, the fact that he became an economist et all both owe much to his lifestyle in childhood and adolescence" (Earl 2010, S. 1). Seine skeptische Einstellung gegenüber dem *American Way of Life* fällt in vielen Stellungnahmen auf, ebenso wie seine vorteilhaften Urteile über europäische Länder irritieren, beispielsweise über Frankreich, Deutschland oder das Vereinigte Königreich (Urteile, die heute, nach angeglichenen Entwicklungen, schmeichelhaft wirken). Seine Kritik des *consumerism* der US-Mehrheitsgesellschaft, die – trotz aufkommender Umweltschutz-Bewegungen oder studentischer Protestaktionen gegen „Konsumterror" – einem weiter wachsenden Wohlstand entgegenhoffte, speiste sich offensichtlich aus den ihn prägenden kulturellen Traditionen von *Old Europe*.

Es kann Folgendes angenommen werden. Scitovsky hielt die Spannung zwischen europäischer Skepsis gegenüber westlicher Zivilisation und dem *American Dream* aus und sublimierte diese Dialektik in seine Interpretation der amerikanischen Konsumkultur. Er war im Kern Europäer geblieben. Wie kam dies zustande? Die kulturellen Eliten in Deutschland fühlten sich ab der Gründerzeit des 19. Jahrhunderts, womöglich schon früher, einer kritischen Haltung gegenüber dem Rationalen und Rechnerischen der Moderne, gegenüber Wirtschaft, Gewinnstreben und Geld verbunden (Schreiber 1990). Kultur, Innerlichkeit und romantische Verzückung galten höher als westliche Zivilisation. „Zivilisation hat man – als Schein, als Äußerliches –, oder man hat sie nicht. Wo es am Haben bitter fehlt, erhebt man sich darüber zum wahren Sein: zur Kultur. Sie ist identisch mit dem Eigentlichen, Echten" (von Krockow 1990, S. 63). Und Gordon A. Craig über die Deutschen: „Aber im allgemeinen herrschte gegenüber Finanzleuten tiefstes Mißtrauen, und das war immer schon so gewesen" (Craig 1983, S. 130). Deshalb.

galt bis vor kurzem noch ‚Marktwirtschaft' als eher trivialer Begriff, als geist-, kunst- und zuletzt sogar naturfeindlich [...] Von der historisch absurden Verdinglichungsthese [...] blieb bis in unsere Tage die Behauptung lebendig, die Marktwirtschaft sei kalt, egoistisch, sie begeistere die Menschen für kein gemeinschaftliches Ziel mehr, sondern bloß noch für den vereinzelten ‚Konsum'. [...] Die zweifache These, Geld mache unfrei und unglücklich, die einsame, geldferne Seele sei wahrhaft menschlich, weil mit sich selbst vereint, blieb der zentrale Topos deutscher Marktkritik bis heute (Schreiber 1990, o. S.).

Eine vergleichbare Denkungsart dürfte während Scitovskys Kindheit und Jugend auch in den großbürgerlichen und adeligen Kreisen Budapests verbreitet gewesen sein. Der Spross einer der Hochkultur verbundenen Familie wird sich solchem Denken nicht entzogen haben können: „Scitovsky's beliefs were deeply influenced by his early life" (Trei 2002, S. 1).

Der Einfluss europäischer Mentalität lässt sich in Scitovskys Rezeption des „normativen Humanismus" von Erich Fromm nachweisen. Der war ebenfalls Deutsch-Amerikaner und während seiner ersten Lebenshälfte in Deutschland den soziokulturellen Impacts seiner Zeit ausgesetzt. In einer klarsichtigen Analyse zeigt Di Giovinazzo (2019), dass Fromms Kritik an den Vereinigten Staaten wichtige Bausteine für Scitovskys Gedankenwelt lieferte: eine puritanische Kultur, die das Geldverdienen preist, anstelle die Mußezeit zu kultivieren; die Produktion von Massenwaren, die zwar Komfort, aber auch Entfremdung bedeuten; ein Bildungssystem, das auf Technikkenntnisse und nicht auf die freien Künste Wert legt. Ihr Fazit: „Tibor Scitovsky owed a significant intellectual debt to Erich Fromm" (Di

Giovinazzo 2019, S. 329). Es wäre das „shared formative, intellectual milieu" gewesen, das zu den gedanklichen Voraussetzungen von *The Joyless Economy* gezählt werden muss.

Scitovsky studierte in Cambridge und Budapest Internationales Recht, gewann aber zunehmend Interesse an der Wirtschaftswissenschaft. Nach einer Art Praktikum in der Bank seines Vaters traf er eine dramatische Entscheidung: „I revolted: against the society around me and the banking career my mother wanted to ease me into" (Pugno 2018, S. 46). Auch der Faschismus in Deutschland bestärkte seinen Entschluss, zu emigrieren (de Haan 2016, S. 201), ja, zu fliehen, wie er selber sagte. „Wanting to stand on his own feet, and interested by the economic problems of the day, he left Hungary in 1935 to enroll at the London School of Economics" (Earl 2010, S. 1). Dort fiel er bald mit originellen Beiträgen auf (Arrow et al. 2004, S. 1). Mit einem Auslandsstipendium verließ er 1939 Europa und ging in die Vereinigten Staaten.

2.2 Der Ein-Wanderer

Scitovsky studierte zunächst an den Universitäten Columbia, Harvard und Chikago. Er wurde dabei zum Amerikaner, obwohl die europäische Kultur in ihm lebendig blieb. Teile Europas freilich waren ihm fremd geworden, ja feindlich: Beim Kriegseintritt der USA 1943 trat er in die US-Army ein. Er wechselte seinen Namen, um seine Familie in Ungarn, dem Alliierten Nazi-Deutschlands, nicht zu gefährden (de Haan 2016, S. 201). Thomas Dennis wurde sein *nom de guerre*, unter dem er bis 1946 erst als LKW-Fahrer, dann in der Spionageabwehr und schließlich beim US Strategic Bombing Survey (de Haan 2016, S. 201; Arrow et al. 2004, S. 1) diente. Dort lernte er John Kenneth Galbraith kennen, seinen Chef, der seine Memoranda schätzte (de Haan 2016, S. 201 f.).

1946 wurde er als Dozent am Economics Department der Stanford Universität angestellt. Er nahm wieder seinen richtigen Namen an, verzichtete aber auf das Adelsprädikat „de". Dort war er sehr erfolgreich: „Scitovsky remained central to the workings and teaching oft the department" (Arrow et al. 2004, S. 1). Mit seinen Wanderungen zwischen wissenschaftlichen Disziplinen korrespondierte eine äußere Mobilität: 1958 ging er für zehn Jahre nach Berkeley und ab 1965 war er gleichzeitig Gastprofessor in Harvard; 1968 Professor für Economics in Yale; 1970 wieder Stanford; ab 1976 Engagements an der UC Santa Cruz und der London School of Economics. Dann Pensionierung 1976 mit Aplomb: *The Joyless Economy* erscheint. Er starb 2002. Ein langjähriger Kollege sagte in seinem Nachruf: „He was interested in art. He had a deep aversion to mass culture and came to reflect on why America was so different from Europe. He was a U.S. citizen, but he was always a European" (Trei 2002, S. 1).

Seine wissenschaftliche Reputation war hoch: „He was that type of intellectual of which there are too few: inquisitive, alert, curious, ready to breach disciplinary boundaries and to create unpracticable connections" (Bianchi 2003, S. 392). Und daher: „Professor Scitovsky was a pioneer and major influence in several different areas of economics", hieß es in einem Nachruf (Bianchi 2003, S. 392). Zu nennen sind die Wohlfahrtstheorie im Zusammenhang mit Wachstum und Wettbewerb, Preisbildung, Inflation, Arbeitslosigkeit, externe Effekte, Außenhandel (Bianchi 2003, S. 392; Earl 2010). In den 1940er- und 1950er-Jahren verunsicherte beispielsweise das *Scitovsky Reversal Paradox* die traditionelle Wohlfahrtstheorie (Fonseca o. J.). „He also kept on publishing articles on economics through the 1990 s" (de Haan 2016, S. 203). Unter seinen Veröffentlichungen ragt aber ein Werk heraus: *The Joyless Economy*. „It is the work of a behavioural economist *avant la lettre*" (de Haan 2016, S. 203).

3 Die freudlose Wirtschaft

Schon der Titel bringt es auf den Punkt. „*The Joyless Economy* (1976) tries to explain why economic growth is not necessarily accompanied by a comparable growth in welfare, happiness and joy" (de Haan 2016, S. 205). Es geht darum, dass die Wohlstandsökonomie eher freudlos ist als zufriedenheitsspendend. Was den deutschen Verlag seinerzeit bewogen haben mag, den Allerweltstitel „Psychologie des Wohlstands" zu wählen, ist schwer zu begreifen. Andere Verlage hatten ein sichereres Gespür und übersetzten wörtlich „L' Économie sans joie" oder „L' economia senza gioia". Denn das war ja die unerwartet neue Botschaft: dass Wohlstand keineswegs zufrieden macht, dass der *American Dream* eine Illusion ist, dass die Menschen in ihrem Traum vom Konsumglück freudlos bleiben. In Europa gab es bereits skeptische Einwände dieser Art, die neoklassische Wirtschaftswissenschaft aber, hier wie dort, hatte Nachholbedarf.

3.1 *The Joyless Economy* als Forschungsprogramm zur menschlichen Wohlfahrt

Im ersten Teil des Buches mit dem Titel „Die Psychologie und die Ökonomie der Motivationen" entwickelt Scitovsky seine Theorie anhand motivationspsychologischer Befunde. Im zweiten Teil „Der amerikanische Lebensstil" geht es um die Exemplifizierung seiner Überlegungen an Erscheinungen der amerikanischen Gesellschaft, Kultur und Wirtschaft.

3.1.1 Scitovskys Programm kurzgefasst

Zu Beginn stellt sich Scitovsky der Frage, ob Wirtschaft überhaupt sicherstellen kann, dass das Leben der Menschen „freudvoll" gerät. Für die Beantwortung entwickelt er ein Forschungsprogramm, für das er die Motivationspsychologie heranzieht, um so ein realistisches Verständnis für menschliche Bedürfnisse und Wünsche zu gewinnen; der ökonomische Ansatz mittels „offenbarter Präferenzen" hätte hier nicht weitergeholfen. Sein bahnbrechender Ansatz lässt sich nach Pugno (2018, S. 48 ff.) *in a nutshell* zusammenfassen.

Erstens können die Menschen die Marktangebote nicht überblicken, die für sie geeignet wären. Scitovsky nennt das einen Mangel an Lebenskunde (*life skill* oder auch *consumption skill*), der sich in fundamentaler Unsicherheit äußert bezüglich der Konsequenzen der verfügbaren Wahlalternativen. Das Streben nach Wohlbefinden wird so durch diesen Kenntnismangel behindert. Zweitens ist dieser Mangel aber keineswegs unvermeidlich, denn er kann durch Lernen und positive Erfahrung beseitigt werden. Wenn Menschen nämlich Neues erleben, das ihrer Lebenskunde angemessen ist und sie weder langweilt noch überfordert, schafft das aufregende Gefühl dabei Befriedigung und fördert weiteres Lernen. Scitovsky bezeichnet diesen Lerntypus als kreativ, weil er neues Verständnis zur Folge hat. Wenn, drittens, Lebenskunde fehlt, stellen sich personale Probleme ein: Die Menschen ersetzen dann genussvolles, anregendes Lernen durch unmittelbare, sofortige Konsumgratifikation (*comfort*, die deutsche Übersetzung wählt wechselnde Begriffe). Diese Art von Befriedigung ist aber anfällig, weil Gewöhnung und die Nachahmung Dritter die Wirkungen schwächt, schlimmstenfalls kann sogar Sucht entstehen. Wenn Menschen sowohl materielle Ressourcen als auch Lebenskunde entbehren, sind sie gefährdet, sich an riskanten oder gar gewalttätigen Handlungen zu beteiligen, um der chronischen Langeweile (*boredom*) zu entgehen. Viertens entstehen bei einem Mangel an *life skill* auch soziale Probleme: Nachahmende und riskante Verhaltensweisen können negative externe Effekte bewirken, beispielsweise Umweltverschmutzung oder auch unangenehme Sinnesreizungen bei anderen Personen. Fünftens, für die personalen und sozialen Probleme kann die Wirtschaft ursächlich sein: wegen Unsicherheiten auf dem Arbeitsmarkt, sozialer Konkurrenz oder Druck der Hersteller auf Konsumentenentscheidungen. Sechstens, Scitovsky behält trotzdem Vertrauen in den Markt, wegen dessen Flexibilität und nicht-personenbezogenen Bedingungen. Siebtens schließlich unterstreicht Scitovsky die Bedeutung von Erziehung in Familie und Schule für die Entwicklung persönlicher Leistungsfähigkeit, der Lebenskunde, sowie die Funktion von Kultur und Kunst für das Vorstellungsvermögen, das für gelungene Lebensentscheidungen erforderlich ist. Alle diese Punkte müssten nach Scitovsky in der Forschung berücksichtigt werden, denn wegen ihrer Fixierung auf rationale Entscheidungen seien Ökonomen nicht in der Lage, manche aktuellen Sachverhalte zu verstehen. Daher müsse man Anleihen bei der Psychologie machen. Richtiger methodologischer Ansatz wäre demnach, induktiv Verhalten zu beobachten: das Verhalten unterschiedlicher Personen in ähnlichen Situationen und das einer Person in unterschiedlichen Situationen. Der erste Ansatz sei konventioneller, üblich auch in der Verhaltensökonomie, der zweite seltener. „The challenge for the next generation of economists is to discover how to formalize these ideas and integrate them into the existing body of neoclassical thought" (Frank 1992, S. v).

3.1.2 Die Psychologie und die Ökonomie der Motivationen

„Zwischen Stress und Langeweile" nennt sich das zweite Kapitel. Auf der Suche nach einer generellen Motivationstheorie wählte Scitovsky den *arousal*-Ansatz von Daniel Berlyne (1960), „because it provided an instrument with which to study the heterogeneity of the available options in alternative to the model of revealed preference" (Pugno 2018, S. 52). Höhere Erregung beziehungsweise Aktivierung bedeutet Wachsamkeit, schnelle Reaktion und bessere Leistungsfähigkeit, die bei übermäßiger Erregung wieder abfällt. Bei niedriger Erregung fühlt man sich müde und unaufmerksam. Folglich streben Menschen einen optimalen Erregungszustand des Organismus an, den sie dann auch erhalten wollen; bei ihm ist die Sinnesstimulierung weder zu gering noch zu intensiv, man empfindet sie als wohltuend oder sogar lustvoll (Pugno 2018, S. 41). Unbefriedigte Bedürfnisse wie Schmerz, Hunger, Hitze oder auch kognitive Konflikte steigern als „Störungen" *(discomfort)* die Erregung, die den Organismus zu Handlungen treibt, um das Erregungsniveau wieder zu senken. Mit diesem Konzept attackierte Scitovsky die traditionelle ökonomische Interpretation, dass Befriedigung das Ziel ökonomischer Aktivität sei und Verhalten die Bemühung, über Erregungsminderung einen Zustand der Zufriedenheitsruhe anzustreben. Scitovsky fokussiert aber die andere Richtung: Steigerung eines zu niedrigen, unangenehmen Erregungsniveaus. Er geht hier über Berlyne hinaus, indem er Quellen aktivierender Stimulierung auch jenseits von Wirtschaftsgütern ins Auge fasst (Pugno 2018, S. 41 f.). Das wären vor allem Geselligkeit, Arbeit, abwechslungsreicher Konsum durch Neuheiten, Freizeitaktivitäten sowie lustbesetztes Lernen, indem man den Reiz von Neuem genießt.

Länger anhaltende Zufriedenheit bei *comfort* verliert ihren Reiz und wird langweilig. Die Langeweile *(boredom)* zu bekämpfen, ist das Gegenstück zur

Bemühung, das Unbehagen *(discomfort)* zu beseitigen. So ist körperliche Bewegung ein probates Mittel gegen zu niedrige Erregung. Auch mentale Stimulation ist hilfreich: geistige Betätigung, Spiele, Unterhaltung, Kunst, Neugier befriedigen, ebenso überraschende Neuigkeiten – alles Aktivitäten, die um ihrer selbst willen (intrinsisch motiviert) erfolgen. Der Reiz des Neuen kann aber zu mager sein, wenn Informationen zwar neu, aber teilweise vertraut *(redundant)* sind; der Reiz muss schon ausgeprägt (subjektive Information) oder sehr überraschend sein oder eine Gefährdung andeutend. Dann wird das Neue als Problem empfunden, dessen Bewältigung sogar Vergnügen bereitet. So können auch Ungewissheit, Extremsportarten oder Horrorfilme starke Befriedigung bringen. Die Suche nach tatsächlicher oder imaginierter Gefahr muss aber immer kontrollierbar, begrenzt bleiben, die Gefahr kann auch nur vorgetäuscht sein. Sonst überwältigt der Reiz des Neuen und schüchtert ein. Der optimale Neuigkeitsgrad wird durch Informationsmenge, Überraschungsgrad und die individuelle Informationsverarbeitungskapazität bestimmt. Bei ihm ist größtes Vergnügen möglich, sofern das Neue sich mit bereits Vorhandenem kombinieren lässt: „A fictional story, to be enjoyable, must deal with characters and situations which have some affinity to those we are familiar with. The same is also true of news" (Scitovsky 1992, S. 48). Ein Kunstwerk kann man nur richtig würdigen und genießen, wenn man über gewisse Vorkenntnisse verfügt. Freude am Neuen ist also nur bei einem Mindestmaß an Redundanz zu erwarten, wozu vorangegangenes Lernen erforderlich ist: „the consumption of novelty is *skilled* consumption" (de Haan 2016, S. 211).

Die genannten Aktivitäten sollen entweder Unbehagen beseitigen, also körperliche oder mentale Bedürfnisse befriedigen, indem hohe Erregung gesenkt wird, oder Langeweile bekämpfen durch Erregungssteigerung. Beides zielt auf Behagen *(comfort)*, ein „negatives Gut", nämlich die Freiheit von Schmerz oder von Unbehagen. Scitovsky führt hier eine zentrale Unterscheidung ein: Das „positive Gut" Vergnügen *(pleasure,* in der deutschen Übersetzung Lustgefühl, auch Genuss oder Lust) ist etwas anderes als *comfort*. Gefühle von *comfort* oder *discomfort* beziehen sich ja auf bestimmte Erregungs- und emotionale Niveaus. *Pleasure* hingegen hat mit der Beschleunigung oder Verlangsamung der Emotionen zu tun, also mit den Veränderungsprozessen selbst. Das heißt, dass einem Lustgefühl immer Unbehagen vorausgeht, da das Optimum erst angestrebt wird („hedonistische Spannung"). Somit kann auch zuviel Wohlbehagen (= Abwesenheit von Unbehagen) Lustgefühle verhindern, da das erreichte Erregungsniveau nicht verändert werden muss. Diese Spannung zwischen den beiden Phänomenen ist nach Scitovskys Überzeugung der Hintergrund der weitverbreiteten Unzufriedenheit in Überflussgesellschaften wie der in den USA.

Scitovsky spricht von einer Verführungskraft der Lust *(seduction of pleasure)*. Sie liegt bei der Erregungssenkung in der Neigung, Bedürfnisse übermäßig zu befriedigen: Man isst beispielsweise aus „Fresslust" mehr als der Organismus verlangt. Der Vorgang des Hungerstillens, der Befriedigung, ist so angenehm, dass die damit verbundenen Aktivitäten verstärkt werden, über die Sättigung hinaus. Man isst zuviel wegen der Lust am Essen, obwohl der Hunger längst gesättigt ist. Ein solcher Sachverhalt ist der ökonomischen Theorie fremd, deren Prinzip der Nutzenmaximierung nahe legt, dass die einzelnen Formen des Unbehagens überlegt gegeneinander abgewogen werden, dass die Lust keine verstärkende Rolle spielt. Bei der Erregungsteigerung verstärkt diese ebenfalls die stimulierenden, wenn vielleicht auch anstrengenden Aktivitäten, sodass auch hier das Optimum überschritten werden kann. „Deshalb werden ein Kriminalroman oder ein Kreuzworträtsel [...] oft so fesseln, dass wir es einfach nicht schaffen, mittendrin aufzuhören" (Scitovsky 1977, S. 63). Wird das Optimum überschritten, werden im dann erforderlichen Spannungsabbau wiederum Lustgefühle induziert; und deren Erwartung ist eine zweite Belohnung. Beispiele für diesen Verstärkungsvorgang sind verschiedene Sportarten, Spiele, Hobbys, künstlerische oder wissenschaftliche Aktivitäten. „Das Bedürfnis des Menschen nach Lust und deren starker Einfluss auf sein Verhalten sind ein grundlegender Bestandteil seines Wesens" (Scitovsky 1977, S. 65).

Mit steigendem Wohlstand werden immer mehr Bedürfnisse befriedigt, steigert sich folglich das Behagen in vielen Bereichen. Damit werden Lusterfahrungen aber verhindert, denn nahe des optimalen Erregungsniveaus gibt es keinen Anlass zu Veränderungen. Dies ist ein Dilemma: Man kann sich für die Lust entscheiden und auf etwas Behagen verzichten oder für ein stärkeres Behagen, was auf Kosten der Lust geht. Scitovsky spricht hier von der Verführungskraft des Behagens *(seduction of comfort)*. Gesteigertes Behagen ist unmittelbar spürbar und sofort wirksam, die Einbuße an Lust wird erst allmählich deutlich. Mit zunehmendem Alter und geänderten Präferenzen ziehen Menschen das Behagen immer mehr der Lust vor: Der Lebensstil ändert sich, die Gewohnheiten mit ihm. Die Belohnungsverstärkungen durch sofortige Wahrnehmung gesteigerten Behagens produzieren eine Vorliebe für solche behaglichen Wohlgefühle. Kann die Beseitigung von Langeweile durch Erregungssteigerung sich auch lustmindernd auswirken, fragt Scitovsky. Ist die zweifache Lust des Spannungsauf- und -abbaus stark und anhaltend genug, um sich gegenüber dem Behagen zu behaupten? Beides kann man offensichtlich nicht in vollem Umfang genießen. Unbehagen wegen mangelnder Bedürfnisbefriedigung ist, wie gesagt, die Voraussetzung für Lustgefühle beim Erregungsabbau. Unbehagen wegen Langeweile wird durch Erregungssteigerung beseitigt, aber Vorbedingung für Lustgefühle ist nicht das Unbehagen selbst, sondern sind die unangenehmen Empfindungen, die durch die vorübergehende Anspannung erzeugt werden. Ein Film beispielsweise ist nur reizvoll, wenn eine Spannung aufgebaut wird, die schließlich aufgelöst wird, wobei die Zuschauer zu Beginn keineswegs gelangweilt sein müssen. Der Unterschied zur Lust der Bedürfnisbefriedigung ist, dass die mit Stimulierung verbundene Lust nicht abnimmt, wenn sie häufig und nachdrücklich angestrebt wird. Sie bietet grundsätzlich einen größeren Spielraum für eine freie Entscheidung zwischen mehr Behagen und mehr Lust, wenn beides als gleichartig wahrgenommen wird; steigender Wohlstand verführt nicht zwingend dazu, Behagen der Lust vorzuziehen, wie dies bei der Triebreduktion ja der Fall ist.

Nach dieser konzeptionellen Grundlegung befasst sich Scitovsky mit dem Entscheidungsverhalten in Wohlstandsgesellschaften, in denen die Lustgefühle bei Bedürfnisbefriedigung weitgehend zugunsten von Behagensgefühlen verloren gegangen sind. In solchen Wohlstandsgesellschaften sind für viele Menschen Lustgefühle nur noch durch Stimulierung zu erlangen. Er wirft die Frage auf, welche Rolle eigentlich die Wirtschaft im Zusammenhang mit der Gesamtheit aller Befriedigungsmittel spielt, welche Aussagekraft beispielsweise das Sozialprodukt hat. Dazu unterscheidet er Güter und Dienstleistungen mit Marktwert, die also über den Markt angeboten werden, und solchen ohne Marktwert, die kostenlos sind. Dazu zählen öffentliche Güter, aber auch Selbstversorgung, Hausarbeit oder persönliche Dienstleistungen, die alle nicht im Bruttosozialprodukt erfasst und daher in ihrem Wert unterschätzt werden. Arbeit als Selbstanregung ist zwar eine wirtschaftliche Tätigkeit, aber die Befriedigung für den Betreffenden ist kein ökonomisches Gut. Die Zufriedenheitsstiftung durch Arbeit variiert sehr, entsprechend dem individuellen Engagement, den Rahmenbedingungen etc.; dies gilt auch für ehrenamtliche Tätigkeiten. Sogenannte externe Effekte sind Befriedigung (oder auch Nachteile) durch Güter bei Dritten, was ebenfalls statistisch nicht oder kaum erfasst wird. Güter und Leistungen mit Marktwert lassen sich im Sozialprodukt erfassen, ihr Befriedigungsbeitrag wird aber nicht abgebildet, vielmehr unterschätzt: Aus einer gekauften Sache zieht jeder mehr Befriedigung als aus dem Besitz des Geldes, das er dafür bezahlt. Scitovskys Fazit: Das Sozialprodukt ist kein hinreichender Indikator für die Leistungskraft einer Wirtschaft, ökonomische Befriedigungen können positive und negative Nebenwirkungen haben, die nicht erfasst werden.

Im Folgenden beschreibt Scitovsky, wie ökonomische Kategorien für Güter und Dienstleistungen und seine Konzepte von Behagen (beziehungsweise Wohlgefühlen, *comfort*) und Anregung *(stimulation)* zusammenpassen. So fragt er, ob das Bedürfnis nach Annehmlichkeiten begrenzt ist, wobei er zwischen defensiven Gütern (die Schmerzen oder Verletzungen vermeiden helfen) und kreativen

Gütern (die eine positive Belohnung bringen) unterscheidet. So ist der Wunsch nach Schmerzvermeidung ein stillbares Verlangen, der Wunsch nach Lust eher unersättlich. Begrenzt ist offenbar auch der Wunsch nach behaglicher Freizeit oder nach finanzieller Absicherung. Der Wohlstand macht viele defensive Produkte leichter zugänglich, was zu ihrer übermäßigen Nutzung und auch zu Umweltschäden führen kann. Hingegen sind kreative Produkte auch für die Gesellschaft wertvoller, mehr als es dem Individuum erscheint. Eine andere Annehmlichkeit besteht im Statusdenken, dem Gefühl von Zugehörigkeit, dessen Befriedigung begrenzt ist, was wiederum den Wunsch nach ihm unendlich groß sein lässt. Auch das Gefühl, für andere Menschen nützlich zu sein, indem man beispielsweise anregende Gespräche führen kann, kennt eigene Grenzen. Schließlich stellen Gewohnheiten Annehmlichkeiten dar, von denen man sich ungern trennt. Sofortige Belohnung einer Handlung mit erregungssenkender Wirkung verstärkt die Handlung, was aber zu abnehmender Reizstärke führt, wodurch es zur Gewohnheitsbildung kommt. So ist Statusorientierung eine Quelle von Behagen, auf das man nicht verzichten will. Ein psychischer Prozess wie Drogenabhängigkeit kann fast alles in ein derartiges Wohlgefühl umwandeln. Statusorientierung und Drogensucht sind freilich Ausnahmen von der Regel, dass die Nachfrage nach defensiven Produkten begrenzt ist. Solche Ausnahmen zerstören aber den Zusammenhang zwischen Geldausgaben und Befriedigung.

Schließlich diskutiert Scitovsky das Verhältnis von Einkommen und Zufriedenheit *(happiness)*. Er verweist darauf, dass die Zufriedenheit der Amerikaner trotz Einkommenssteigerungen über Jahrzehnte kaum gestiegen ist. Entscheidend sei nicht die Höhe des Lebensstandards, sondern die Relation zu „the Joneses". Status und gesellschaftlicher Rang spielen eine Rolle, bis hin zur suchthaften Abhängigkeit. Wichtig für Stimulierungszufriedenheit sind weiterhin Arbeitszufriedenheit und der Reiz des Neuen, der sich indirekt aus einer Einkommenserhöhung ergeben kann. Entsprechend kann das Volkseinkommen kein geeigneter Indikator allgemeinen Wohlbefindens sein.

3.1.3 Der amerikanische Lebensstil

Im zweiten Teil von *The Joyless Economy* gibt Scitovsky praktische Beispiele für seine theoretischen Überlegungen. Er fragt, warum der Wohlstand zahlreiche Amerikaner so unbefriedigt lässt. Dazu stellt er immer wieder Vergleiche mit Europa an, wo man gekonnter zu konsumieren weiß. Die Amerikaner setzen viel mehr auf Behagen *(comfort)* und sehr viel weniger auf Stimulierung *(pleasure)*. Geht es ihnen zu gut? Der Hang zur Bequemlichkeit zeigt sich, wenn man das Licht nicht ausmacht beim Verlassen eines Raumes, Essen vorschnell wegwirft, sich keine Zeit beim Shoppen nimmt; überhaupt will man ständig Zeit sparen, was zulasten des Vergnügens gehen muss. Man nimmt zu viele Medikamente ein, ersetzt Haushaltsgeräte zu schnell durch neue, kleidet sich nachlässig, beschwert sich nicht im Restaurant, ist als Käufer unkritisch – der Wunsch, unbehelligt zu bleiben, hat aber seinen Preis. Das Streben nach Annehmlichkeiten ist übermäßig stark, man verpasst viele andere Aspekte eines schönen Lebens.

In Europa verfügen die Menschen über entwickelte Konsumfertigkeiten, sie haben gelernt, geschickter als die Amerikaner, mit ihren Befriedigungsmitteln umzugehen. Das zeigt sich bei der Freude an schönen Mahlzeiten, daran, wie Freizeit und Urlaub eher für Anregung als für Behagen genutzt werden, daran, dass Europäer mehr Geld für Blumen ausgeben (!), dass sie sich geschmackvoller einrichten oder dass sie mit anderen Menschen oft und gerne zusammenkommen. Scitovsky sagt zu den Unterschieden Folgendes. Die Amerikaner haben als Extrovertierte zwar ein durchschnittlich niedrigeres Erregungsniveau und müssten daher einen höheren Input von Stimulanzien aufnehmen, sie spüren einen Drang nach Abwechslung und Neuigkeit. Solches würde aber in ödem Essen, eintöniger Umgebung, zu Hause Rumsitzen und wenig Unternehmungslust in der Freizeit keineswegs sichtbar werden. Die Neigung zu einer bestimmten Handlung und der äußere Druck, der das Gegenteilige bewirkt, stellen einen Konflikt dar, so Scitovsky, der ein Gefühl der Frustration und Unzufriedenheit mit dem eigenen Verhalten entstehen lässt. Wie kommt das?

Scitovsky beschreibt die vermutlichen Ursachen in einem Kapitel mit der Überschrift „Our Puritan Ghost", dessen polemischen Gehalt die deutsche Übersetzung mit „Unser puritanisches Erbe" entsorgte. Kulturelle, bildungsbedingte und ökonomische Kräfte bringen einen kumulativen Effekt zustande, der einen Konflikt verursacht zwischen dem, was die Amerikaner benötigen, und dem, was sie effektiv bekommen, und was einen Teil der Frustrationen erklärt.

> Die puritanische Ethik ist hervorragend geeignet, um bei den Menschen Präferenzen für das Wohlbehagen und gegen die Anregung zu entwickeln. Die Puritaner sind grundsätzlich gegen jede Art von Lust, aber sie werden – wenn auch widerwillig – die Notwendigkeit eines Konsums einsehen, der für ein gesundes und produktives Leben erforderlich ist (Scitovsky 1977, S. 173).

Hoch geschätzt werden hingegen die Produktion, die Schaffung von Marktwert und der eigene Beitrag dazu. Geldverdienen erhält dann einen moralischen Stellenwert, der stärker wiegt als die Einkommensverwendung im Konsum. Auch die Erziehung orientiert sich eher am Behagen als an Stimulierungsfreude. Sie sollte eigentlich die Fähigkeit zur Freude an Kultur, Musik und Literatur trainieren, was Einübung verlangt, denn Stimulierungsfreude beruht auf *skilled consumption*. Die puritanische Ethik hat hier bewirkt, dass die Curricula auf das Erlernen von beruflichen Fähigkeiten in der Produktion zielen und nicht auf Lebensfreude. Auch Industrie und Gewerbe hatten großen Einfluss auf die Lehrpläne. Dabei wuchs mit steigendem Lebensstandard der Bedarf an Konsumfertigkeiten. Dieser Mangel an kulturellem Interesse stellt einen Bias zugunsten von Behagen und zu Ungunsten der Stimulierung dar. Scitovskys harsches Urteil über die puritanische Ethik versteht sich heute von selbst. Damals war er vermutlich ein Anhänger der epikureischen Ethik. Denn Epikur warb für das gesellige Leben, die Anschauung der Natur, die schönen Künste, die Freundschaft (Adam 2006, S. 134). „Nicht im flüchtigen Vergnügen, der endlosen Kette von sinnlichem Verlangen und sinnlicher Befriedigung, sondern im dauerhaften Seelenfrieden bestand für ihn das höchste Glück" (Adam 2006, S. 134).

Scitovsky (1977, S. 190 ff.) definiert Kultur als Wissen. Dieses vermittelt die erforderliche Redundanz, damit Anregungen lustvoll wirken können. Die Freude am Behagen verlangt keinerlei Fertigkeiten, nur Stimulierungsfreude ist eine kulturelle Aktivität. Konsumfertigkeiten sind somit Teil von Kultur, die man auch begreifen kann als das Training und die Fähigkeit, Stimulierungsfreude zu genießen. Bei zunehmender Freizeit sind die Lieblingsbeschäftigungen der Amerikaner aber Fernsehen, Autofahren und Shopping – alles ungeeignete Bemühungen, das Verlangen nach Stimulierung zu befriedigen. Die puritanische Tradition verhindert aber, dass Konsumfertigkeiten erlernt werden und Stimulierungsquellen wie Musik, Kunst, Geschichte und Literatur kennengelernt und wertgeschätzt werden. Entsprechende Kurse sind wenig populär, und der Wert, über solche Themen zu sprechen, bleibt unerkannt. Daher schätzen die Amerikaner auch eine Konversation nicht besonders, sie sind folglich einsamer als die Europäer. Die Geringschätzung von Kultur wird auch sichtbar in der Massenproduktion von Gütern. Deren Neuigkeitsreiz – und die Stimulierungszufriedenheit – nimmt aber schneller ab als ihre Behagenszufriedenheit. Schließlich ist der Mangel an Fantasie zu beklagen, aus der ja alles Neue entspringt. Die Wirtschaft hat es nicht vermocht, die Leistungsfähigkeit der Fantasie zur Hervorbringung von Neuheiten zu steigern. Daher steigt der Aufwand zur Erlangung stimulierender Anregungen durch Konzerte, Opern, Theater- und Ballettaufführungen, deren Preise steigen entsprechend und schrecken die Nachfrage nach künstlerischen Angeboten ab. Die Preise für die Erlangung von Behagensangeboten dagegen stagnieren wegen erhöhter Arbeitsproduktivität. Da die technische Entwicklung eine breitenwirksame Multiplizierung von Musik, Bildern, Filmen etc. ermöglicht, kommt es zu einer Banalisierung der Kunst: Die Massenproduktion bietet an, was gefällt und Behagen verspricht. Aber der Neuigkeitsgehalt beispielsweise schlechter

Reproduktionen von Bildern nutzt sich schnell ab. Schließlich spielt das Spezialistentum, das die Arbeitsproduktivität enorm steigert, eine hinderliche Rolle. Spezialistentum ist hoch angesehen und wird gut bezahlt. Effizienter Konsum und ein erfülltes Leben verlangen aber anderes, nämlich generalisiertes Wissen über die zahlreichen Quellen lustvoller Stimulation. Der Generalist bedient sich seines Urteilsvermögens und Allgemeinwissens über die komplexe Situation der vorhandenen unterschiedlichen Befriedigungsquellen. Amerikaner sind aber schlechte Generalisten. Die Do-it-yourself-Bewegung kann man als Revolte verstehen gegen Spezialistentum und Arbeitsteilung, was beides steigende Unzufriedenheit mit der Arbeit zur Folge hat.

> Das heißt, selbst wenn uns durch unsere puritanische Einstellung, durch unseren Mangel an Konsumfähigkeiten sowie durch unsere Geringschätzung einer Allgemeinbildung als Konsumenten sehr viel angenehme Anregung entgeht, können wir diesen Verlust dadurch wieder gutmachen, daß wir die kreative Befriedigung der produktiven Arbeit suchen (Scitovsky 1977, S. 236 f.).

Dann ließe sich eher der Konflikt lösen zwischen der amerikanischen Neigung, Anregung im Sex, in Aufputschmitteln oder beruflichen und örtlichen Veränderungen zu suchen, und der anderen Neigung, in den meisten Konsumbereichen weniger Stimulierung hinzunehmen, als andere Völker es tun.

3.1.4 Die Botschaft: weniger Puritanismus, mehr Lebensgenuss!

Was ist die wesentliche Botschaft von *The Joyless Economy*? Scitovsky demonstriert, dass „Neuheit" *(novelty)* ein Wunschobjekt und zugleich eine Quelle der Befriedigung ist. Stimulierung durch die Reize alles Neuartigen gehört zu den grundlegenden menschlichen Bedürfnissen. Die Gewöhnung an Behagen oder laues Wohlgefühl im Gewohnten und Bekannten hinterlässt eine Leere, die man kompensatorisch auszufüllen versucht, um die erstrebte Anregung, die wirkliches Lustgefühl bringt, zu bekommen: beispielsweise durch Do-it-yourself, Gewalt in Film und Fernsehen. „Wir erhalten und bezahlen mehr Behagen als für ein angenehmes Leben notwendig ist, und ein Teil dieses Behagens schließt einige Lebensgenüsse aus" (Scitovsky 1977, S. 239). Der große Mangel an „normalen" Anregungsformen zeigt sich in der Toleranz gegenüber Gewalttätigkeit und Verbrechen. Dieser amerikanische Lebensstil, eingebettet in puritanischem Geist (Scitovsky sagt tatsächlich *ghost*), darf nicht weiter erhalten bleiben, auch weil er zu hohe Kosten für Umwelt, Klima, Energie bedeutet. Scitovsky schließt mit einer nachdenklichen Bemerkung: Es fiele die Vorstellung ausgesprochen schwer, daß eine Möglichkeit, vielleicht die einzige, den Lebensstil weniger teuer zu machen, darin besteht, ihn weniger herb und etwas frivoler zu gestalten, „yet the findings of this book clearly point in that direction" (Scitovsky 1977, S. 240). Ein solcher Fingerzeig musste von einer puritanisch sozialisierten Mehrheitsgesellschaft als Zumutung empfunden werden, nicht nur von den neoklassischen Wissenschaftskollegen.

3.2 Erste Reaktionen: So what?

1977 erschien in Deutschland ein Buch, dessen Verfasser, als er es schrieb, Scitovskys Buch noch nicht kennen konnte: *Die Krise des Wohlstands: das Modell einer humanen Wirtschaft* von Burkhard Strümpel (Strümpel 1977). Strümpel, der eng mit George Katona und Günter Schmölders kooperierte, die beide ebenfalls verhaltenstheoretische und psychologische Befunde in ihre Arbeit integrierten, sah eine verbreitete Unzufriedenheit vor allem in der Arbeitswelt. Nicht nur in den USA war also die Zeit reif für die Einbeziehung psychologischer Erkenntnisse in ökonomische Verstehensbemühungen. Doch nach seinem Erscheinen 1976 traf das Buch auf verhaltene Reaktionen: „Tibor Scitovsky's The Joyless Economy […] created only a small ripple of excitement" (Friedman und McCabe, 1996, S. 471). Es „garnered a skeptical response from economists" (Trei, 2002, S. 1) – wohl auch klassisches Revierverhalten. Die Zweideutigkeit seiner Konsumtheorie und seines Wohlfahrtsansatzes machten es nach Pugno (2018, S. 54 f.) für Ökonomen relativ leicht, ihn zu kritisieren. Man stieß sich an der Bedeutung, die er der mit dem Elektroenzephalographen (EEG) gemessenen Erregung zumaß, an seinen unfairen Vergleichen mit der europäischen Konsumkultur, und war überhaupt der Meinung, dass seine Opposition gegenüber der Rational Choice-Theorie auf Scheinargumenten beruht. Die Reaktionen waren eisig: „Most of us were in no mood to be distracted by Professor Scitovsky's penetrating criticisms" (Frank 1992, S. iiv), wie ein Ökonomiekollege später einräumte. Der Anthropologe Grant McCracken (1988, S. 128) nannte zwar Scitovskys Erklärung von Unzufriedenheit mit der verbreiteten Verwechslung von Behagen und Lust einen *brilliant account*, stellte diesem Ansatz aber sogleich zur Seite, dass wir mit unserer Unzufriedenheit Gefangene des (von McCracken erfundenen) Diderot-Effektes seien.

War er ein Außenseiter geblieben, vor allem wegen seines europäischen Hintergrunds? Oder war es Indigniertheit angesichts der fachdisziplinären Grenzüberschreitung hin zu Befunden der so andersartigen Psychologie? Die Vorbehalte basierten vermutlich auf einem Mix verschiedener Motive, die einem sofortigen Verständnis oder gar Wohlwollen entgegenstanden. Seine polemische Kritik an der Neoklassik hatte sicher viele Kollegen befremdet. Das Neuartige seiner dezidiert psychologisch-verhaltensorientierten Argumentation konnte einem disziplinären Stolz nicht gefallen. Und die bissige Haltung gegenüber seinen konsumorientierten Mitbürgern war als Ablehnung des populären Lebensstils, des Amerikanischen Traums, verstanden worden. Das alles konnte keinesfalls amüsieren.

3.3 Die zweite Auflage

Schrittweise änderte sich die Stimmung, der neoklassische Ansatz wurde zunehmend hinterfragt, man versuchte „Anomalien" zu verstehen und zog auch schon mal psychologische Erkenntnisse heran (Frank 1992, S. iv). Im Jahr 1992 erschien eine zweite, überarbeitete Auflage von *The Joyless Economy*. Das letzte Kapitel wurde überarbeitet, ein Redetext Scitovskys („Culture is a Good Thing") angefügt. Der bisherige Untertitel *An Inquiry into Human Satisfaction and Consumer Dissatisfaction* wurde geändert in *The Psychology of Human Satisfaction;* vermutlich, weil Scitovsky feststellte, dass Unzufriedenheit im Konsum weniger mit den Menschen „as consumers but as individuals" (Pugno 2018, S. 53) zu tun hat. Wie wahr, möchte man heute dazu sagen.

Im Vorwort (Scitovsky 1992, S. x ff.) äußerte er sich unter anderem zu zwei hervorstechenden Veränderungen im amerikanischen Lebensstil, die er in der zweiten Auflage nicht adressierte, die ihn aber offensichtlich umtrieben. Die eine Neuheit sah er im gestiegenen Interesse an Kultur und Lebensqualität einer wohlhabenden Oberschicht mit Hochschulbildung, die andere am unteren Ende der Einkommens- und Bildungsskala: in der zunehmenden Gewalt und Drogenabhängigkeit einer wachsenden Unterschicht. Beide Gruppen wären mit mehr Freizeit bestraft als sie sinnvoll zu nutzen wüssten. Beide revoltierten: die erste gegen die Väterwelt, die zweite gegen die Gesellschaft. Ihrer jeweils misslichen Lage entfliehen sie auf verschiedenen Wegen. Die erste Gruppe genießt ein gutes Lebens, kulturelle Events, Kunstausstellungen, das Bücherangebot, die Qualität der heimischen Weine, die Kultiviertheit der Restaurants etc. Dies bliebe aber den *fortunate few* reserviert, denen mit Geld, Bildung und der Fähigkeit, zu lernen, wie man seine Freizeit genussvoll und konstruktiv nutzt. Die andere Gruppe sind die Armen, Ungebildeten, vor allem die schwarzen männlichen Jugendlichen in den Innenstädten, Opfer des miserablen Schulsystems und des Arbeitsmarktes, mit miesen, befristeten Jobs oder ganz ohne Beschäftigung. Diese Menschen ohne Hoffnungen leiden an der Bürde ungemilderter Langeweile, rund um die

Uhr, Tag für Tag. Sie wissen mit ihrer freien Zeit nichts Vernünftiges anzufangen, können oft nicht einmal richtig lesen, niemand hilft ihnen, das drängende Bedürfnis zu befriedigen, irgendetwas zu tun. Sie benötigen eine stärkere Arznei als Fernsehen, Filme und Herumhängen auf den Straßen. Verfügbare Anregungen finden viele nur in Drogen, Straftaten und Gewalt. Das einzige wirksame Gegenmittel besteht in sinnvoller Arbeit, in der Unterrichtung von Fertigkeiten, vernünftige Formen von Freizeit und Betätigung zu nutzen, sowie die Möglichkeit, beides auch einzuüben. Wenn man die allgemeineren Aspekte des Buches bedenkt, meinte Scitovsky, kann der Leser neues Verständnis gewinnen für die Natur dieser Probleme und ihrer Bewältigung.

Die zweite Auflage von *The Joyless Economy* wurde allmählich populär, und 1995 zählte die britische Literaturzeitschrift *Times Literary Supplement* das Buch zu den 100 einflussreichsten Veröffentlichungen nach dem Zweiten Weltkrieg (Trei 2002, S. 1).

4 Langweiler oder Langzeitwirker?

4.1 Zwanzig Jahre später

Die Zustimmung zur *Psychologie des Wohlstands* war zu keiner Zeit einhellig. Doch die Wissenschaft kam nicht länger ohne Gefahr programmatischer Selbstbegrenzung an Scitovsky vorbei, zu evident waren seine Analysen, zu zwingend seine Schlussfolgerungen. „For Scitovsky's merits to be fully recognized, time had to pass, as Kuhn had foreseen" (Giovinazzo 2010, S. 17). So geschah es, dass zwanzig Jahre nach Erscheinen von *The Joyless Economy* ein Symposion stattfand, an dem sich namhafte Autoren beteiligten, um der Causa Scitovsky auf den Grund zu gehen. Die Ergebnisse wurden in einem Sonderheft der Zeitschrift *Critical Review. A Journal of Politics and Society* mit dem Titel „Tibor Scitovsky's The Joyless Economy after Twenty Years" veröffentlicht (siehe dazu Friedman und McCabe 1996).

In ihrer Einführung geben Friedman und McCabe (1996, S. 471 ff.) einen Überblick über Scitovskys Argumente, warum der Wohlstandskonsum die Menschen nicht glücklich macht. Ihr Fazit: „*The Joyless Economy* was a revolutionary book, but what was the problem with it" (Friedman und McCabe 1996, S. 471). Es stellte nicht nur einen Affront gegen die herrschende ökonomische Lehre dar, auch konnte es weder deren konservativen Vertretern noch den Opponenten des Homo oeconomicus gefallen. Denn gegenüber jedweder Präokkupation mit dem Freiheitskonzept gäbe *The Joyless Economy* zu bedenken, dass auch frei gewählte Zwecke die Quelle allgemeinen Unwohlseins sein könnten. Weiterhin werfe das Buch etliche grundsätzliche Fragen auf, auch für Philosophie oder politische Ökonomie, die noch wenig diskutiert würden. Beispielsweise die Spannungen zwischen Demokratie mit der Vorstellung von Selbstbestimmung und paternalistischen Vorschlägen, wie Scitovskys Empfehlung einer öffentlichen Förderung der Künste und der kulturellen Erziehung, oder das Problem, dass die Annahme, Kapitalismus und Demokratie seien in sich wertvoll, jegliche Untersuchung deren aktueller Weiterungen wertlos macht. Inglehart (1996) unterstützt in seinem Beitrag Scitovskys Sicht, indem er darauf verweist, dass weiteres Wachstum einen abnehmenden Grenznutzen bedeutet und wenig oder gar keinen Einfluss auf subjektives Wohlbefinden hat. Ein kultureller Wandel fände statt, und ganze Generationen seien ohne paternalistische Unterstützung bereit, die Bedeutung von *comfort* zu hinterfragen; postmaterielle Werte sind zwar nicht unbedingt mit Scitovskys Konzept der Suche nach höheren Vergnügungen kongruent, aber dieses Konzept beinhalte nicht zwingend Paternalismus. Neben der Lust *(pleasure)*, vom Unbehagen zum Behagen zu gelangen und Langeweile durch Stimulierung zu ersetzen, nennt Hirschman (1996) eine zusätzliche dritte Form von Vergnügen, die sowohl zum privaten als auch zum öffentlichen Bereich gehört: das gemeinsame Mahl, das individuell befriedigt und als Tischgemeinschaft auch wichtige soziale Effekte bewirkt. Er nennt als Beispiel das Festessen der alten Griechen, das eng mit einer Verlosung verbunden war. Allerdings kann das gemeinsame Mahl auch zu einer Abwertung menschlicher Beziehungen und des politischen Lebens führen. Sen (1996) verweist in seinem Beitrag auf die weitreichenden Implikationen von Scitovskys Unterscheidung zwischen Behagen und Lustgefühlen für die Vorstellungen von Rationalität, Nutzen und Freiheit. Ein Grund für die Gleichgültigkeit gegenüber The *Joyless Economy* könnte gewesen sein, dass man bei übermäßiger Hochschätzung von Freiheit übersieht, dass sie auch unglücklich stimmende Effekte haben kann. Paternalismus könne man Scitovsky aber nicht vorwerfen, so Sen. Scitovsky (1996) wurde in seinem Beitrag sein eigener Kritiker. Die Langeweile der untätigen Armen sei viel gravierender als im Buch dargestellt, denn sie ist chronisch und unheilbar. Sie beginnt schon mit der Vernachlässigung armer Kinder, die nie lernen, sich auf schulisches Lernen zu konzentrieren, renitent werden und erwerbsunfähig und ihre Energien nicht besser loswerden als über Gewaltsamkeit.

Das Heft signalisierte eine Wende in der wissenschaftlichen Rezeption hin zur breiten Anerkennung von *The Joyless Economy,* denn: „It deserved better" (Friedman und McCabe 1996). Schor verweist in ihrem Beitrag auf die wachsenden Vorbehalte gegenüber dem konsumistischen Lebensstil bei Intellektuellen, Politikern und Bürgern und prophezeit: „The next five years should produce a vibrant public debate on these issues, and the insights of *The Joyless Economy* are likely to be at the heart of it" (Schor 1996).

4.2 Und heute? Selten zitiert, wenig beachtet

Wie steht es ein knappes halbes Jahrhundert später mit der Rezeption des Buches? Welchen Einfluss auf Konsum- und Verbraucherwissenschaften kann man ihm zuschreiben? Hat sich seit 1992 Wesentliches geändert, als Earl (2010, S. 26) feststellte: „If we take a broad view of Scitovsky's contribution to economics it is difficult to avoid the conclusion that, despite a very extensive record of being cited, his work has not had the kind of impact it deserves". Das Buch scheint merkwürdig aus der Zeit gefallen, wenn man in der konsum- und marketingorientierten Literatur flaniert: wenig Zitieren, keinerlei Rückgriff. Gilt Scitovsky als Langweiler oder als wissenschaftlich überholt? Zwar tauchen Name und Buchtitel gelegentlich in Literaturverzeichnissen auf, doch oft werden seine Überlegungen im vorangegangenen Text nicht aufgegriffen, weder zustimmend noch kritisch, weder diejenigen seiner psychologisch basierten Erklärungen noch seine negativen Bewertungen der amerikanisch-puritanischen Kultur.

Überraschenderweise fehlt Scitovsky in Publikationen, in denen Erregung (beziehungsweise *arousal*, Anregung, Drang nach Neuem, Reizzufuhr, Erlebnis, Spannung) eine gewichtige Rolle spielt. So wird sein *novelty*-Konzept in einem Standardwerk der Marketinglehre, dem *Konsumentenverhalten* von Kroeber-Riel und Gröppel-Klein (2019) nicht erwähnt. Weder findet sich in den dortigen Ausführungen zur Lambda-Hypothese ein Hinweis, dass Scitovsky den *arousal*-Ansatz innovativ in die ökonomische Forschung eingeführt hat, noch wird auf sein erklärungsstarkes Konzept der Langeweile, die nach Stimulierung strebt, verwiesen. Sogar in der vielbeachteten *Erlebnisgesellschaft: Kultursoziologie der Gegenwart* von Schulze (2005) findet Scitovsky nicht statt, obwohl hier die Erregungssuche heutiger Konsumenten zentral ist. Fehlanzeige in der dickleibigen *Marktpsychologie* von von Rosenstiel und Neumann (2002). Selbst Trentmanns (2016) detailreiche Darstellung der *Geschichte des Konsums* nimmt ihn nicht zur Kenntnis. Amerikanische Kollegen zeigen ihm weiterhin die kalte Schulter; beispielsweise Solomon (2016) in seinem umfänglichen *Konsumentenverhalten* oder Evans, Jamal und Foxall (2009) in ihrem Bestseller *Consumer Behavior* oder Kotler (Kotler et al. 2011) in den *Grundlagen des Marketing*. Sogar wenn der Fokus einzig auf Erregungssuche fokussiert, umfahren Autoren Scitovskys Ansatz weiträumig: beim *Variety-seeking-behavior im Konsumgüterbereich* (Helmig 1997), beim *Erlebnismarketing* (Weinberg 1992), bei den *Erlebnisstrategien im Einzelhandel* (Gröppel 1991), beim *Optimum stimulation level as a determinant of exploratory behaviours: some empirical evidence* (Giannelloni 1998) oder beim Zusammenhang zwischen dem Niveau optimaler Stimulierung und Zufriedenheit (Wahlers und Etzel 1984), und das nur wenige Jahre nach dem Erscheinen von *The Joyless Economy*. Auch in dem gegen die Dominanz des *information processing*-Paradigmas gerichteten, programmatisch gemeinten Aufsatz von Holbrook und Hirschman (1982) *The experiential aspects of consumption: consumer fantasies, feelings, and fun* wird Scitovskys bahnbrechender Ansatz nicht erwähnt.

Verstreut sind Bezugnahmen auf die *Psychologie des Wohlstands* gelegentlich zu finden, so Stihlers Erklärung des Wunsches gutsituierter Kinder nach aufregenden Aktivitäten (Stihler 1998, S. 225), der Hinweis Trommsdorffs auf den „Drang nach Neuem" (Trommsdorff 1993, S. 66), Scherhorns Erklärung, warum Wohlstand keine Zufriedenheit bringt (Scherhorn 1987, S. 32 f.) oder Rosenbergers Befund einer Verstimmtheit in der Wohlfahrtsgesellschaft (Rosenberger 1987, S. 53). Im „1. Halbband: Marktpsychologie als Sozialwissenschaft" des 12. Bands *Marktpsychologie* wird in Aufsätzen von Scherhorn (1983, S. 99 ff., S. 117) und von Wiswede (1983, S. 151, S. 171) auf Scitovsky eingegangen. Bolz (2002, S. 90 ff., S. 104 f.) verwendet irritierenderweise über lange Seiten die Vokabeln *comfort, pleasure* und *consumption skills,* also Scitovskys Zentralbegriffe, ohne deren Urheber zu erwähnen; erst später nennt er ihn (man hat den Eindruck, etwas gönnerhaft), um sogleich Scitovskys Antithese „*comfort vs. pleasure"* zurückzuweisen. Anscheinend haben Sozialpsychologen und Sozialwissenschaftler einen leichteren Zugang zu Scitovskys Gedankenwelt als szientistische Ökonomen, seien diese mikro-, makro-, marketing- oder neuroorientiert. Jedenfalls fällt beim Durchblättern einschlägiger Literatur auf, dass Soziologen beispielsweise wie Wiswede oder Hellmann verständnisvoll auf die *Psychologie des Wohlstands* zu sprechen kommen (Wiswede 1995, S. 61, 299; Hellmann 2017, S. 156; 2013, S. 70).

4.3 Warum nur, warum?

Die Ursachen für Scitovskys seltene Erwähnungen sind schwer zu ergründen. Earl (2010) weist auf den außerordentlichen Neuigkeitsgrad seiner Arbeiten hin, die für die etablierten Wissenschaftsroutinen eine Herausforderung darstellten. Denn Scitovsky wollte eine eigenständige psychologische Forschungsrichtung innerhalb der Ökonomik begründen und keineswegs nur „infuse some psychology into the general framework oft the discipline" (Earl 2010, S. 26). Es wäre das Andersartige psychologischen Denkens, das sich nicht zwanglos in mathematische Modelle oder deterministische Aussagen überführen lässt. Scitovsky selbst, so Earl, hat manche Ablehnung damit erklärt, dass man ihn missverständlich für elitär hielt, weil er beispielsweise dafür eintrat, dass man sensorische Stimulierung auch außerhalb des Arbeitsplatzes und auf vielen Wegen erhalten kann, jenseits intellektueller Aktivität. Schließlich hat auch die Art und Weise, wie Scitovsky sein Werk der ökonomischen Zunft präsentierte, ohne Anknüpfungspunkte zu vorliegenden Arbeiten, ihn zu wenig anschlussfähig gemacht. Neuere Interpretationen widmen sich nach Pugno (2018, S. 55 ff.) auch kritisch der programmatischen Unterscheidung zwischen Behagen *(comfort)* und Stimulierung *(novelty)*.

Scitovsky galt als zurückhaltend, Melancholie war ihm anscheinend nicht fremd. „He was a shy person, reserved and very dignified. He wasn't the kind of guy who could come into a new situation and make his own way", wie ein Kollege und Freund ihn beschrieb (Trei 2002, S. 2). Die wenigen im Internet verfügbaren Bilder zeigen einen ernsten, eher verschlossenen Mann, wenngleich seine zweite Frau ihn als „terribly pleasant character; it was fun to be with him" empfand (Trei 2002, S. 3). Man darf annehmen, dass er jeglichem *impression management* abhold war. Das musste freilich ein Manko sein in einem Kommunikationsfeld wie dem der US-Kultur, in dem man sich seine Meinungsführer auch nach wahrgenommener sozialer Nähe und nicht nur nach Sachkompetenz aussucht. Wer dann, im gestaltpsychologischen Sinn, nicht genügend prägnant ist und sich nicht mit lautstarken Forderungen bemerkbar macht, wer immer noch als *strange* und etwas undurchsichtig wahrgenommen wird, den übersieht man leicht. „Personally, he gave a misleading impression of diffidence and delicacy" (Arrow et al. 2004, S. 2). Man konnte sich einfach nicht mit ihm identifizieren. Das lag wohl auch an seiner aristokratischen Aura: „It contrasted mundane, limited horizons with more daring ideas and the aristocratic virtues of independence of mind" (Arrow et.al. 2004, S. 1). Solches wird Schicksal eines Wanderers, der von Europa mehrfach aufbrach, in Amerika öfters ankam, und keine einladenden Identifizierungsangebote mitbrachte, vielmehr mit überraschenden Erkenntnissen intellektuelle Zumutungen bereitete, die auch in wissenschaftlichen Communities schon mal übelgenommen werden. So einer kann keine Fangemeinde begründen.

Es könnte sein, dass deutschsprachige Vertreter der Marketing- und Konsumforschung, die Anlass gehabt hätten, Scitovskys Fokus auf Erregung Anerkennung zu zollen, mental dazu nicht recht in der Lage waren. Sonst hätten sie sich die Überlegenheit der interdisziplinären und multimethodischen Konsumforschung in den USA eingestehen müssen. Dem stand womöglich auch ein Selbstbehauptungswille der Absatz- und Konsumentenforschung innerhalb der Betriebswirtschaftslehre entgegen, die ja, als Disziplin traditionell nicht unumstritten, immer auf eine zu respektierende Dignität pochte. Vielleicht auch ist für manche zeitbewussten Autoren das Verfallsdatum wissenschaftlicher Literatur nach 10, 15 Jahren erreicht, wenn das einst Originelle scheinbar Patina angesetzt hat. Und schließlich kam womöglich die Abneigung mancher Intellektueller gegenüber einem bildungsbürgerlichen Freigeist ins Spiel, der als Querdenker nerven konnte und kognitive Dissonanzen zumutete, wenn er es beispielsweise weder Linken noch Konservativen recht machte: „Leftists, for example, claim he was a elitist, while rightists say he was paternalistic" (Di Giovinazzo o. Jahr).

Eine Betonung der Freudlosigkeit des Wirtschaftssystems wird auf manche Befürworter von Wohlstand und Konsum pessimistisch wirken, nachgerade sauertöpfisch. Und eine fröhliche Wissenschaft wie beispielsweise die Marketinglehre, die gerne Königswege zur Lösung irdischer Probleme anbietet („Marketing und ..."), dürfte sich zur Anerkennung freudloser Zustände ungern bereitfinden. Sie bewirbt lieber Optimistisches wie Kundentreue, Markenvertrauen, Convenience oder besingt neuerdings sogar die Vorzüge von Konsumeinschränkungen („The Benefits of Having Less"; Hüttel et al. 2020). Lange setzte sie auf die leuchtende Rationalität des Informationsparadigmas, muss sich inzwischen jedoch an den trockenen Einwänden der Verhaltensökonomik abarbeiten. In der Konsum- und Kulturkritik werden anstelle Scitovskys immer wieder die üblichen Kronzeugen herbeizitiert: Veblen, Marcuse, Galbraith, Packard, Fromm, Haug, Pasolini. Diese ersannen verstörende Bilder vom Verbraucher und pessimistische Konzepte vom Konsumieren. Letztere lassen sich aber mangels empirischer Evidenz nicht oder nicht vollständig aufrechterhalten: demonstrative Verschwendung (Veblen 2007), der eindimensionale Mensch (Marcuse 1967), Gesellschaft im Überfluss (Galbraith 1970), die geheimen Verführer (Packard 1998), der nekrophile und destruktive Mensch (Fromm 2005), die Manipulation der Massen (Haug 1980), Pasolini (1998) – in vielem *Old School,* muss man sagen. Trentmann (Trentmann 2016) hat in seiner luziden *Geschichte des Konsums* manche der normativen Ansätze in historischer Sicht destruiert. Auf etliche Kritiker der Wohlstandsgesellschaft dürfte zutreffen, was er zu Veblen anmerkt: „Die Einfachheit seiner These ist der Schlüssel zu ihrer anhaltenden Anziehungskraft, aber auch ihre größte Schwäche" (Trentmann 2016, S. 306). Und zu „tauschkritischen Topoi linker Denktraditionen" bemerkt Ullrich (2013, S. 9): „Dass einzelne Produkte, wenn sie mehr als nur Gebrauchswerte besitzen, vielleicht auch positiv beeindrucken oder motivieren – gar erziehen – können, wird dabei ignoriert". Vielleicht waren ja Sprache und Argumentation der *Psychologie des Wohlstands* für manche Leser nicht nur ungewohnt, sondern überkomplex, schwer verständlich.

Vor dem Erscheinen des Buches gab es bereits seit den 1950/1960er-Jahren in der deutschsprachigen Wirtschaftsforschung Initiativen, verhaltensorientierte und psychologische Erklärungen für das Konsumverhalten heranzuziehen. So gab es die multidisziplinäre Sozialökonomie der Schmölders- und Katona-Schule mit ihrer Ausprägung der sozialökonomischen Verhaltensforschung (Trommsdorff 1993, S. 13). Daher sah sich mancher womöglich schon länger auf der richtigen Spur, ohne Notwendigkeit, umstrittenen Veröffentlichungen einen Neuigkeitswert beizumessen. Auch die „Nürnberger Schule" der Konsum- und Marktforschung (Ludwig Erhard, Wilhelm Vershofen, Georg Bergler u. a.) stützte sich auf psychologisches Denken und entwickelte innovative Methoden und psycho-soziale Konzepte (beispielsweise den „Zusatznutzen"). Einige Vertreter dieser Denkrichtung wurden wegen ihrer ausgeprägten Forschungs- und Beratungstätigkeit für die Marketingpraxis freilich nicht immer als akademisch relevante Akteure wahrgenommen.

4.4 Scitovsky – ein Außenseiter?

Nach allem drängt sich der Eindruck auf, dass Scitovsky von vielen unter Wert gehandelt wurde und wird. Er entzog sich dem ökonomischen Mainstream, vielleicht sogar deshalb reicht sein Ansatz inhaltlich und zeitlich weiter: „Scitovsky's name is now listed among the outliers of behavioral economics […] and cited as forerunner of the happiness studies in economics" (Giovinazzo 2010, S. 17). Pugno (2018, S. 58) nennt Scitovsky zwar einen Sonderfall *(outlier)*, aber keinen Außenseiter. Seine Besonderheit sei nicht derart außergewöhnlich, dass jegliche Verbindungen mit der Ökonomik verloren gegangen wären. Sein Denken über individuelle Wohlfahrt ließ sich nur schwer in die gängigen Ansätze einbeziehen. Mit den Behavioural Economics teilt er zwei Ziele (Pugno 2014, S. 1): erstens die Erklärungskraft der Wirtschaftswissenschaft mit realistischer psychologischer Grundierung zu erhöhen, und, zweitens, zu zeigen, dass die Entscheidungen von Konsumenten einem systematischen Bias ausgesetzt sein können (Pugno 2014, S. 2). Scitovsky antizipierte eine Reihe von Erkenntnissen, die zu neuen Forschungsrichtungen wiesen. Dazu gehören die Unsicherheit, bei der Optionsmöglichkeiten teilweise unbekannt sind; die individuellen Konsumfertigkeiten *(consumption skills)*, wobei Unsicherheit sogar als erstrebenswert empfunden werden kann, sofern sie als Herausforderung gesehen wird; die Zunahme von Konsumfertigkeiten, mit der Präferenzen sich ändern und Entscheidungen effizienter werden; das Scheitern beim Versuch, die Fertigkeiten zu steigern, sodass schädliche oder süchtig machende Produkte zu verlockenden Alternativen werden können. „Research in behavioural economics and other economic subfields can thus benefit from Scitovsky's work if the relevant issues are properly formulated and focused" (Pugno 2014, S. 22).

Bianchi (2018) nennt drei Berührungspunkte seines Denkens mit den Behavioral Economics. Sie zeigt die Übereinstimmung von Scitovskys Denken und der Verhaltensökonomik in beider Kritik an der herkömmlichen Annahme, dass Wahlentscheidungen stets rationales Verhalten widerspiegeln und die wahren Präferenzen aufzeigen. Motive und Ziele von Entscheidungen samt ihren latenten Werten seien jedoch für die Akteure von Bedeutung, wofür die Ökonomik kein Interesse aufbringt. Eine weitere Gemeinsamkeit kann in den Verhaltensgründen gesehen werden, die *comfort* begünstigen. Der geringe Aufwand mache dessen Bevorzugung attraktiv; solche Entscheidungen rückgängig zu machen falle aber wegen der Gewöhnung und erhöhter Alternativkosten schwer. Da Wahlen in kleinen Schritten erfolgen, können die Konsequenzen nicht immer vorher gesehen werden, sodass eine Person in einer Sequenz offensichtlich harmloser Entscheidungen in eine Gewohnheit rutschen kann, die suboptimal ist und nicht geändert werden kann. Derartige Widersprüche zwischen *comfort* und *pleasure* wie auch solche zwischen Massengüterproduktion und individuellem Geschmack begründen das Auseinanderfallen von Wahlen und Präferenzen. Schließlich ergibt sich eine dritte Berührung von Behavioural Economics und Scitovskys Ansatz. Deren Widersprüche zur klassischen Lehre haben Bedeutung für Forschung und Politik. Das auf den Erkenntnissen der Behavioural Economics basierende Konzept des Nudging will die Abweichungen vom Modell rationalen Entscheidens ausgleichen; es orientiert sich an Kahnemans kognitivem „System 2", dem automatischen, schnellen Alltagssystem, das zu Entscheidungsfehlern führt. Für Scitovsky sind Fehlentscheidungen oft die Folge eines institutionellen oder kulturellen Bias; er sieht Raum für Verbesserungen im Entscheidungsprozess und im Wohlbefinden. Der Erziehung und dem Erwerb von Konsumfertigkeiten kommt hier entsprechende Bedeutung zu: Die Erlebnisse kreativer Aktivitäten müssen erkannt werden, die Exploration und Neugier belohnen.

Scitovskys zentrales Interesse richtet sich auf Langeweile *(boredom)* und die zwiespältigen Folgen der Suche nach Neuem, nach Erregung, was er bereits im Vorwort der zweiten Auflage ansprach. Gefährliche Sportarten, Glücksspiele oder kriminelle Aktivitäten bieten sich an, wenn insbesondere junge Menschen einem Stimulusdefizit ausgesetzt sind und über keine Ressourcen, geringe Bildung und unzulängliche Konsumfertigkeiten verfügen (Scitovsky 1981). Dann kann es für sie und die Gesellschaft böse werden, und Scitovsky (1999b) verweist auf die Amokläufe an amerikanischen Colleges im Jahr 1999, deren tiefere Ursachen letztlich in quälender Langeweile junger Menschen liegen. „Just as starvation can make a person steal if he has no money to buy food, so boredom can lead to violence if a person finds no peaceful activity for enjoyment and keeping busy" (Scitovsky 1999b, S. 5). Er bezeichnet Langeweile sogar als

„an overlooked disease" (Scitovsky 1999b, S. 5). Amerika und Europa haben sich seit damals verändert, und nicht unbedingt zu ihrem Vorteil. Manche bösen Übergriffigkeiten der Gegenwart können mit Scitovskys Ansatz und verhaltensökonomischen Kriterien interpretiert werden. Im wohlstandssaturierten Europa grassieren ebenfalls Langeweile und Überdruss *(boredom)*, dem viele Menschen mit der Stimulierung durch normenverletzende, gefährliche gewalttätige, politisch radikale, süchtigmachende oder kriminelle Aktivitäten zu entkommen suchen, um wieder archaische Lustgefühle *(pleasure)* zu erhalten. „Das destruktive Potential aufzuzeigen, das bestimmten Konsummustern inhärent ist, stellt eine weitere Möglichkeit [neben der Darstellung gewalttätiger Konsumkritik, Anm.d. Verf.] dar" (Sedlmaier 2018, S. 27). Es verstärkt sich offensichtlich eine Tendenz zu behaglichen, bestätigenden Gewohnheiten *(comfort)*, die wegen der Redundanz ihres vertrauten Informationsgehalts keinen mentalen Aufwand erfordern, keine Anstrengung und keinerlei Lernbereitschaft zumuten *(easing and satisficing bias)*. Angenehm bestätigende Gewohnheiten haben oft eine ersatzweise, kompensatorische Funktion bei mangelhafter Bedürfnisbefriedigung in anderen Bereichen. Sie manifestieren sich, der Realitätswahrnehmung ausweichend, die in unangenehmer Weise übermäßig erregen könnte, in konsumptiven und in nicht-materiellen kognitiven Refugien. Solch komfortable Gewohnheiten nehmen unterschiedliche Gestalt an: in idyllischen Fluchtwinkeln wie Cocooning oder besänftigender Konsumästhetik, in den Echokammern des Internets, in Tagträumen, politischen Hirngespinsten, Ideologien, esoterischen Blütenträumen, diversen -Ismen, Verschwörungstheorien – alles Komfortzonen eines wohligen kognitiven Behagens *(confirmation bias)* und gesteigerten Selbstgefühls. Modernes und modisches Spießertum ohne Selbstdistanz und mit verminderter Frustrationstoleranz: Sieht man seine liebgewordenen Refugien durch Bezweifeln und Widerspruch gefährdet oder soll man gar aus der fiktionalen Gartenlaube vertrieben werden, reagiert man entschlossen aggressiv *(inertia, status quo bias)*. Ist *cancel culture* Kultur? Durchweht ein neo-puritanischer Geist die Zivilgesellschaft?

Auch aus anhaltender Langeweile kann Bösartiges erwachsen. Dafür spricht möglicherweise die Pandemie wehleidiger und unduldsamer Hassreaktionen auf tatsächliche und eingebildete Zumutungen der pluralistischen Gesellschaft. Oder die zornigen Reaktionen auf widersprechende Meinungen in den verminten Themenfeldern wie Migration, Genderismus, Islamismus, rechts- und linksextreme Gewalt, Gleichstellung, Konformitätsdruck oder missbrauchter Meinungsfreiheit. Auch Herabwürdigungen „alter weißer Männer" oder reflexhaft ausgestoßene Rassismusvorwürfe verweisen auf hypermoralische Haltungen zum Zweck erregender Selbsterhöhung. Man wird der ironischen Benennung mancher gesinnungsstarker Aktivisten und „Querdenker" als überempfindsame „Schneeflocken"

(Liu et al., 2019) eine gewisse Berechtigung nicht absprechen können. Der gemeinsame Nenner der variantenreichen Stimulierungspraktiken, nämlich der Wunsch nach Erregung gelangweilter, des Komforts überdrüssiger Wohlstandsbürger, ist schwer zu übersehen. Scitovskys Wertung der nervigen Langeweile in abgenutzten Komfortzonen als „boredom – an overlooked disease" (Scitovsky 1999b) zeigt ja auf diesen gemeinsamen Nenner. Wer ihn verkennt, sieht womöglich den Wald vor lauter Bäumen nicht, nicht den Megatrend vor lauter Einzelphänomenen. Scitovsky hat die Möglichkeit einer tendenziellen Radikalisierung von komfortablem Behagen und intensiver Stimulierung, von Spießertum und Aufbegehren, erkannt. Zu diesem Problem hat er *The Joyless Economy* freilich nicht geschrieben, wie er selber sagte (Scitovsky 1992, S. xi f.). Verallgemeinerte Aspekte des Buches, so hoffte er, könnten aber das Verständnis des Problems erleichtern (Scitovsky 1992, S. xi f.).

Warum wurde Scitovsky kein Wissenschaftsmatador, warum kam er nie für den Wirtschaftsnobelpreis infrage? Hinterließ er als Wanderer zwischen den Disziplinen und Kontinenten keinen hinreichend prägnanten Eindruck? Offensichtlich war er zu bescheiden oder auch zu stolz für jegliches Wichtigtun; vielleicht andererseits allzu selbstbewusst, um die Zustimmung der Vielen zu erhalten; zu eigensinnig, als dass man sich mit ihm identifizieren wollte; zu kenntnisreich, um die neoklassische Wirtschaftswissenschaft zu akzeptieren; zu realistisch, um am *American Dream* teilzunehmen. Späterer Respekt galt seiner beruflichen Leistung, der Person eher bedingt. Letztlich blieb Tibor Scitovsky, „an author with a European soul in an American setting" (de Haan 2016, S. 205), vielen ein Fremder, für die Amerikaner und für die Europäer auch. Man sollte dem Wanderer endlich gerecht werden, in jeder Hinsicht.

5 Nachbemerkung

Der *American Dream* scheint zu Ende zu gehen, der Traum vom ständig wachsenden Wohlstand, der für jedermann erreichbar ist. Gegenwärtig wird die Corona-Pandemie ihm zusetzen, auch wenn „Corona-Partys" jugendlicher, im Hedonismus verstrickter Eventsucher eine scheinbare Leichtigkeit des Seins suggerieren. Gier nach Abwechslung, überzogene Wohlfühlansprüche und hypertrophe Konsumerwartungen werden resilient bleiben und immer wieder aufblühen. Jedenfalls solange solche Wunschträume in den Blockbustern und Konstrukten konsumästhetischer Fantasiewelten genährt werden: in Filmen, Videos, Clips, Romanen, Songs, Versen, Dramen, Büchern, Bildern; auch in unseren Festen, Erinnerungen und Erzählungen. Einem wahnhaften Traum können Verweise auf die Wirklichkeit wenig anhaben, das lehrt die Ideologiegeschichte. Wie freudvoll künftig unsere Gesellschaft sein wird oder freudlos, steht dahin. Wo aber materielle Restriktionen, seien sie durch Nachhaltigkeitszwänge oder Pandemie-Vorkehrungen bedingt, unseren Lebensstil zu unangenehmen Veränderungen zwingen, wächst, so könnte man nach Hölderlin sagen, das Rettende auch. Eine andere Psychologie des Wohlstands wäre dann zu schreiben. Wie könnte sie aussehen? Die Grundbedürfnisse *des* Verbrauchers würden sich ja kaum ändern, aber wie sähen die Befriedigungsmittel *der* Verbraucher aus, nicht nur diejenigen der Märkte? „Von Märkten und Menschen" zu sprechen, wäre dann zu eng, eher träfe „von Befriedigungsmitteln und Menschen" zu.

Der Soziologe Heinz Bude (2020, S. 19) erhofft als Nutzen der Covid-19-Pandemie eine „Wiedergewinnung von Solidarität" aus dem Gefühl individueller Verwundbarkeit: „Solidarität ist eine Freundlichkeit gegenüber der Welt […] Individuellen Wohlstand vor dem Hintergrund des allgemeinen Wohlstands zu sehen – dafür haben wir in Deutschland die allerbesten Mittel. Wir werden zu einer neuen Form der sozialen Marktwirtschaft finden". *Per aspera ad astra,* durch Schmerzen zu den Sternen? Ein Avatar namens Tibor könnte auf die Argumente eines vor knapp einem halben Jahrhundert erschienenen Buches verweisen: Es geht um veränderte Konsumpraktiken und eine stärkere Verlagerung unserer Wünsche und Bedürfnisse auf nicht-materielle, kulturelle, politische, kommunikative Bedarfe. Dies könnte zu einer kontrolliert-variablen Zufriedenheit führen, die aus der erweiterten intrinsischen Nutzung nicht-ökonomischer Befriedigungsmittel erwächst. Gleichzeitig wüsste man sich umsichtig und extrinsisch motiviert auch ökonomischer Befriedigungsmittel zu bedienen. Oder einfacher gesagt: „Was nottäte, wäre eine allgemeine Wertschätzung des Vergnügens an einer tieferen und länger bestehenden Beziehung zu weniger Dingen" (Trentmann 2016, S. 929). Von einer freudlosen Wirtschaft dürfte dann vermutlich kaum noch die Rede sein. Ein neuer großer Traum?

Literatur

Adam, K. (2006). *Die alten Griechen.* Berlin: Rowohlt.
Arrow, K., Reder, M., & Boskin, M. (2004). Memorial Resolution: Tibor Scitovsky. *Stanford Report,* Stanford University. Zugegriffen: 10. März 2004.
Berlyne, D. E. (1960). *Conflict, Arousal, and Curiosity.* New York: McGraw-Hill.
Bianchi, M. (2003). A questioning economist: Tibor Scitovsky's attempt to bring joy into economics. *Journal of Economic Psychology, 24*(3), 391–407.
Bianchi, M. (2018). Tibor Scitovsky as behavioral economist. *Journal of Behavioral Economics for Policy, 2*(1), 39–43.

Bolz, N. (2002). *Das konsumistische Manifest*. München: Wilhelm Fink.
Bude, H. (2020). Verwundbarkeit macht solidarisch. *Der Tagesspiegel, 24159*, 19.
Center for the History of Political Economy at Duke University (o. J.) *Profile of Viviana Di Giovinazzo*. hope.econ.duke.edu/node/427. Zugegriffen: 4. Juni 2020.
Chomsky, N. (2017). *Requiem für den Amerikanischen Traum: Die 10 Prinzipien der Konzentration von Reichtum und Macht*. München: Kunstmann.
Coskuner-Balli, G. (2020). Citizen-Consumers Wanted: Revitalizing the American Dream in the Face of Economic Recessions, 1981–2012. *Journal of Consumer Research*, ucz059. https://doi.org/10.1093/jcr/ucz059 (veröffentlicht am 8. Januar 2020).
Craig, G. A. (1983). *Über die Deutschen*. München: C. H. Beck.
Di Giovinazzo, V. (2019). A Tale of Two Critics: Erich Fromm and Tibor Scitovsky on the Consumer Society. *History of Political Economy 51*(2), 329–359. https://doi.org/10.1215/00182702-7368884. Zugegriffen: 20. Juni. 2020.
Di Giovinazzo, V. (2010). Towards an alternative paradigm of consumer behavior. *Working Paper Series*, University of Milan, Department of Economics, Nr. 179, 1–20.
de Haan, P. (2016). *From Keynes to Piketty. The Century that Shook Up Economics*. London: Palgrave Macmillan.
Earl, P. E. (2010). Tibor Scitovsky. In W. J. Samuels (Hrsg.), *New Horizons in Economic Thought (1992). Revised slightly in August 2010* (S. 265–293). Aldershot: Edward Elgar.
Evans, M., Jamal, A., & Foxall, G. (2009). *Consumer Behavior* (2. Aufl.). West Sussex: John Wiley & Sons.
Fonseca, G. L. (o. J.) Tibor de Scitovsky, 1910–2002. The History of Economic Thought Website, Institute for New Economic Thinking, New York. https://www.hetwebsite.net/het/profiles/scitovsky.htm. Zugegriffen: 10. Mai. 2020.
Frank, R. H. (1992). Foreword. In: Tibor Scitovsky 1992. *The Joyless Economy. The Psychology of Human Satisfaction. Revised Edition*. New York: Oxford University Press.
Friedman, J., & McCabe, A. (1996). Preferences or happiness? Tibor Scitovsky's psychology of human needs. *Critical Review. A Journal of Politics and Society 10*(4) (Tibor Scitovsky's The Joyless Economy after Twenty Years), 471–480.
Fromm, E. (2005). *Haben oder Sein: Die seelischen Grundlagen einer neuen Gesellschaft*. München: dtv.
Galbraith, J. K. (1970). *Gesellschaft im Überfluss*. München: Knaur.
Giannelloni, J.-L. (1998). Optimum stimulation level as a determinant of exploratory behaviours: some empirical evidence. In I. Balderjahn, C. Mennicken, & E. Vernette (Hrsg.), *New developments and approaches in consumer behaviour research* (S. 201–218). Stuttgart: Schäffer-Poeschel.
Graham, C. (2017). *Happiness for All?: Unequal Hopes and Lives in Pursuit of the American Dream*. Princeton, New Jersey: Princeton University Press.
Gröppel, A. (1991). *Erlebnisstrategien im Einzelhandel. Analyse der Zielgruppen, der Ladengestaltung und der Warenpräsentation zur Vermittlung von Einkaufserlebnissen*. Bd. 29 Konsum und Verhalten. Heidelberg: Physika Verlag.
Haug, W. F. (1980). *Warenästhetik und kapitalistische Massenkultur (I). Werbung und Konsum. Systematische Einführung in die Warenästhetik*. Hamburg: Argument.
Hellmann, K.-U. (2013). Was ist an der Konsumforschung wirtschaftssoziologisch relevant? Zur Spezifik des Konsums im engeren Sinne. Sozialgeographische Bibliothek. In H. Schmidt & K. Gäbler (Hrsg.), *Perspektiven sozialwissenschaftlicher Konsumforschung* (Bd. 16, S. 61–74). Stuttgart: Franz Steiner.

Hellmann, K.-U. (2017). Die akademische Konsumforschung aus soziologischer Sicht. In P. Kenning, A. Oehler, L. A. Reisch, & C. Gugel (Hrsg.), *Verbraucherwissenschaften. Rahmenbedingungen, Forschungsfelder und Institutionen* (S. 141–164). Wiesbaden: Springer Gabler.

Helmig, B. (1997). *Variety-seeking-behavior im Konsumgüterbereich. Beeinflussungsmöglichkeiten durch Marketinginstrumente.* Bd. 220 Nbf neue betriebswirtschaftliche forschung. Wiesbaden: Gabler.

Hirschman, A. O. (1996). Melding the public and private spheres: Taking commensality seriously. *Critical Review. A Journal of Politics and Society 10*(4) (Tibor Scitovsky's The Joyless Economy after Twenty Years), 533–550.

Holbrook, B. M., & Hirschman, E. C. (1982). The Experiential Aspects of Consumption: Consumer Fantasies, Feelings, and Fun. *Journal of Consumer Research, 9*(2), 132–140.

Hüttel, A., Balderjahn, I., & Hofmann, S. (2020). Welfare Beyond Consumption: The Benefits of HavingLess. *Ecological Economics, 176*(2020), https://doi.org/10.1016/ecolecon.2020.106719. (Zugegriffen: 10. Aug. 2020).

Inglehart, R. (1996). The diminishing utility of economic growth: From maximizing security toward maximizing subjective well-being. *Critical Review. A Journal of Politics and Society 10*(4) (Tibor Scitovsky's The Joyless Economy after Twenty Years), 509–531.

Kotler, P., Amstrong, G., Wong, V., & Sanders, J. (2011). *Grundlagen des Marketing.* 5., aktual. Aufl., München: Pearson Studium.

Kroeber-Riel, W., & Gröppel-Klein, A. (2019). *Konsumentenverhalten.* 11. vollständig überarb., aktual. und ergänzte Aufl., München: Franz Vahlen.

Liu, P. J., Lamberton, C., Bettman, J. R., & Fitzsimons, G. J. (2019). Delicate Snowflakes and Broken Bonds: A Conceptualization of Consumption-Based Offense. *Journal of Consumer Research, 45*(6), 1164–1193.

Marcuse, H. (1967). *Der eindimensionale Mensch.* Neuwied: Luchterhand.

McCracken, G. (1988). *Culture and Consumption. New Approaches to the Symbolic Character of Consumer Goods and Activities.* Bloomington, Indianapolis: Indiana University Press.

Packard, V. (1998). *Die geheimen Verführer. Der Griff nach dem Unbewussten in jedermann.* Berlin: Ullstein.

Pasolini, P. P. (1998). *Freibeuterschriften: Die Zerstörung der Kultur des Einzelnen durch die Konsumgesellschaft.* Berlin: Klaus Wagenbach.

Pugno, M. (2018). *On the Foundations of Happiness in Economics. Reinterpreting Tibor Scitovsky.* London, New York: Routledge.

Pugno, M. (2014). Scitovsky, Behavioural Economics, and Beyond. *Economics: The Open-Access, Open-Assessment E-Journal* 8, 2014-24_1-29.https://doi.org/10.5018/econom ics-ejournal.ja.2014-24. Zugegriffen: 12. Juni. 2020.

Rödder, A. (2016). *21.0: Eine kurze Geschichte der Gegenwart.* München: C. H. Beck.

Rosenberger, G. (1987). Verbraucherzufriedenheit und Wertewandel (Statement). der Schwerpunktreihe Marketing und Verbraucherarbeit. In U. Hansen & I. Schoenheit (Hrsg.), *Verbraucherzufriedenheit und Beschwerdeverhalten* (Bd. 4, S. 51–59). Frankfurt a. M: Campus.

Rosenberger, G. (1992). Überlegungen zum Wohlstandskonsum im vereinigten Deutschland. In G. Rosenberger (Hrsg.), *Konsum 2000 Veränderungen im Verbraucheralltag* (S. 10–24). Frankfurt a M: Campus Verlag.

Scherhorn, G. (1983). Die Funktionsfähigkeit von Konsumgütermärkten. In M. Irle unter Mitwirkung von W. Bussmann (Hrsg.), *Handbuch der Psychologie*; Band 12. *Marktpsychologie. 1. Halbband: Marktpsychologie als Sozialwissenschaft* (S. 45–150), Göttingen, Toronto, Zürich: Verlag für Psychologie Dr. C. J. Hogrefe.

Scherhorn, G. (1987). Die Unzufriedenheit der Verbraucher. der Schwerpunktreihe „Marketing und Verbraucherarbeit". In U. Hansen & I. Schoenheit (Hrsg.), *Verbraucherzufriedenheit und Beschwerdeverhalten* (Bd. 4, S. 31–48). Frankfurt/Main, New York: Campus.

Schor, J. (1996). What's wrong with consumer capitalism? *The Joyless Economy* after twenty years. *Critical Review. A Journal of Politics and Society*10(4) (Tibor Scitovsky's The Joyless Economy after Twenty Years) 495–508.

Schreiber, M. (1990). Der Markt ist Kultur. Zur Vorgeschichte der Warenverachtung: Es geht um mehr als „Konsum". Frankfurter Allgemeine Zeitung, Nr. 167: o. S. (Tiefdruckbeilage).

Schulze, G. (2005). *Die Erlebnisgesellschaft: Kultursoziologie der Gegenwart*. 2., aktual. Aufl., Frankfurt a. M.: Campus.

Scitovsky, T. (1962). On the Principle of Consumers' Sovereignty. *The American Economic Review,* 52(2), 262–268.

Scitovsky, T. (1977). *Psychologie des Wohlstands. Die Bedürfnisse des Menschen und der Bedarf der Verbraucher.* Frankfurt a. M: Campus Verlag.

Scitovsky, T. (1981). The Desire for Excitement in Modern Society. *Kyklos, 34*(1), 3–13.

Scitovsky, T. (1989). *Psychologie des Wohlstands. Die Bedürfnisse des Menschen und der Bedarf der Verbraucher.* Frankfurt a. M: Campus Verlag.

Scitovsky, T. (1992). *The Joyless Economy. The Psychology of Human Satisfaction* (Revised). New York, Oxford: Oxford University Press.

Scitovsky, T. (1996). My own criticism of The Joyless Economy. *Critical Review. A Journal of Politics and Society 10*(4) (Tibor Scitovsky's The Joyless Economy after Twenty Years), 595–605.

Scitovsky, T. (1998). The Need for Stimulating Action. Recent Economic Thought Series. In K. Dennis (Hrsg.), *Rationality in Economics: Alternative Perspectives* (Bd. 62, S. 137–146). Dordrecht: Springer, Netherlands.

Scitovsky, T. (1999a). A Proud Hungarian. Excerpts from a Memoir, Part 1. *The Hungarian Quarterly, 40*, 33–53.

Scitovsky, T. (1999b). Boredom – An Overlooked Disease? *Challenge, 42*(5), 5–15.

Sedlmaier, A. (2018). *Konsum und Gewalt. Radikaler Protest in der Bundesrepublik.* Berlin: Suhrkamp.

Sen, A. K. (1996.) Rationality, Joy and freedom. *Critical Review. A Journal of Politics and Society*10(4) (Tibor Scitovsky's The Joyless Economy after Twenty Years), 481–494.

Solomon, M. R. (2016). *Konsumentenverhalten.* 11., akt. Aufl., Hallbergmoos: Pearson.

Stihler, A. (1998). Die Entstehung des modernen Konsums Darstellung und Erklärungsansätze. In M. Dierkes, G. Scherhorn, & B. Strümpel (Hrsg.), *Beiträge zur Verhaltensforschung (H. 35).* Berlin: Duncker und Humblot.

Strümpel, B. (1977). *Die Krise des Wohlstands: das Modell einer humanen Wirtschaft.* Stuttgart: W. Kohlhammer.

Trei, L. (2002). Prominent economist Tibor Scitovsky dead at 91. Stanford News Service: News Release vom 5. Juni 2002, S. 30.

Trentmann, F. (2016). *Herrschaft der Dinge Die Geschichte des Konsums vom 15 Jahrhundert bis heute.* München: dva.
Trommsdorff, V. (1993). *Konsumentenverhalten.* 2., überarb. Aufl., Stuttgart: Kohlhammer.
Ullrich, W. (2013). *Alles nur Konsum. Kritik der warenästhetischen Erziehung.* Berlin: Klaus Wagenbach.
Veblen, T. (2007). *Theorie der feinen Leute: Eine ökonomische Untersuchung der Institutionen.* Frankfurt a. M.: Fischer.
von Krockow, C. (1990). *Die Deutschen in ihrem Jahrhundert 1890–1990.* Reinbek bei Hamburg: Rowohlt.
von Rosenstiel, L., & Neumann, P. (2002). *Marktpsychologie. Ein Handbuch für Studium und Praxis.* Darmstadt: Primus.
Wahlers, R. G., & Etzel, M. J. (1984). Consumer Response to Incongruity between Optimal Stimulation and Life Style Satisfaction. *Journal of Consumer Research, 12*(1), 97–101.
Weinberg, P. (1992). *Erlebnismarketing.* München: Vahlen.
Wiswede, G. (1995). *Einführung in die Wirtschaftspsychologie.* 2., neuberab. und erweit. Aufl., München: Ernst Reinhardt.
Wiswede, G. (1983). Marktsoziologie. In M. Irle unter Mitwirkung von W. Bussmann (Hrsg.), *Handbuch der Psychologie*; Band 12. *Marktpsychologie. 1. Halbband: Marktpsychologie als Sozialwissenschaft* (S. 151–224), Göttingen, Toronto, Zürich: Verlag für Psychologie Dr. C. J. Hogrefe.

Dr. Günther Rosenberger ist freiberuflicher Markt- und Konsumforscher in Berlin mit Interesse an Konsumkompetenz, Verbraucherpolitik, Konsumsozialisation, kompensatorischem und abweichendem Verbraucherverhalten, Lebensstilen, Konsumkultur; freier Mitarbeiter am Institut für Verbraucherjournalismus (ifv) an der OTH Amberg-Weiden, Autor des vom imug Institut, Hannover, herausgegebenen Newsletters „Verbraucherforschung aktuell".

Albert O. Hirschman: Vordenker einer handlungsorientierten Konsumtheorie

Christian Bala

Zusammenfassung

Albert O. Hirschman (1915–2012) führte ein Leben zwischen Abwanderung und Widerspruch: Er war Flüchtling und Fluchthelfer, Milizionär im Spanischen Bürgerkrieg und US-Soldat im Zweiten Weltkrieg, Student und Widerständler, Ökonom und Kritiker der ökonomischen Lehre. Als Wissenschaftler sah er sich in der Rolle eines Grenzüberschreiters bzw. -übertreters, was ihn in seiner eigenen Disziplin isolierte, aber zu einem Brückenbauer zwischen den Wirtschafts- und Sozialwissenschaften werden ließ. Hirschman ging es nicht um eine Ökonomisierung der Sozialwissenschaften, sondern um eine Öffnung der Wirtschaftswissenschaft gegenüber sozialen Faktoren. In seiner bekanntesten Schrift führte er mit dem Widerspruch eine marktfremde Reaktionsweise von Konsumentinnen und Konsumenten auf den Leistungsabfall von Unternehmen als Alternative zur marktkonformen Abwanderung ein. Seine Bedeutung für eine kritische Konsumtheorie weist mit der Entwicklung einer Handlungstheorie jedoch darüber hinaus. Veränderungen im Wahlverhalten von Verbraucherinnen und Verbrauchern sah er nicht nur als launische Präferenzveränderung, vielmehr verstand er auch widersprüchliches Handeln als einen Ausdruck ihrer unterschiedlichen Wertorientierungen.

C. Bala (✉)
Verbraucherzentrale NRW e. V., Düsseldorf, Deutschland
E-Mail: verbraucherforschung@verbraucherzentrale.nrw

1 Leben zwischen Abwanderung und Widerspruch

Mit dem kombinierten Fracht- und Passagierschiff SS Excalibur der American Export Line „Four Acres" gelangten zwischen 1940 und 1942 zahlreiche Emigrantinnen und Emigranten von Lissabon aus in die USA. Der Hafen der portugiesischen Hauptstadt war nach dem Beginn des Zweiten Weltkriegs die letzte Möglichkeit, für die von den Nazis verfolgten Menschen Europa in Richtung Amerika zu verlassen (Blum und Rei 2018, S. 1 f.; von zur Mühlen 1998). Unter den Passagieren, welche die SS Excalibur in jenen Jahren nach New York brachte, waren der Schriftsteller Lion Feuchtwanger, der Komponist Béla Bartók und die Soziologin Edith Kurzweil (Joukowsky 2017, S. 175; Kurzweil 2007, S. 60; Weber und Drees 2005, S. 142, 1006) sowie ein 25-jähriger Wissenschaftler, der auf der Flucht vor den und im Widerstand gegen die Nazis bereits ein Leben zwischen Abwanderung und Widerspruch hinter sich hatte: Otto Albert Hirschmann.

Geboren am 13. April 1915 als Sohn des Arztes Carl Hirschmann und seiner Frau Hedwig Hirschmann (Marcuse) wuchs er als mittleres von drei Kindern in einem assimilierten jüdisch-bildungsbürgerlichen Milieu auf; die Kinder der Hirschmanns, Ursula, Otto Albert und Eva, wurden protestantisch getauft. Otto Albert lehnte es aber später ab, sich konfirmieren zu lassen, Religion schien für ihn keine Bedeutung zu haben (Adelman 2013, S. 24 f.). Er besuchte das Französische Gymnasium in Berlin, das er 1932 verließ, um an der Friedrich-Wilhelms-Universität in Berlin zu studieren.

Politisch engagierte sich Otto Albert Hirschmann zusammen mit seiner älteren Schwester Ursula in der sozialdemokratischen Sozialistischen Arbeiter-Jugend (SAJ), deren Vorsitzender Erich Ollenhauer war und in der er menschewistische Emigrantinnen und Emigranten kennenlernte (Hirschman 2015 [1997], S. 38). Als sich eine Gruppe, darunter auch Willy Brandt, von der SPD abspaltete und die Sozialistische Arbeiterpartei (SAP) gründete, machte Hirschmann erste Erfahrungen mit Abwanderung und Widerspruch. Er selbst war auch gegen die sozialdemokratische „Tolerierungspolitik" gegenüber der Regierung Brüning, wanderte jedoch nicht ab, sondern wollte Mitglied bleiben, „um die Entscheidungen der Partei wenigstens irgendwie beeinflussen zu können" (Hirschman 2015 [1997], S. 37).

Nach der Machtübergabe an die Nazis 1933 wollte die SAJ-Gruppe gegen die neue Regierung protestieren und konnte mithilfe des italienischen Philosophen und Antifaschisten Eugenio Colorni, dem Freund und späteren Ehemann von Ursula Hirschmann, einige Flugblätter drucken (Hirschman 2015 [1997], S. 40). Anfang April 1933 emigrierte Otto Albert Hirschmann nach Frankreich, seine

Schwester folgte ihm drei Monate später (Hirschman 2015 [1997], S. 41). Carl Hirschmann war Ende März an Krebs gestorben (Hirschman 1996, S. 115), ihre Mutter konnte im Juli 1939 nach Großbritannien fliehen, Eva Hirschmann war bereits im Jahr zuvor dorthin ausgereist (Adelman 2013, S. 155 f.).

Otto Albert Hirschmann ging zunächst nach Paris, wo er von 1933 bis 1935 an der Sorbonne studierte und später an der London School of Economics (1935–1936) seine wissenschaftliche Ausbildung weiterführte. Kurz nach seiner Rückkehr nach Paris ging er 1936 nach Spanien und kämpfte im Spanischen Bürgerkrieg in den Reihen der marxistischen, antistalinistischen Partido Obrero de Unificación Marxista (POUM) zwei Monate gegen die faschistischen Putschisten des Generals Franco. Traumatisiert von den Kämpfen und den stalinistischen „Säuberungen" (Adelman 2013, S. 131–140; Evers 2015, S. 102; Hirschman 2015 [1997], S. 46 f.) ging er nach Triest, um seine akademische Ausbildung schließlich an der Università degli Studi di Trieste 1938 mit einer Laurea-Arbeit über die französische Außenhandelspolitik zu beenden, die später als Doktorarbeit anerkannt wurde (Adelman 2013, S. 143).

Seine „Nebentätigkeit" in Triest sei „Antifaschist" gewesen, so Hirschman (2015 [1997], S. 47) in einem autobiografischen Interview. Zusammen mit seiner Schwester Ursula gehörte er einer Widerstandsgruppe um seinen Schwager, den Philosophen Eugenio Colorni, an. Ursula Hirschmann hatte Colorni 1935 geheiratet, der seit 1934 in Triest an einem Lehrerbildungsseminar unterrichtete und Mitglied der antifaschistischen Bewegung Giustizia e Libertà (Gerechtigkeit und Freiheit) war (Adelman 2013, S. 113; Hirschman 2015 [1997], S. 47 f.).

Als die faschistische Regierung antisemitische Rassengesetze erließ – am 7. September 1938 wurde per Gesetz die Ausweisung „ausländischer Juden" verfügt und den nach dem 1. Januar 1919 eingebürgerten Jüdinnen und Juden die Staatsbürgerschaft wieder entzogen –, musste Otto Albert Hirschmann nach Paris zurückkehren (Hirschman 2015 [1997], S. 50). Ursula Hirschmann blieb in Italien und unterstützte ihren Mann Eugenio Colorni, der im Oktober 1938 verhaftet und zunächst in Varese, später bis 1941 auf der Insel Ventotene inhaftiert wurde. Dort verfasste er zusammen mit dem Liberalen Ernesto Rossi und dem Linken Altiero Spinelli das „Manifest von Ventotene" (Frank 2019; Mantelli und Scavino 2008). Sie entwarfen in dem Dokument, das von Ursula Hirschmann aus dem Gefängnis geschmuggelt wurde, die Idee eines föderalistischen Europas, weshalb es als eine der Quellen für die spätere europäische Einigung gilt (Europäische Kommission o. J.)[1]. Eugenio Colorni ging, nachdem er nach Melfi verlegt wurde und

---

[1] Nach Colornis Tod heiratete Ursula Hirschmann 1945 Altiero Spinelli und engagierte sich zusammen mit ihm in der Europäischen Föderalistischen Bewegung. Sie wurde so zu einer

1943 fliehen konnte, in den Untergrund und publizierte dort die Untergrundzeitschrift „Avanti!", die auch das „Manifest von Ventotene" veröffentlichte. Er wurde nur wenige Tage vor der Befreiung Roms am 28. April 1944 von faschistischen Polizisten der „Banda Koch" angeschossen und verstarb am 30. Mai 1944 an seinen schweren Verletzungen (Mantelli und Scavino 2008, S. 62). Colorni prägte Otto Albert Hirschmann intellektuell und politisch erheblich (Hirschman 1996, S. 142 f.), Hirschman blieb seinem Schwager emotional verbunden und widmete ihm Jahrzehnte später sein Werk *Abwanderung und Widerspruch*.

Als er dieses verfasste war sich Albert O. Hirschman der Konsequenzen bewusst, die Abwanderung und Widerspruch haben können. Die Frage, welche dieser „Reaktionen auf Leistungsabfall bei Unternehmungen, Organisationen und Staaten" notwendig, sinnvoll oder angemessen sind, zieht sich seit der Veröffentlichung von *Exit, Voice, and Loyalty* durch das Werk eines Denkers, der erlebt hatte, wie bedeutsam oder gefährlich es sein kann, eine dieser Reaktionsweisen zu zeigen. Wie andere Überlebende des Völkermords an den europäischen Jüdinnen und Juden, scheinen auch ihn Schuldgefühle gegenüber den Ermordeten geplagt zu haben. Auch wenn Albert O. Hirschman zugesteht, dass es nach der Machtübertragung an Adolf Hitler „praktisch keine Möglichkeit für einen wirksamen Widerspruch, wer immer auch ging oder blieb" gab, verleiht er seinem Gefühl Ausdruck, dass durch die Abwanderung der „Jungen und Tatkräftigen", wie er selbst einer gewesen sei, eine „ernstlich geschwächte Gemeinschaft" hinterlassen worden sei. Obwohl er eigentlich also wisse, dass er keine Alternative gehabt hatte, möge „der eigentliche Ursprung des Buches [...] wohl ein sorgfältig unterdrücktes Schuldgefühl sein, das einfach da ist, wenn es auch verstandesmäßig absurd erscheint" (Hirschman 2004 [1974], S. VII).

Hirschmann kehrte von Triest nach Paris zurück und wurde am 1. September 1939 in die französische Armee einberufen, nach der Grundausbildung war er Mitglied eines Arbeitsbataillons zusammen mit Soldaten, die aus Deutschland und Italien kamen. Da der deutsche Angriff für die Emigranten eine besondere Gefahr bedeutete, stellte ihnen ihr Kommandant französische Papiere aus, Otto Albert Hirschmann wurde zu Albert Hermant (Adelman 2013, S. 169 f.; Fry 2009 [1989], S. 38 f.; Hirschman 2015 [1997], S. 51 f.). Über Umwege gelangte er nach Marseille und begegnete dort dem US-Amerikaner Varian Fry, der im Auftrag für das Emergency Rescue Committee (ERC) Emigrantinnen und Emigranten die Flucht in die USA ermöglichen sollte. Hirschmann/Hermant wurde

---

Pionierin der europäischen Einigung. 1975 gründete sie in Brüssel die Vereinigung Femmes pour l'Europe (Frauen für Europa), ihre Erinnerungen erschienen 1993 (Europäische Kommission o. J.; Hirschmann und Cases 1993; Pistone und Schmuck 2008).

unter dem Decknamen „Beamish" ein Mitarbeiter und Fluchthelfer des von Fry geleiteten Centre Américain de Secours, dem es gelang, viele Menschen über die Pyrenäen in Sicherheit zu bringen. Hirschmann/Hermant half sechs Monate über 2000 Menschen, unter ihnen Hannah Arendt, aus Frankreich zu fliehen, bis die Vichy-Polizei auf ihn aufmerksam wurde und er selbst über Spanien nach Portugal flüchten musste (Hirschman 2015 [1997], S. 53 f.), um dann im Dezember 1940 auf der SS Excalibur in die USA auszureisen.

Nachdem er ein Visum erhalten hatte war er von 1941 bis 1943 London School of Economics Rockefeller Fellow an der University of California, Berkeley. Dort lernte er auch seine Ehefrau Sarah Chapiro (1921–2012) kennen, die als Tochter russischer Juden im litauischen Kaunas geboren worden war. 1943 trat er in die United States Army ein und wurde der amerikanische Staatsbürger *Albert O. Hirschman*. Zunächst an der nordafrikanischen Front stationiert, wo er vom Tod seines Schwagers erfuhr, wurde er später in Italien in einer Einheit des Office of Strategic Services (OSS), einem Nachrichtendienst des Kriegsministeriums, eingesetzt, der die Partisanen unterstützte (Hirschman 2015 [1997], S. 55 f.). Hirschman blieb über das Kriegsende hinaus in Europa und nahm als Dolmetscher an Kriegsverbrecherprozessen teil (Hirschman 2015 [1997], S. 56).

Nach seiner Militärzeit begann Hirschman als Ökonom zu arbeiten, zuerst bei der US-Notenbank (Federal Reserve) im Rahmen des Marshall-Plans und ab 1952 als Wirtschaftsberater in Kolumbien. Albert O. Hirschman machte sich in der Folge als Entwicklungsökonom einen Namen (u. a. Hirschman 1958; 1967), der ab 1956 zunächst in Yale (1956–1958), dann an der Columbia University in New York (1958–1964) und schließlich in Harvard (1964–1974) lehrte und forschte. Erst 1968 begann er sich mit sozialwissenschaftlichen und ökonomischen Fragestellungen zu befassen, die er in *Abwanderung und Widerspruch* und ab 1970 in weiteren Werken vertiefte. Seine letzte akademische Station war das Institute for Advanced Studies (IAS) in Princeton (1974–1985), wo er die School of Social Science mit aufbaute und bis 2012 als Emeritus aktiv war. In den 1980er-Jahren kehrte Hirschman auch in seine alte Heimat Berlin zurück. Claus Offe lernte Hirschman in den 1970er-Jahren kennen, seine Frau Sabine übersetzte zwei Werke Hirschmans. Zudem war er, auf Einladung von Wolf Lepenies, oftmals Gast im Berliner Wissenschaftskolleg (Adelman 2013, S. 617 f.). Albert O. Hirschman verstarb im Alter von 97 Jahren am 10. Dezember 2012 in Ewing Township, New Jersey.

2 Grenzüberschreitungen

Albert O. Hirschman sah sich insbesondere in seinen Schriften seit 1970 in der Rolle eines Grenzüberschreiters bzw. -übertreters, allein zwei Bände seiner gesammelten Schriften – darunter die *Essays in trespassing* – zeugen von diesem Selbstbild (Hirschman 1981; 1998). Diese Haltung – eigensinnig und unorthodox war er – hatte ihren Preis, dessen war sich Hirschman (u. a. 2013, S. 82) bewusst, denn was für den einen die Erweiterung des Horizonts darstellt, wertet der andere als „unbefugtes Betreten", was durch die doppelte Bedeutung des englischen „to trespass" zum Ausdruck kommt (Hirschman 1998, S. 102). Zwar wird der Paradigmenwechsel als Kennzeichen wissenschaftlichen Fortschritts gesehen (Kuhn 2011), beliebt macht man sich damit bei den Zeitgenossinnen und -genossen aber nicht unbedingt (Adelman 2013, S. 446 ff., Schmid 2006, S. 123).

In einem Fach wie den Wirtschaftswissenschaften, das seine Grenzen nicht nur hochhält, sondern durch eine dominante Lehrmeinung geradezu zelebriert, zieht dies die Konsequenz nach sich, bis zu einem gewissen Grad wirkungslos zu bleiben. Die „grenzüberschreitende Ökonomik" von Albert O. Hirschman (Pies 2016, S. 323–350) begründete auch deshalb keine neue Schule und das wollte er auch nie (Eiden-Offe 2013, S. 1115; Evers 2015, S. 110). „Albert Hirschman ist in der Ökonomie ein Außenseiter geblieben und gleichzeitig – mit großer Auswirkung bis in die Nachbardisziplinen der Ökonomie hinein – ein Klassiker zu Lebzeiten geworden" (Lepenies 2006, S. 99). Dabei herrscht noch nicht einmal Einigkeit, in welche Schublade man ihn denn nun einsortieren soll: Mal argumentiert er als Ökonom (Bonß et al. 2013, S. 131), mal deutet man ihn als ein Pionier der Wirtschaftssoziologie (Swedberg 1990) und sein Biograf nennt ihn einen Philosophen (Adelman 2013). Hirschman gilt als „Häretiker, aber in konstruktiver Absicht" (Evers 2015, S. 110).

Diese Haltung begründet vielleicht auch seine Wirkung auf die Sozialwissenschaften, da sie nicht von einer vermeintlichen Dominanz wirtschaftswissenschaftlichen Denkens bestimmt war, wie dies dem „ökonomischen Imperialismus" eigen ist (Aretz 1997; Schröder 2006), den Hirschman auch mit einem Seitenhieb auf die willige Übernahme kommentierte: Wirtschaftswissenschaftlern sei es gelungen, „große Teile der Nachbardisziplinen zu okkupieren, wobei die Politikwissenschaftler – deren Minderwertigkeitskomplex gegenüber dem an begrifflichen Werkzeugen reichen Ökonomen nur vom Minderwertigkeitskomplex des Ökonomen gegenüber dem Physiker erreicht wird – sich recht gern kolonisieren ließen und sich oft aktiv den Eindringlingen anschlossen" (Hirschman 2004 [1974], S. 16). Im Gegensatz dazu möchte er *nicht* „das begriffliche Instrumentarium einer Disziplin dazu verwenden, eine andere Disziplin zu annektieren"

(Hirschman 2004 [1974], S. V), er stand diesen Ansätzen stets feindlich gegenüber (Swedberg und Hirschman 1990, S. 158 f.). Schon deshalb erscheint es verfehlt, Hirschmans Ansatz der Neuen Politischen Ökonomie zuzurechnen (vgl. Nerb 2006), denn er kritisierte kontinuierlich die Fixierung der Ökonomik auf den Marktmechanismus sowie „die *Moralvergessenheit* wie auch den *Modellplatonismus*[2] der Neoklassik" (Maurer 2006, S. 69) und wollte diese Makel nicht exportieren. Vielmehr hoffte Hirschman, die Grundlage für einen Dialog zu legen, oder, wie er es in *Abwanderung und Widerspruch* formulierte, „den Politologen die Nützlichkeit ökonomischer Begriffe *und den Ökonomen die Nützlichkeit politischer Begriffe*" zu demonstrieren (Hirschman 2004 [1974], S. 16) und letztlich die Disziplingrenzen zu überwinden (Schmid 2006, S. 120 f.).

Anders ausgedrückt: Ihm ging es nicht um eine Ökonomisierung der Sozialwissenschaften, sondern um eine Öffnung der Wirtschaftswissenschaft gegenüber sozialen Faktoren. „Im Gegensatz zur neoklassischen Ökonomie will Hirschman soziale und politische Mechanismen in die ökonomische Analyse einbinden und diese mit einem komplexen Handlungsmodell fundieren, das neben interessengeleiteten Handeln auch Platz für Moral und Ideologien im Sinne von Metapräferenzen vorsieht" (Maurer 2006, S. 68).

Schon aus seiner Arbeit als entwicklungspolitischer Berater in den 1950er-Jahren lernte Hirschman, dass ökonomische Dynamiken und affektives Handeln große Pläne ins Wanken bringen können, manchmal haben Akteure einfach nur aufgrund glücklicher Umstände Erfolg, das „Problem der Unsicherheit beziehungsweise Fehlerhaftigkeit des individuellen Entscheidungshandelns und der damit verbundenen Unabsehbarkeit und Widersetzlichkeit seiner Folgen" ist stets präsent (Bonß et al. 2013, S. 126, vgl. auch Eiden-Offe 2013, S. 1111 f.). Das individuelle Handeln der wirtschaftlichen Akteure steuere nicht automatisch auf das Gemeinwohl zu, Nebenfolgen könnten destruktiv wirken und zu Ungleichgewichten und externen Effekten führen (Evers 2015, S. 106; Hirschman 2004 [1974], S. 29, Fn. 7) Damit wendete er sich gegen die Harmonielehren der Ökonomie (Hirschman 1993 [1989], S. 141).

Zudem betonte Hirschman, dass nicht jede Akteurshandlung dem vereinfachenden Rationalitätsmodell der ökonomischen Lehre entspreche, sondern sich dieses Denken der „unglaublichen Komplexität der menschlichen Natur" verweigere (Hirschman 1993 [1989], S. 242), auch indem es die Interessen als voraussagbar und beständig, den unbezähmbaren Leidenschaften gegenübergestellt habe (Hirschman 1977; 1987 [1980] , S. 57–64). Es ging Hirschman nicht nur darum, dass die Ökonomie Moral und Altruismus vernachlässige und

---

[2]Hervorhebungen in Zitaten sind, sofern nicht anders vermerkt, stets im Original.

nur das Eigeninteresse sehe, sondern „auch so grundlegende Charakterzüge und Emotionen wie Machthunger und Opferbereitschaft, die Furcht vor Langeweile, das Bedürfnis nach Engagement und sprunghaften Wechsel, die Suche nach Sinn und Gemeinschaft" als Antrieb für menschliches Handeln in die Analyse einbinde (Hirschman 1993 [1989], S. 98) und sich darüber hinaus nicht auf die Marktperspektive verengen dürfe, sondern andere Sozialbeziehungen in den Blick nehmen müsse (Schmid 2006, S. 118). Hirschman plädiert dafür, die Handlungsbedingungen und -optionen der Akteure ernst zu nehmen.

Damit dachte er über das traditionelle Verständnis des Verbraucherverhaltens hinaus, wenn er im Anschluss an die Handlungstheorie von Harry G. Frankfurt (1971) und Amartya Sens (u. a. 1977) den Rationalitätsbegriff betonte, dass Menschen hinter ihre in Bedürfnissen geäußerten Präferenzen zurücktreten können, „um sich zu fragen, ob sie diese Bedürfnisse denn auch wirklich gutheißen und diese Präferenzen wirklich präferieren, um dann Meta-Präferenzen auszubilden, die sich durchaus von ihren Präferenzen unterscheiden können" (Hirschman 1993 [1989], S. 228; vgl. auch Hirschman 1988 [1984], S. 74–84). Der ständige Wandel im Wahlverhalten sei eben nicht nur eine launische Präferenzveränderung, welche auch die Ökonomie kenne, sondern das Handeln sei auch Ausdruck einer Wertorientierung der Menschen als sich „selbst bewertende Wesen" (Hirschman 1993 [1989], S. 229, S. 242). Hirschman kritisierte hier zweierlei: Einerseits das einfache Bild ‚des Konsumenten' in der ökonomischen Theorie. Dessen „tatsächliches Kaufverhalten am Markt spiegelt seine ganz persönliche Präferenzordnung, deren Existenz aus den beobachteten Kaufentscheidungen erschlossen wird" (Hirschman 1988 [1984], S. 76). Andererseits die daraus folgende Unfähigkeit, den Wandel im Handeln der Menschen zu erkennen und zu erklären.

Die Wirtschaftstheorie gesteht Konsumentinnen und Konsumenten keine anderen Handlungsoptionen als die des Marktes zu und ist deshalb aus Hirschmans Sicht notwendig unvollständig. Er kann verstanden werden als ein Denker, „der an der *Vereinheitlichung* unseres handlungs- und entscheidungstheoretischen Wissens interessiert ist, welche die Vereinseitigung, Unvollständigkeit und z. T. bewusst herbeigeführte ‚Verarmung' der ökonomischen Handlungstheorie zurücknimmt […], um dadurch u. a. die Möglichkeit zu eröffnen, auch marktfremde Verkehrsformen handlungstheoretisch zu erklären" (Schmid 2006, S. 119). So fragen Konsumentinnen und Konsumenten Waren und Dienstleistungen am Markt nach, doch wie sie bspw. im Fall der Unzufriedenheit handeln, muss nicht der Marktlogik entsprechen, diesen Gedanken entwickelte er erstmals in *Exit, Voice, and Loyalty* (Hirschman 1970; 2004 [1974]).

3 Reaktionsweisen

Deutlich wird in diesem Werk, dass es das Ziel Hirschmans ist, „dynamische soziale Prozesse oder Verfahren" zu modellieren, „mit deren Hilfe Akteure bestimmte Probleme lösen können, vor die sie sich gestellt sehen" (Schmid 2006, S. 119) Eines dieser Probleme ist der Leistungsabfall von Unternehmen und Organisationen. Ausgangspunkt seiner Argumentation und der zeithistorische Kontext der Entstehung dieses Buches sind Prozesse des sozialen Wandels in den USA.

Zum einen erhob sich „der kleine Mann" in Form des Konsumenten gegen die Macht der Konzerne (Adelman 2013, S. 429). Ausgestattet mit der präsidialen Ankündigung einer „Consumer Bill of Rights" und den Möglichkeiten des US-amerikanischen Rechtssystems gelang es dem Anwalt und politischen Aktivisten Ralph Nader, Unternehmen in ihre Schranken zu weisen und Regulierungen zum Verbraucherschutz auf Bundesebene durchzusetzen. Albert O. Hirschman beobachtete die abwehrenden und durch Arroganz geprägten Reaktionsweisen der Unternehmen auf Verbraucherbeschwerden und Naders Aktivitäten gegen Ford und General Motors. Diese „Konsumentenrevolution", die er im Kontext einer „allgemeinen ‚Mitbestimmungsexplosion'" (Hirschman 2004 [1974], S. 35) sah, bildete für Hirschman einen Ausgangspunkt seines Forschungsvorhabens: „Nader was interesting not just because he ventilated in such an articulate way how Americans were experiencing the corporate oversight of everyday life; he had tapped the disappointments of consumers whose activities had a special appeal for a Hirschman who was seeking to place consumerism into a broader panel of peoples' responses to American capitalism" (Adelman 2013, S. 430).

Ein zweiter Ansatzpunkt war für Hirschman die Beobachtung, dass die liberale Tradition der USA ideologisch auf der Reaktionsweise Abwanderung beruhe; das zeige sich im Zweiparteiensystem oder der Ideologie des freien Unternehmertums. Die Aufwärtsmobilität des Individuums sei mit der Abwanderung aus der sozialen Gruppe, aus der man stammte, gekoppelt gewesen (Hirschman 2004 [1974], S. 92). Dieses Modell des individuellen Aufstiegs durch Abwanderung breche aber zunehmend auf, was sich zum Beispiel an der Black-Power-Bewegung im Besonderen und den Protestbewegungen im Allgemeinen zeige, auf die er sich mehrfach bezieht. Black Power verfolge, so Hirschman, eine Strategie des Protests, um sich für eine Verbesserung der Situation aller Afro-Amerikanerinnen und -Amerikaner einzusetzen, da der individuelle Aufstieg die „kollektive Stoßkraft" schwäche (Nathan Hare, zit. in Hirschman 2004 [1974], S. 93). Die Integration, so Hirschman, sei auch vom Standpunkt der aufgestiegenen „Individuen, denen er gelingt, mit Notwendigkeit unbefriedigend und letzten Endes erfolglos" (Hirschman 2004 [1974], S. 93), was er an der fortgesetzten Diskriminierung von

Minderheiten und Ureinwohnerinnen und -einwohnern in Südamerika oder Herrschaftspraktiken in Japan trotz individueller Aufstiege aufzeigt (Hirschman 2004 [1974], S. 93 f.).

Die Abwanderung von Konsumentinnen und Konsumenten sieht Hirschman ebenfalls als einen Ausdruck einer in den USA verbreiteten individualistischen und marktorientierten Grundhaltung: „Solange man seine Gunst von der Ware der Firma *A* ab- und der konkurrierenden Ware der Firma *B* zuwenden kann, ist die grundlegenden Symbolik des Liebesverhältnisses des Amerikaners zur Abwanderung intakt" (Hirschman 2004 [1974], S. 95). Im Gegensatz dazu wohne Hirschman zufolge dem Widerspruch ein kollektives und politisches Moment inne: Widerspruch „erfordert, daß man seine kritische Einstellung artikuliert, anstatt in der Anonymität eines Supermarktes privat und ‚geheim' seine Stimme abzugeben; und schließlich erfolgt *er* direkt und gradlinig, nicht auf Umwegen. Widerspruch ist politisches Handeln par excellence" (Hirschman 2004 [1974], S. 13).

Die Reaktionsweisen als Handlungsoptionen von Verbraucherinnen und Verbrauchern auf den Leistungsabfall sind für Hirschman ein Beispiel dafür, wie Menschen auf Qualitätsverschlechterungen von Organisationen reagieren können. Nur in dieser breiteren Perspektive, nicht als eine auf den Konsum beschränkte Spezialstudie, entfaltete sein Werk eine Wirkung in den sozialwissenschaftlichen Disziplinen (Adelman 2013, S. 440).

Als Leistungsabfall wird von ihm eine Abweichung von einem als Norm wahrgenommenen „effizienten, rationalen, gesetzestreuen, tugendhaften oder sonst funktionsgerechten" Verhalten verstanden (Hirschman 2004 [1974], S. 1), er drücke sich in einer „absoluten oder relativen Verschlechterung der Qualität der gelieferten Ware oder Dienstleistung aus" (Hirschman 2004 [1974], S. 3). Ein solcher Abfall, den er auch als Qualitätsverlust oder „Schlaffheit" charakterisiert, sei nicht ungewöhnlich, sondern entstehe in Überflussgesellschaften ständig (Hirschman 2004 [1974], S. 12). Die Reaktionsweisen Abwanderung und Widerspruch stellen für ihn Möglichkeiten eines „Wiederherstellungsmechanismus" dar, als die Gelegenheit den Leistungsabfall abzubremsen und wieder zu einem als befriedigend wahrgenommen Zustand zurückzukehren oder ein anderes Optimum zu erreichen. Allerdings sind, so zeigt Hirschman, die beiden Reaktionsweisen oder eine Kombination nicht immer geeignet, als Reparaturmechanismus zu funktionieren. Im Gegenteil, sie können sich als wirkungslos erweisen oder sogar schaden. Hirschman zeigt dies am seither vielzitierten Beispiel der nigerianischen Eisenbahn (Hirschman 2004 [1974], S. 37 f.), auf deren Qualitätsverlust die Kundschaft mit Abwanderung auf Lastkraftwagen reagierte, die Verwaltung dem aber zunächst keine Beachtung schenkte, während der Widerspruch nicht durchdrang, weil die potenziell „lautstärksten Kunden" bereits abgewandert waren (Hirschman 2004 [1974], S. 38).

Ziel von Hirschmans Untersuchung ist es *nicht*, das richtige Verhältnis zwischen beiden Reaktionsweisen zu finden. Sein Verfahren „liefert kein eindeutiges Rezept für irgendeine optimale Mischung von Abwanderung und Widerspruch und soll auch nicht die Vorstellung untermauern, daß jede Institution ihre eigene Mischung braucht, deren Zusammensetzung man im Laufe der Zeit durch ständiges Experimentieren feststellen könnte" (Hirschman 2004 [1974], S. 105). Ihm geht es vor allem darum zu analysieren, wie sich die Reaktionsweisen einander bedingen und beeinflussen und welche Organisationsformen für sie empfindlich sind, also wie die Handlungen der Konsumentinnen und Konsumenten Einfluss auf den Markt haben und unter welchen konkreten Bedingungen sie die Reaktionsweisen auf den Leistungsabfall wählen. „Es geht also um nicht mehr und nicht weniger als um eine *handlungstheoretisch angelegte Erklärung* und eine realistisch gehaltene kontextgebundene Analyse von Abwanderung und Widerspruch als *Reparaturmechanismen* – unter Berücksichtigung von Loyalität" (Maurer 2006, S. 70).

3.1 Abwanderung

Die Wirtschaftstheorie, so Hirschman, neige dazu zu meinen, dass der Marktmechanismus, die Abwanderung unzufriedener Kundinnen und Kunden zur Konkurrenz, „wirksamer, ja überhaupt der einzig ernstzunehmende sei" (Hirschman 2004 [1974], S. 13). Einer politischen, marktfremden Reaktionsweise wie dem Widerspruch messen Ökonomen keine Bedeutung bei, Hirschman behandelt sie jedoch als gleichrangig und hofft damit die disziplinären Grenzen zu überschreiten (Hirschman 2004 [1974], S. 16). Auf dieses Programm reagierten die zeitgenössischen Vertreter der Neuen Politische Ökonomie eher reserviert bis feindselig; „,political' solutions were no alternative to ,market' ones", urteilte beispielsweise Gordon Tullock in einer „rancorous review" (Adelman 2013, S. 447 f.).

Hirschman hebt hervor, dass die von der Ökonomie bevorzugte Reaktionsweise auf einen Leistungsrückgang in einer Wettbewerbssituation die Abwanderung sei. Verschlechtert sich die Qualität eines Produktes, sehen sich die Konsumentinnen und Konsumenten am Markt nach einer Alternative um und werden zur Konkurrenz wechseln. Der Wettbewerb sei aber unvollkommen, da ein Unternehmen zwar Konkurrenten habe, „aber hinsichtlich der Preis- und Qualitätsgestaltung (und daher der Qualitätsverschlechterung) eine gewisse Bewegungsfreiheit" genieße (Hirschman 2004 [1974], S. 17). Wie genau Abwanderung funktioniere, habe die

Wirtschaftswissenschaft bisher jedoch nicht untersucht und diese deshalb auch nicht als Wiederherstellungsmechanismus verstanden, sondern nur als eine Form der Auslese (Hirschman 2004 [1974], S. 17 f.).

Um zu zeigen, wie Abwanderung funktioniert, modifiziert Hirschman *erstens* die Nachfragefunktion: Die Qualität verschlechtert sich bei gleichbleibenden Preis, wobei die Kosten des Unternehmens gleich bleiben, da der Qualitätsverlust nicht durch Einsparungen, sondern aufgrund „einer zufälligen Effizienzminderung" erfolge (Hirschman 2004 [1974], S. 18). Aufgrund der Abwanderung wird es zu einem Einkommensverlust des Unternehmens kommen, deshalb werde es *zweitens* gegensteuern, wenn es eine Verbindung zwischen Qualitätsverlust und Kundenabwanderung feststellt (Unternehmensreaktionsfunktion) (Hirschman 2004 [1974], S. 19).

Die Wechselwirkung zwischen dieser *Reaktionsfunktion* und der modifizierten *Nachfragefunktion* (Abwanderung) variiere aufgrund der Nachfrageelastizität; ist sie niedrig bis unelastisch würden die Einkommensverluste geringer sein (die Kundinnen und Kunden haben nur wenige oder keine Alternativen), sei sie hingegen hoch, steige auch die Abwanderung und dementsprechend steigen die Einkommensverluste (Hirschman 2004 [1974], S. 19 f.). Für das betroffene Unternehmen sei es wichtig, dass zwar einige Kunden abwandern, damit der Qualitätsrückgang bemerkt und aufgehalten werden kann, sich die Abwanderung aber in Grenzen hält, damit das Unternehmen nicht untergeht (Hirschman 2004 [1974], S. 19 f.). Zwar unterstelle die ökonomische Theorie, dass man es mit regen Kundinnen und Kunden, im Sinne des Idealbildes eines „mündigen Verbrauchers", zu tun habe, doch wären „alle Menschen eifrige Leser von Testberichten und anderen Konsumenteninformationen oder würden sie nur nach eingehenden Vergleichen einkaufen", so Hirschman, „dann könnte es zu einer katastrophalen Unstabilität kommen, und die Firmen hätten keine Chance, gelegentliche Fehlleistungen wiedergutzumachen" (Hirschman 2004 [1974], S. 20), die Konsumentinnen und Konsumenten würden nämlich sofort abwandern und nur das beste Produkt kaufen. Unter den Bedingungen der vollkommenen Konkurrenz und der vollkommenen Markttransparenz würde die Abwanderung kein Wiederherstellungsmechanismus sein, sondern zu einem Verschwinden der Unternehmen führen, deren Leistungen sich verschlechtern (Hirschman 2004 [1974], S. 20 f.). Abwanderung als Wiederherstellungsmechanismus unter normalen Bedingungen, also ohne einen vollkommenen Wettbewerb, funktioniert nach Hirschman dann, wenn die Qualitätsvariationen im Markt dazu führen, dass sich die Leistungen des „abgeschlafften" Unternehmens wieder verbessern können.

Möglich ist es nach Hirschman auch, dass Firmen keine Einkommensverluste erleiden, weil sie in gleichem Maße neue Kundinnen und Kunden hinzugewinnen. Dies könne dann geschehen, wenn entweder alle Firmen gleichermaßen von einer Verschlechterung betroffen seien oder der Fall eintrete, dass sich die Konsumentinnen und Konsumenten ständig auf der Suche nach verbesserten Produkten befinden. Der Wettbewerb führe in diesem Fall nicht dazu, dass sich das einzelne Unternehmen wieder bessere, sondern die „ständige Illusion, daß ‚die Äpfel des Nachbarn immer besser sind', d. h. daß man den Mängeln des betreffenden Produktes entgehen kann, indem man die Ware des Konkurrenten kauft", auch wenn diese gleiche oder ähnliche Mängel aufweise (Hirschman 2004 [1974], S. 22). Hirschman entwickelt diesen Gedanken unmittelbar aufgrund der Probleme, die Konsumentinnen und Konsumenten mit Autos der Hersteller Ford und General Motors hatten, während Ford-Fahrer zu GM wechselten, wendeten sich GM-Kunden Ford zu, beide stellten jedoch mangelhafte Produkte her (Hirschman 2004 [1974], S. 22, Fn. 7). Unter den Bedingungen eines Monopols hingegen müssten sich die Konsumentinnen und Konsumenten mit „unvermeidlichen Unvollkommenheiten" abfinden (Hirschman 2004 [1974], S. 22).

3.2 Widerspruch

Die Reaktionsweise Widerspruch sei, so Hirschman, in den Wirtschaftswissenschaften bisher vollständig ignoriert worden:

> Die Entscheidung für Widerspruch anstelle der Abwanderung bedeutet, daß man als Kunde oder Mitglied den Versuch macht, die Praktiken, Grundsätze und Ausbringung der Firma, bei der man kauft, bzw. der Organisation, der man angehört, zu verändern. Als Widerspruch gilt dabei jeder wie immer geartete Versuch, einen ungünstigen Zustand zu verändern, statt ihm auszuweichen, sei es durch individuelle oder kollektive Petitionen an die unmittelbar Verantwortlichen, durch Berufung an eine höhere Stelle in der Absicht einen Führungswechsel zu erzwingen, oder durch verschiedene Arten von Aktionen und Protesten, einschließlich jener, die zur Mobilisierung der öffentlichen Meinung dienen sollen (Hirschman 2004 [1974], S. 25).

Hirschman entlehnt die Idee des Widerspruchs dem politikwissenschaftlichen Konzept der Interessenartikulation und betont, dass die US-amerikanische Politikwissenschaft, ähnlich der Ökonomik, vorwiegend darauf fokussiert gewesen sei, den Widerspruch als unabdingbar für das Funktionieren des Systems, der Demokratie nach amerikanischem Muster, anzusehen, ohne hinreichend zu beachten, dass eigentlich die Abwanderung in der politischen Kultur der USA bisher eine besondere, wenn nicht dominierende Rolle gespielt habe (Hirschman 2004 [1974], S. 25–28, S. 90–101).

Widerspruch wird von Hirschman einerseits als „Komplement" andererseits als „Alternative zur Abwanderung" gesehen (Hirschman 2004 [1974], S. 25, S. 28 ff., S. 30–36). Im ersteren Fall wandern die Konsumentinnen und Konsumenten nach einem Leistungsabfall nicht sofort ab, sondern werden zu potenziellen „Trägern des Widerspruchs"; die Bedeutung des Widerspruchs nimmt zu, je weniger die Möglichkeit gegeben ist abzuwandern (unelastische Nachfrage), bis zu dem Punkt, an dem eine Abwanderung nicht mehr möglich ist und der Widerspruch die einzige mögliche Reaktionsweise wird (Hirschman 2004 [1974], S. 28 f.). In seiner Reaktionsfunktion sieht Hirschman im Widerspruch einen Gewinn für die Gesundung des Unternehmens. Denn wenn es auf den Widerspruch angemessen reagiere, könne es die Abwanderung und damit ihre destruktiven Auswirkungen, den weiteren Leistungsabfall und das Verschwinden vom Markt, minimieren (Hirschman 2004 [1974], S. 29 f.).

Der zweite Fall, Widerspruch als Alternative, stellt die Frage, warum Konsumentinnen und Konsumenten bei einem Produkt bleiben, obwohl eine Alternative vorhanden ist. Hirschmans Antwort lautet, dass diese Personen erstens den Eindruck haben müssten, dass ihr Widerspruch Erfolgschancen hat (Hirschman 2004 [1974], S. 30 ff.) und zweitens in der Substituierbarkeit des Gutes (Hirschman 2004 [1974], S. 32).

> Wenn aber ein Minimum an Nichtsubstituierbarkeit gegeben ist, dann wird der Widerspruch auch von der Bereitschaft abhängen, das Risiko dieser Reaktionsweise im Vergleich zu Sicherheit, die die Abwanderung bietet auf sich zu nehmen, sowie von der Wahrscheinlichkeit, mit der der betreffende Konsument erwartet, daß durch seine Aktionen oder durch Aktionen, die andere im Verein mit ihm unternehmen, oder aber durch Maßnahmen, die andere ohne seine Maßnahmen, die andere ohne seine Hilfe ergreifen, Verbesserungen erfolgen werden (Hirschman 2004 [1974], S. 32).

Allerdings spielt für Hirschman neben den Erfolgsaussichten und der Nichtsubstituierbarkeit ein weiterer Faktor für den Widerspruch eine Rolle: die Kosten. Widerspruch sei, im Vergleich zur Abwanderung, kostspielig (Hirschman 2004 [1974], S. 33).

> Da der Widerspruch im Vergleich zur Abwanderung zur Kostspieligkeit tendiert, wird sich der Konsument Widerspruch in dem Maße weniger leisten können, als die Zahl der Güter und Dienstleistungen in seinem Einkaufsprogramm steigt – die Kosten, die ihm entstehen, wenn er auch nur einen kleinen Teil seiner Zeit auf die Korrektur von Fehlern jeweils eines der Posten auf seiner Einkaufsliste verwendet, werden vermutlich

größer sein als die Vorteile, die er sich bei einer großen Anzahl solcher Posten erwarten kann (Hirschman 2004 [1974], S. 33).

Widerspruch sei vor allem in Organisationen zu erwarten, in denen man Mitglied ist und weniger von Kundinnen und Kunden einzelner Firmen, in der Wirtschaft werde er „vor allem bei wichtigen Einkäufen [...] aktiviert werden" (Hirschman 2004 [1974], S. 33). Hirschman betont, dass Preis und Dauerhaftigkeit ausschlaggebend sind, ob Konsumentinnen und Konsumenten sich engagieren, statt abzuwandern (Hirschman 2004 [1974], S. 34). Man wird sich eher über die mangelhafte Leistung einer Waschmaschine beschweren, als den unzufriedenstellenden Geschmack eines Schokoriegels zu bemängeln. Hirschman sieht zwei gegenläufige Tendenzen: Die steigende Zahl der verfügbaren Güter begünstige zwar die Abwanderung, aber zugleich steige die Bedeutung dauerhafter Konsumgüter und damit auch die des Widerspruchs (Hirschman 2004 [1974], S. 34).

Die Existenz bzw. die Schaffung von Institutionen, welche die Kosten für den Widerspruch senken und die Erfolgschancen erhöhen, könne die Bedeutung dieser Reaktionsweise verstärken, da sie die Kosten „individueller und kollektiver Aktionen verringern" (Hirschman 2004 [1974], S. 35). Verbraucherpolitische Maßnahmen, rechtlicher Verbraucherschutz und insbesondere die Existenz schlagkräftiger Verbraucherorganisationen sind wichtige Elemente, um die Position der Konsumentinnen und Konsumenten und damit ihre Widerspruchskraft zu stärken. Hirschman verdeutlicht dies an der „Konsumentenrevolution" und der Bedeutung verbraucherpolitischer Entrepreneure wie Ralph Nader, „der sich als eine Art selbsternannter Ombudsmann der Konsumenten etabliert hat" (Hirschman 2004 [1974], S. 35). Durch massiven Widerspruch, Hirschman spricht hier die „militanteren Aktionen" (Hirschman 2004 [1974], S. 35) insbesondere die von Ralph Nader eingeleiteten Aktionen gegen Automobilhersteller oder die Kritik an der Federal Trade Commission (FTC) an, kam es in den 1970er-Jahren zur Gründung verbraucherorientierter Advocacy- und Watchdog-Gruppen sowie neuen Verbraucherschutzgesetzen (Bollier und Brobeck 2015; Martin 2003).

Hirschmann sieht eine Institutionalisierung des Konsumentenwiderspruchs auf drei Stufen: „durch unabhängige unternehmerische Initiativen à la Nader, durch eine Wiederbelebung der mit Vorschriftenbefugnissen ausgestatteten amtlichen Stellen und durch präventive Schritte seitens der bedeutenderen Firmen, die dem Publikum ihre Produkte anbieten" (Hirschman 2004 [1974], S. 35). Die Abwanderung durch die Stärkung des Widerspruchs zu verhindern, liege also auch im Interesse der Unternehmen, weshalb, das verdeutlicht Hirschman, Verbraucherschutz nicht allein im Interesse des Verbrauchers liege, sondern auch für

Unternehmen eine marktstabilisierende Funktion hat (vgl. dazu Nessel 2016). Letztlich weist Hirschman den institutionellen Faktoren, der „*Erfindung* von Institutionen und Mechanismen", eine prägende Kraft zu, sie seien geeignet die strukturellen Hindernisse und Beschränkungen zu überwinden (Hirschman 2004 [1974], S. 35 f.).

3.3 Kombinationen

Den Kern des Problems in der Beziehung zwischen beiden Reaktionsweisen sieht Hirschman in der Neigung, die leichte Option Abwanderung zu wählen und die Kraft des Widerspruchs zu unterschätzen, was zu einer „Tendenz zur *Atrophie der Entwicklung der Kunst des Widerspruchs mit sich*" bringe (Hirschman 2004 [1974], S. 36).

Hirschman zeigt das Problem der Verbindung beider Reaktionsweisen anhand des bekannten Eisenbahn-Beispiels, das bereits eingangs zitiert wurde. Ein ähnliches Phänomen finde sich, so Hirschman, im US-amerikanischen Schulwesen, wo private Einrichtungen zum Verfall der öffentlichen Schulen beitrügen (Hirschman 2004 [1974], S. 38 f.).

> Bei jenen Kunden, denen an der Qualität *am meisten* gelegen ist und daher die aktivsten, verläßlichsten und schöpferischsten Träger des Widerspruchs wären, besteht aus eben diesem Grund offenbar zugleich die Wahrscheinlichkeit, daß sie bei einer Qualitätsverschlechterung als erste abwandern werden (Hirschman 2004 [1974], S. 39).

Um darzustellen, warum die Kombination von Abwanderung und Widerspruch so problematisch ist, zieht er Abwanderungstendenzen bei Preissteigerungen heran: „Ist es möglich, daß bei Preiserhöhungen nicht dieselben Konsumenten als erste aussteigen wie bei Qualitätsverschlechterungen?" (Hirschman 2004 [1974], S. 40). Wenn dem so wäre, sich also die wenig erforschte Qualität als ein Faktor äquivalent zum Preis erweise, dann werde deutlich, dass diese Äquivalenz, also die Qualitätsverschlechterung in einer Preiserhöhung ausgedrückt werden kann, die „*für verschiedene Käufer der Ware verschieden*" sei, „*weil hinsichtlich der Qualitätsbewertung zwischen den Käufern große Differenzen bestehen*" (Hirschman 2004 [1974], S. 40 f.). Hirschman weist hier dem „altersgrauen Begriff" der *Konsumentenrente* eine Bedeutung zu: Sie

> ist der Maßstab für den Vorteil, den der Konsument dadurch genießt, daß er eine Ware zu ihrem Marktpreis kaufen kann. Je größer dieser Vorteil ist, desto wahrscheinlicher

ist es, daß der Konsument ein Motiv haben wird ‚etwas zu unternehmen', damit dieser Vorteil gesichert oder ihm zurückgegeben wird (Hirschman 2004 [1974], S. 42).

Der Verlust der Qualität werde von den Konsumentinnen und Konsumenten unterschiedlich bewertet, was unterschiedliches Abwanderungsverhalten nach sich ziehe: Bei „Liebhaberartikeln" (wie der Schulbildung oder bei Spitzenweinen) würde ein „Konsument, der gegenüber Preiserhöhungen ziemlich unempfindlich ist,", also eine hohe Konsumentenrente hat, oft eine hohe „Empfindlichkeit gegenüber Qualitätsverschlechterungen" an den Tag legen, weil er dadurch am meisten zu verlieren habe; solche Konsumenten würden „am ehesten so lange protestieren", „bis sie dann schließlich doch abwandern" (Hirschman 2004 [1974], S. 41). Dies gelte insbesondere, wenn kein geeignetes Substitutionsgut vorhanden ist (Hirschman 2004 [1974], S. 42). Man könne zu einem teurerem, aber besseren Substitutionsgut wechseln, ist aber nur ein billiger, schlechterer Ersatz verfügbar, dann würden die Konsumentinnen und Konsumenten dem Unternehmen treu bleiben, auch wenn sich das Gut verschlechtert hat (Hirschman 2004 [1974], S. 42 f. und Anhang D). Wenn aber ein attraktives Substitutionsgut vorhanden ist, würden die qualitätsorientierten Kunden abwandern und nicht protestieren. Abwanderung könne dann aber die Qualität weiter verschlechtern und zu einer Abwärtsspirale werden, wenn diese keine Durchschlagskraft besitze (Hirschman 2004 [1974], S. 43).

Abwanderung wird nach Hirschman dann einsetzen, wenn man tatsächlich eine Alternative hat. Wenn statt einer Preiserhöhung eine Qualitätsverschlechterung eintritt, würden die qualitätsbewussten Kunden das Gut substituieren, doch die preisbewussten Kunden würden ihnen später folgen (Hirschman 2004 [1974], S. 44). Qualitätsverschlechterung bei hochwertigen Produkten werde eher zu Widerspruch führen, denn die Dichte höherer Produkte sei im Zeitalter der Massenproduktion geringer als die Dichte schlechterer Produkte. Deshalb müsse die Verschlechterung in diesem Bereich besonders hoch sein, bevor Kunden abwandern (Hirschman 2004 [1974], S. 44). Dies führe aber auch zu einer Verschärfung sozialer Ungleichheit, da die oberen Schichten leichter für den Widerspruch zu aktivieren seien als die Mittel- und Unterschichten (Hirschman 2004 [1974], S. 45).

Für Hirschman sind die Handlungsoptionen unter denen Akteure zwischen Abwanderung und Widerspruch wählen von Bedeutung, denn diese beeinflussen die Kosten und Erträge unter verschiedenen Wettbewerbsbedingungen wie Monopolen, die sowohl ausbeuterisch oder schlaff sein könnten, letztere setzten sogar auf die Abwanderung der Unzufriedenen (Hirschman 2004 [1974], S. 46–52), oder Dyopolen, wie dem US-amerikanischen Parteiensystem, in denen eine

Abwanderung zwar möglich erscheine, Klienten aber nicht abwandern könnten oder wollten, weil die Alternative nicht attraktiv erscheine und eine Gewinnmaximierung der Organisationen dazu führen würde, Anhängerinnen und Anhänger zurückzulassen (Hirschman 2004 [1974], S. 53–64). Hirschman zeigt, dass sich der Abwanderungsgrad aus „autonomen Handlungsentscheidungen" speist, „während der Widerspruchsgrad in einer Organisation neben der Wichtigkeit der Güter und Leistungen, auch von der Einschätzung abhängt, inwiefern das eigene Tun für die Gesundung relevant ist und von den Erwartungen hinsichtlich eines entsprechenden Tuns anderer" (Maurer 2006, S. 74).

3.4 Loyalität

Bei der Entscheidung zwischen Abwanderung und Widerspruch führt Albert O. Hirschman einen „sozialen Faktor" in die Analyse ein, den er als „reflexivrationale Handlungsweise konzeptualisiert" (Maurer 2006, S. 78 f.). Loyalität als Bindung an ein Unternehmen, eine Marke oder eine Organisation führe dazu, Abwanderung aufzuschieben und Widerspruch zu aktivieren (Hirschman 2004 [1974], S. 66 f.). Sie unterscheide sich vom blinden Glauben durch die Erwartung, dass „die richtigen und rechtschaffenden Handlungen die falschen und moralisch zu verurteilenden überwiegen werden" und man eine über eine gewisse Beeinflussungsmöglichkeit verfüge (Hirschman 2004 [1974], S. 67). „Die Loyalität ist somit keineswegs irrational, sondern vermag den sozial nützlichen Zweck zu erfüllen, die Qualitätsverschlechterung daran zu hindern, kumulativ zu werden, wie dies so häufig geschieht, wenn die Abwanderung durch keine Schranke behindert wird" (Hirschman 2004 [1974], S. 68).

Loyalität als Schranke ist nach Hirschman dort sinnvoll, den Reparaturmechanismus von Abwanderung und Widerspruch zu stärken, wo Widerspruch erst entdeckt und entwickelt werden muss (Hirschman 2004 [1974], S. 68 f.) und wo Kundinnen und Kunden zwar über Alternativen verfügen, die Leistung aber substituierbar ist, Hirschman nennt hier als Beispiele Fußballmannschaften, Vereine und Parteien, doch kann man im Konsum auch Loyalitäten entdecken, die sich etwa in der Markentreue ausdrücken, die sich bis hin zum Markenfetisch entwickeln kann (Hellmann 2005 [2003]).

Um loyales Verhalten zu erreichen, verfügen Organisationen und Firmen über verschiedene Mittel. Während Zwang und Repressionen (Hirschman 2004 [1974], S. 78–83) in der Beziehung zu Kundinnen und Kunden weitgehend ausscheiden, außer vielleicht durch langfristige Vertragsbindungen oder undurchschaubare Ausstiegsmöglichkeiten, werden Unternehmen dazu tendieren unbewusstes loyales Verhalten zu fördern (Hirschman 2004 [1974], S. 77 f.), etwa durch Kundenbindungsstrategien, wie Bonuspunkte oder exklusive Angebote für Bestandskundinnen und -kunden (aus der Vielzahl der Literatur zu dem Thema exemplarisch Ranzinger 2017 [2011]).

Dies kann dazu führen, dass die Unternehmen sich einem Drohpotenzial aussetzen, wenn der Widerspruchsmechanismus durch die Drohung verstärkt werden kann, also die Option der Abwanderung den Widerspruch nicht schwächt, sondern stärkt (Hirschman 2004 [1974], S. 70 f.). Ein weiterer Mechanismus, der Abwanderung und Widerspruch kombiniert ist der Boykott, den Hirschman (2004 [1974], S. 73 f.) als eine Abwanderung versteht, bei der ein Wiedereintritt in Aussicht gestellt wird, wenn sich die Leistungen wieder bessern. Tatsächlich ist der Boykott oder die Androhung auch eine Möglichkeit von politischen Akteuren, die nicht zur Klientel des Unternehmens gehören, dieses unter Druck zu setzen, indem man die Kundinnen und Kunden zu Abwanderung aufruft, um gegen Missstände zu protestieren (Friedman 1999; Zorell 2019). Als eine weitere Handlungsoption ist die öffentliche Unterstützung und Loyalitätsbezeugung von, im Sinne der Akteure, besonders leistungsstarken Unternehmen, durch Käuferinnen und Käufer in Form eines Buykotts (Neilson 2010; Zorell 2019).

Allerdings ist Hirschman, so interpretiert es Andrea Maurer (2006, S. 78 f.), hier noch in der Ökonomie verhaftet: Loyalität sei bei ihm „eine zweckrationale, wenngleich auch mittelfristige Erträge reflektierende Handlungsform", „sozialkulturelle Situationsmerkmale" berücksichtige er ebenso wenig, wie die Frage, wann und ob „loyales Ausharren tatsächlich zu Widerspruch führt und nicht in Resignation, Sabotage oder innere Emigration mündet" (Maurer 2006, S. 79).

Zudem nimmt Hirschman die Verknüpfung zwischen Konsum und politischem Handeln nicht in den Blick. Wenngleich er, allerdings nur in einer Fußnote, darauf hinweist, dass der Marktmechanismus das Auftreten „negativer externer Effekte" nicht verhindere, sie aber durch Proteste der Betroffenen „in Grenzen gehalten oder überhaupt ausgeschaltet werden könnten". Auch der Widerspruch der Konsumentinnen und Konsumenten, also politisches Handeln, könne hier den Konkurrenzmechanismus ergänzen (Hirschman 2004 [1974], S. 29, Fn. 7). Was sie dazu bringen könnte, Widerspruch zu leisten, eine Theorie, welche Konsum und Politik verklammert, formulierte Hirschman zwölf Jahre nach *Abwanderung und Widerspruch*.

4 Enttäuschung

Um es vorweg zu sagen, die Theorie, die er in *Engagement und Enttäuschung* (Hirschman 1982; 1988 [1984]) entfaltet, gilt in der Forschung nur bedingt als gelungen. Sogar der Albert O. Hirschman durchaus in Sympathie zugeneigte Biograf urteilt: „*Shifting Involvements* may have been a flawed book, but a brave one" (Adelman 2013, S. 564). Und der Soziologe Michael Schmid leitet seinen Kommentar zu dem Werk mit folgenden Worten ein: „Ich kann mich erinnern, Hirschmans Buch über ‚Engagement und Enttäuschung' kurz mach seinem Erscheinen 1985 gelesen zu haben und [...] als belanglos eingestuft zu haben" (Schmid 2006, S. 117).

Fehlerhaft, belanglos – diese Urteile sind deshalb gerechtfertigt, weil Hirschman ein Zyklenmodell entwirft, das der empirischen Überprüfung nicht standhält. Er meinte Phasen bzw. Sprünge zwischen der Auseinandersetzung mit öffentlichen Fragen (Engagement) und dem Rückzug ins Privatleben, mit einem Fokus auf das eigene Wohl erkennen zu können. Der Sprung in Phasen des Engagements werde nach Hirschman durch Enttäuschungen, insbesondere durch nicht zufriedenstellende Konsumerfahrungen, ausgelöst. Allerdings sah dies der Autor selbst im Nachhinein „in einem anderen Licht" (Hirschman 2015 [1997], S. 11). Albert O. Hirschman war jederzeit bereit seine eigne Analyse infrage zu stellen, etwas, das er „Selbstsubversion" (Hirschman 1996, S. 103–111) nannte. Ideen, auf die er „im Moment des Entstehens sehr stolz war", konnten sich zu einem späteren Zeitpunkt als weniger genial entpuppen, er entdeckte später Aspekte, „die ich zuvor nicht bedacht hatte": „Das heißt nicht, dass ich zum Skeptizismus neige und halb-kokett behaupte, alle meine Analysen seien falsch. Ich entdecke jedoch neue Aspekte der Realität, die die Stimmigkeit der Analyse entweder vertiefen oder einschränken. Zweifel und Idee sind untrennbar miteinander verbunden" (Hirschman 2015 [1997], S. 78 f.).

Ausgehend und stark beeinflusst von Tibor Scitovskys *Psychologie des Wohlstands* (Scitovsky 1989 [1977]), identifizierte Hirschman die Enttäuschung als „wichtigste motivierende" Kraft in seinem Handlungsmodell (Hirschman 2015 [1997], S. 12). Sie ergibt sich aus dem Konsum beinahe zwingend, weil die Konsumentinnen und Konsumenten nur über begrenztes Wissen verfügen und eine erhoffte höhere soziale Positionierung durch Konsum nicht dauerhaft gelingt (Henning 2006, S. 102 f.). Die Enttäuschung durch demonstrativen Konsum, hier bezieht sich Hirschman auf Hirsch (1980) und die Konsumkritik, die er bereits im 18. Jahrhundert angelegt sieht (Hirschman 1988 [1984], S. 53–68), sei die wesentliche Antriebskraft, „denn wer von den im sozialen Aufstieg begriffenen

Konsumenten sein Konsumziel verfehlt hat, den könnte diese Erfahrung zu neuen, noch intensiveren Anstrengungen anspornen" (Hirschman 1988 [1984], S. 68).

In der Folge dieser Enttäuschung macht Hirschman zwei Sprünge aus: Die vom Konsum Enttäuschten orientieren sich neu und suchen ihre Erfüllung nicht mehr im Privaten, sondern im öffentlichen Engagement, sie wandern vom „privaten Konsumglück" ab, entdecken das öffentliche Interesse und leisten Widerspruch in der Politik (Hirschman 1988 [1984], S. 72 f.). Schon an diesem ersten Sprung kann gezweifelt werden, denn eine „*Notwendigkeit* des Politisch-Werdens als Antwort auf Enttäuschungen im und durch den Konsum ist [...] schwerlich zu behaupten" (Henning 2006, S. 104). Vielmehr sind andere Handlungsweisen wie alternative Konsum- und Kulturstile empirisch nachweisbar (Henning 2006, S. 104), etwa in der bewussten Abgrenzung vom Überkonsum, die nicht notwendigerweise politisch sind, sondern auch privatistisch gelingen kann.

Auch wenn Hirschmans Zyklusmodell empirisch nicht haltbar ist, gibt es doch in zwei Punkten Impulse für eine handlungsorientierte Konsumtheorie. Zum einen in der Entwicklung des Konzepts des Präferenz- und Lebensstilwandels (Schmid 2006; siehe dazu auch Kap. 2 dieses Beitrags), zum anderen in der Verknüpfung von Konsum und Politik, privat und öffentlich. Hirschman sieht, anders als Hannah Arendt (2016 [1967], S. 150–161), in beiden Ebenen eine Form des aktiven Lebens (Hirschman 1988 [1984], S. 13), hält sie jedoch voneinander getrennt, beide konkurrieren um die „Aufmerksamkeit und die Zeit des Konsumenten-Bürgers" (Hirschman 1988 [1984], S. 70). Die „zyklisch und phasenweise sich ablösenden Engagmentformen des Verbrauchers und der Bürgerin" finden in „entsprechend differenzierten Handlungsarenen des Konsums und der Politik" statt (Lamla 2013, S. 199).

Christoph Henning (2006, S. 106 f.) sieht in Hirschmans Ausführungen jedoch eine „Wendung" darin, dass beide Ebenen verschwimmen, wenn etwa durch Konsum zur Selbstoptimierung aufgerufen wird, Verbraucherinnen und Verbraucher durch immer feiner abgestimmte personalisierte Werbung zum Kaufen beeinflusst werden oder wenn im „Überwachungskapitalismus" die Unternehmen zur Durchsetzung der Datenextraktion der Nutzerinnen und Nutzer ihre wirtschaftliche und politische Macht verwenden (Zuboff 2018). Auch wenn durch konsumpolitische Maßnahmen die Bürgerinnen und Bürger zum Kauf angeregt werden sollen, etwa um die Wirtschaft anzukurbeln, wie zuletzt durch die Mehrwertsteuersenkung und Kinderboni im Zuge der Covid-19-Pandemie, „sieht die Unterscheidung zwischen ‚öffentlich' und ‚privat' seltsam anachronistisch aus" (Henning 2006, S. 107). Dies betont auch Hirschman, wenn er rückblickend schreibt: „Es fehlte mir damals noch die Einsicht, dass es Anlässe gibt, bei denen das Öffentliche und das Private sich vermischen und miteinander verschmelzen können" (Hirschman

2015 [1997], S. 15). So bezieht er sich in seinem Modell der „Tischgemeinschaft" auf die Bedeutung des gemeinsamen Mahls für gesellschaftliche und politische Entwicklungen (Hirschman 2015 [1997], S. 15–30). Der zweite Sprung vom Engagement ins Privatleben (Hirschman 1988 [1984], S. 101–131) erscheint auch nur bedingt schlüssig. Zwar können politische frustrierende Erfahrungen zu einem Rückzug führen, doch ist das Politische „eine Sphäre, die immer mitläuft und keineswegs privatistisch und konsumistisch suspendiert werden kann. Vielmehr sind ja Konsummöglichkeiten […] ein essenzieller Bestandteil der Politik" (Henning 2006, S. 107 f.). Politische Fragen werden zunehmend in die vermeintlich private Konsumsphäre hineingetragen oder in sie verlagert, wenn soziales, ökologisches und tierwohlorientiertes Verbraucherverhalten angemahnt und eigentlich politisches Handeln auf individuelle Kaufentscheidungen reduziert wird. Politische Akteure appellieren an die Konsumentinnen und Konsumenten, wenn sie nicht handeln können oder wollen (Grunwald 2012; Stehr 2007). Zudem deutet Hirschman die Politikverdrossenheit als Enttäuschung über das misslungene Engagement und die Institutionalisierung, ohne weitere Formen der Beteiligung und „endogene Faktoren" der Politisierung zu berücksichtigen (Henning 2006, S. 111).

5 Wirkung

Auch wenn Albert O. Hirschman keine Schule begründete, wirken seine Werke nach. Seine Grenzüberschreitungen zwischen Wirtschafts- und Sozialwissenschaften jenseits eines ökonomischen Imperialismus machen ihn zu einem wichtigen Bezugspunkt der Wirtschaftssoziologie, der heterodoxen Ökonomie und des interdisziplinären Dialogs (Knoll 2017; Maurer 2006; Pies und Leschke 2006; Swedberg 1990), isolierten ihn aber auch innerhalb seines Faches (Döring 2006). Auf die Entwicklungsökonomie haben seine frühen Werke immer noch Einfluss (Özçelik 2014, S. 1116–1125). In den Wirtschaftswissenschaften wird er im Rahmen von Fragen zur Unternehmensethik (Brink 2006 basierend auf Hirschman 1995 [1991]) und seiner ideengeschichtlichen Studie zur *Doux-Commerce*-These (Terjanian 2013, S. 11) wiederentdeckt. In der Politikwissenschaft wird *Abwanderung und Widerspruch* zum Verständnis von Mitgliederverhalten in Parteien und Interessengruppen herangezogen (Dehling und Schubert 2011, S. 132 ff.; Offe 2007; Sack und Strünck 2016).

Es ist dieses Werk, das vor allem mit seinem Namen verbunden bleiben wird und das für die Verbraucherwissenschaften ein wichtiger Bezugspunkt ist. Mit dem kollektiven und individuellen Widerspruch führte er eine marktfremde Reaktionsweise ein, die, weil sie eine Alternative zum marktkonformen Mechanismus der Abwanderung darstellt, das Spektrum des Konsumentenhandelns erweitert (Heidbrink und Schmidt 2011; Scherhorn et al. 1975; Strünck und Reisch 2018, S. 475 f.). Hirschman zeigt, dass durch die institutionelle Verankerung des Verbraucherschutzes die Position und Widerspruchsfähigkeit der Konsumentinnen und Konsumenten gestärkt und Unternehmensstrategien angepasst werden können (zur Rezeption siehe vor allem Nessel 2016 sowie Kraemer und Nessel 2011). Für die Forschung zur Kundenbindung und den Umgang mit Kundenbeschwerden ist Hirschman in einschlägigen Handbüchern, Fachartikeln und Qualifikationsarbeiten weiterhin eine wichtige theoretische Referenz (vgl. exemplarisch Brock et al. 2011; Plein 2016; Töpfer 2008).

„Abwanderung und Widerspruch" sind als Reaktionsweisen insbesondere für die Nachfrageseite von Bedeutung. Hinsichtlich ihrer Wirkung als Reparaturmechanismen wurde Hirschman schon früh vonseiten der Institutionenökonomik eine zu eingeschränkte Sichtweise und mangelnde Berücksichtigung von Alternativen entgegengehalten (Williamson 1974). Kritik wurde auch daran geübt, dass Hirschman das stumme Verbleiben („inactivity, non-participation") nicht einbeziehe (Barry 1974, S. 91).

Albert O. Hirschmans Grundgedanke aus *Engagement und Enttäuschung,* dass zwischen Konsum und Politik ein Zusammenhang besteht, ist für eine handlungsorientierte Konsumtheorie auch deshalb anschlussfähig, weil er eine Brücke zwischen politischem Handeln und Konsumverhalten schlägt und die „Autonomiepotenziale und -reserven" der Verbraucherinnen und Verbraucher in den Blick nimmt (Lamla 2013, S. 184). Er ist damit einer der Impulsgeber für eine Theorie der Konsumentenbürger und -bürgerinnen (Kneip 2010; Lamla 2013). Er führt jedoch nicht Konsum und Politik zusammen, sondern vermittelt beide Ebenen über ein fehlerhaftes Zyklusmodell. Indem er seine Disziplin verlässt und in die Sozialwissenschaft „springt" (Henning 2006, S. 96), übernimmt er auch ihre methodischen Schwächen und Eigenheiten. Die Dichotomie zwischen einer politischen und einer unpolitischen Sphäre, die Siegfried Landshut als ein Grundproblem des politischen Denkens der Moderne identifiziert, welches zwischen Politik und Gesellschaft, also den unverbundenen Einzelnen unterscheide (Landshut 2004 [1929]; vgl. Knöbl 2020, S. 10; Nicolaysen 1997, S. 75), bleibt daher in Hirschmans Modell präsent, der Konsument ist bei ihm kein *Zoon politikon,* dies wird er erst durch Enttäuschung.

Gleichzeitig ist es aber Hirschmans Stärke, dass ökonomisch geprägte Bild des Verbrauchers handlungstheoretisch infrage zu stellen. Vor dem Hintergrund der begrenzten Rationalität (Hargreaves Heap 2016) führt er unter Bezugnahme auf

Frankfurt und Sen das Konzept der Metapräferenzen ein. Dieser Fokus auf Wertorientierungen und Lebensstilwandel könnte für die Analyse der schwankenden und widersprüchlichen Handlungsweisen von Konsumentinnen und Konsumenten deutlich fruchtbarer sein, als die behavioristische Suche nach dem Verbraucherverhalten, das man zu konditionieren wünscht.

Literatur

Adelman, J. (2013). *Worldly philosopher: The odyssey of Albert O. Hirschman*. Princeton, NJ: Princeton University Press.
Arendt, H. (2016 [1967]). *Vita activa oder Vom tätigen Leben* (18. Aufl.). München: Piper.
Aretz, H.-J. (1997). Ökonomischer Imperialismus? *Zeitschrift für Soziologie, 26*(2), 79–95. https://doi.org/10.1515/zfsoz-1997-0201.
Barry, B. (1974). Review Article: 'Exit, Voice, and Loyalty'. *British Journal of Political Science, 4*(1), 79–107. https://doi.org/10.1017/S0007123400009376.
Blum, M., & Rei, C. (2018). Escaping Europe: Health and human capital of Holocaust refugees. *European Review of Economic History, 22*(1), 1–27. https://doi.org/10.1093/ereh/hex014.
Bollier, D., & Brobeck, S. (2015). Nader, Ralph (1934-). In S. Brobeck & R. N. Mayer (Hrsg.), *Watchdogs and whistleblowers: A reference guide to consumer activism* (S. 321–328). Santa Barbara, CA: Greenwood / ABC-CLIO.
Bonß, W., Dimbath, O., Maurer, A., Nieder, L., Pelizäus-Hoffmeister, H., & Schmid, M. (2013). *Handlungstheorie: Eine Einführung*. Bielefeld: Transcript.
Brink, A. (2006). Albert O. Hirschmans „Rhetorik der Reaktion": Kritik an der Wirtschafts- und Unternehmensethik und Empfehlungen für die angewandte Wissenschaft und das Management. *Zeitschrift für Wirtschafts- und Unternehmensethik, 7*(3), 340–35.
Brock, C., Blut, M., Evanschitzky, H., Ahlert, M., & Kenning, P. (2011). Kundenbindung von Noncomplainern: Neue Aspekte des Beschwerdemanagement. *Zeitschrift für Betriebswirtschaft, 81*(S2), 57–76. https://doi.org/10.1007/s11573-010-0435-6.
Dehling, J., & Schubert, K. (2011). *Ökonomische Theorien der Politik*. Wiesbaden: VS Verlag für Sozialwissenschaften.
Döring, T. (2006). Albert Hirschmans ökomische Perspektive – Grenzen überschreitend oder zwischen allen Stühlen? In I. Pies & M. Leschke (Hrsg.), *Albert Hirschmans grenzüberschreitende Ökonomik* (S. 205–230). Tübingen: Mohr Siebeck.
Eiden-Offe, P. (2013). A man, a plan, a canal : Der Ökonom und Sozialwissenschaftler Albert O Hirschman. *Merkur, 67*(12), 1104–1115.
Europäische Kommission. (o. J.). *Ursula Hirschmann: Antifaschistin und europäische Föderalistin der ersten Stunde (1913–1991)*. [Brüssel]. https://europa.eu/european-union/sites/europaeu/files/eu_pioneers_ursula_hirschmann_de.pdf.
Evers, T. (2015). Überschreiten und Unterwandern: Albert O Hirschmans Odyssee durch das 20. Jahrhundert *Blätter für deutsche und internationale Politik, 60*(10), 101–110.
Frank, M. (2019). Leuchtturm der Freiheit. *Süddeutsche Zeitung*, 18./19. Mai, 59.
Frankfurt, H. G. (1971). Freedom of the will and the concept of a person. *The Journal of Philosophy, 68*(1), 5–20. https://doi.org/10.2307/2024717.

Friedman, M. (1999). *Consumer boycotts: Effecting change through the marketplace and the media.* New York: Routledge.

Fry, V. (2009 [1989]). *Auslieferung auf Verlangen: Die Rettung deutscher Emigranten in Marseille 1940/41.* Frankfurt a. M.: Fischer.

Grunwald, A. (2012). *Ende einer Illusion: Warum ökologisch korrekter Konsum die Umwelt nicht retten kann.* München: Oekom.

Hargreaves Heap, S. P. (2016). „Good and bad" (not „good or bad"): Albert O. Hirschman as a behavioral economist. In L. Fiorito, S. Scheall, & C. Eduardo Suprinyak (Hrsg.), *Research in the history of economic thought and methodology* (Bd. 34B, S. 161–174). Bingley: Emerald.

Heidbink, L., & Schmidt, I. (2011). Das Prinzip der Konsumentenverantwortung: Grundlagen, Bedingungen und Umsetzung verantwortlichen Konsums. In L. Heidbrink, I. Schmidt, & B. Ahaus (Hrsg.), *Die Verantwortung des Konsumenten. Über das Verhältnis von Markt, Moral und Konsum* (S. 25–56). Frankfurt a. M.: Campus.

Hellmann, K.-U. (2005 [2003]). *Soziologie der Marke.* (2. Auflage). Frankfurt a. M: Suhrkamp

Henning, C. (2006). Zur Nachhaltigkeit privaten und öffentlichen Engagements: Eine methodenkritische Rekonstruktion von „Engagement und Enttäuschung". In I. Pies & M. Leschke (Hrsg.), *Albert Hirschmans grenzüberschreitende Ökonomik* (S. 95–116). Tübingen: Mohr Siebeck.

Hirsch, F. (1980). *Die sozialen Grenzen des Wachstums: Eine ökonomische Analyse der Wachstumskrise.* Reinbek bei Hamburg: Rowohlt.

Hirschman, A. O. (1958). *The strategy of economic development.* New Haven, CT: Yale University Press.

Hirschman, A. O. (1967). *Die Strategie der wirtschaftlichen Entwicklung.* Stuttgart: G. Fischer.

Hirschman, A. O. (1970). *Exit, voice, and loyalty: Responses to decline in firms, organizations, and states.* Cambridge: Harvard University Press.

Hirschman, A. O. (1977). *The passion and the interests. Political arguments for capitalism before its triumph.* Princeton: Princeton University Press.

Hirschman, A. O. (1981). *Essays in trespassing: Economics to politics and beyond.* Cambridge: Cambridge University Press.

Hirschman, A. O. (1982). *Shifting involvements: Private interests and public action.* Princeton, NJ: Princeton University Press.

Hirschman, A. O. (1987 [1980]). *Leidenschaften und Interessen: Politische Begründungen des Kapitalismus vor seinem Sieg.* Frankfurt a. M.: Suhrkamp.

Hirschman, A. O. (1988 [1984]). *Engagement und Enttäuschung: Über das Schwanken der Bürger zwischen Privatwohl und Gemeinwohl.* Frankfurt a. M.: Suhrkamp.

Hirschman, A. O. (1993 [1989]). *Entwicklung, Markt und Moral: Abweichende Betrachtungen,* Frankfurt a. M.: Fischer.

Hirschman, A. O. (1995 [1991]). *Denken gegen die Zukunft: Die Rhetorik der Reaktion.* Frankfurt a. M.: Fischer.

Hirschman, A. O. (1996). *Selbstbefragung und Erkenntnis.* München: Hanser.

Hirschman, A. O. (1998). *Crossing boundaries: Selected writings.* New York: Zone Books.

Hirschman, A. O. (2004 [1974]). *Abwanderung und Widerspruch: Reaktion auf Leistungsabfall bei Unternehmungen, Organisationen und Staaten* (unveränderte Neuausgabe). Tübingen: Mohr Siebeck.

Hirschman, A. O. (2015 [1997]). *Tischgemeinschaft: Zwischen privater und öffentlicher Sphäre* (2. Aufl.). Wien: Passagen.
Hirschmann, U., & Cases, C. (1993). *Noi senzapatria*. Bologna: Il mulino.
Joukowsky, A. (2017). *Defying the Nazis: The Sharp's war*. Boston, MA: Beacon Press.
Kneip, V. (2010). *Consumer Citizenship und Corporate Citizenship: Bürgerschaft als politische Dimension des Marktes*. Baden-Baden: Nomos.
Knöbl, W. (2020). Der Siegfried-Landshut-Preis: Warum ein Preis, warum Landshut. *Mittelweg, 36 29*(3), 5–11.
Knoll, L. (2017). Albert O. Hirschman: Abwanderung und Widerspruch. In K. Kraemer & F. Brugger (Hrsg.), *Schlüsselwerke der Wirtschaftssoziologie* (S. 185–193). Wiesbaden: SpringerVS. https://doi.org/10.1007/978-3-658-08184-3_16.
Kraemer, K., & Nessel, S. (2011). Abwanderung von Märkten Konsumentenpraxis und der Wandel des Musikmarktes. *Leviathan, 39*(4), 541–565. https://doi.org/10.1007/s11578-011-0136-8.
Kuhn, T. S. (2011 [1969]). *Die Struktur wissenschaftlicher Revolutionen* (2., revidierte um das Postskriptum von 1969 ergänzte Auflage). Frankfurt a. M: Suhrkamp
Kurzweil, E. (2007). *Full circle: A memoir*. New Brunswick: Transaction Publishers.
Lamla, J. (2013). *Verbraucherdemokratie: Politische Soziologie der Konsumgesellschaft*. Berlin: Suhrkamp.
Landshut, S. (2004 [1929]). Kritik der Soziologie – Freiheit und Gleichheit als Ursprungsproblem der Soziologie. In S. Landshut, *Politik: Grundbegriffe und Analysen. Eine Auswahl aus dem Gesamtwerk in zwei Bänden*, hrsg. von R. Nicolaysen (Bd. 1, S. 43–188). Potsdam: Verlag für Berlin-Brandenburg.
Lepenies, W. (2006). Ein Dutzend und drei Jahre. In D. Grimm (Hrsg.), *25 Jahre Wissenschaftskolleg zu Berlin: 1981–2006* (S. 95–118). Berlin: Akademie Verlag.
Mantelli, B., & Scaviano, M. (2008). Von der Aktualität eines „inaktuellen Textes": Das „Manifest von Ventotene" aus dem Jahre 1941 und die Europäische Union von heute. In C. Müller-Plantenberg & J. Perels (Hrsg.), *Kritik eines technokratischen Europas: Der politische Widerstand und die Konzeption einer europäischen Verfassung. Internationale Europatagung in der Stiftung Adam von Trott Imshausen e.V., 18–20. Oktober 2007* (S. 55–70). Kassel: Kassel University Press.
Martin, J. (2003). *Nader: Crusader, spoiler, icon*. New York: Basic Books.
Maurer, A. (2006). Abwanderung und Widerspruch: Grenzüberschreitungen zwischen Soziologie und Ökonomie? In I. Pies & M. Leschke (Hrsg.), *Albert Hirschmans grenzüberschreitende Ökonomik* (S. 67–85). Tübingen: Mohr Siebeck.
Mühlen, P. von zur. (1998). Portugal. In C.-D. Krohn, P. von zur Mühlen, G. Paul & Winckler, Lutz (Hrsg.), *Handbuch der deutschsprachigen Emigration 1933—1945* (S. 362–367). Darmstadt: Wissenschaftliche Buchgesellschaft.
Neilson, L. A. (2010). Boycott or buycott? Understanding political consumerism. *Journal of Consumer Behaviour, 9*(3), 214–227. https://doi.org/10.1002/cb.313.
Nerb, T. (2006). Verbände als Spielball mitgliedschaftlicher Kalküle: Albert O Hirschman. In M. Sebaldt & A. Straßner (Hrsg.), *Klassiker der Verbändeforschung* (S. 131–142). Wiesbaden: VS Verlag für Sozialwissenschaften. https://doi.org/10.1007/978-3-531-904 39-9_7.
Nessel, S. (2016). *Verbraucherorganisationen und Märkte: Eine wirtschaftssoziologische Untersuchung*. Wiesbaden: SpringerVS.

Nicolaysen, R. (1997). *Siegfried Landshut: Die Wiederentdeckung der Politik. Eine Biographie.* Frankfurt a. M.: Jüdischer Verlag.

Offe, K. [C.]. (2007). Albert O. Hirschman [Albert-Otto Hirschmann]. In D. Käsler & L. Vogt (Hrsg.), *Hauptwerke der Soziologie* (2., durchgesehene Auflage, S. 197–200). Stuttgart: Kröner.

Özçelik, E. (2014). Albert O. Hirschman: A „Beamish" social scientist for our grandchildren. *Development & Change, 45*(5), 1111–1133. https://doi.org/10.1111/dech.12116.

Pies, I. (2016). *Moderne Klassiker der Gesellschaftstheorie: Von Karl Marx bis Milton Friedman.* Tübingen: Mohr Siebeck.

Pies, I. & Leschke, M. (Hrsg.). (2006). *Albert Hirschmans grenzüberschreitende Ökonomik.* Tübingen: Mohr Siebeck.

Pistone, S., & Schmuck, O. (2008). Der Beitrag der Europäischen Föderalisten zum Einigungsprozess. In O. Schmuck (Hrsg.), *Die Menschen für Europa gewinnen – Für ein Europa der Bürger: In memoriam Professor Claus Schöndube* (S. 93–114). Bad Marienberg: Europa-Haus Marienberg.

Plein, K. (2016). *Dysfunktionales Beschwerdeverhalten: Ausprägungen, Entstehung, Auswirkungen und Managementimplikationen.* Wiesbaden: Springer Gabler.

Ranzinger, A. (2017 [2011]). *Praxiswissen Kundenbindungsprogramme: Konzeption und operative Umsetzung* (2., überarbeitete Auflage). Wiesbaden: Springer Gabler.

Sack, D., & Strünck, C. (Hrsg.). (2016). *Verbände unter Druck: Protest, Opposition und Spaltung in Interessenorganisationen.* Wiesbaden: Springer VS.

Scherhorn, G., et al. (1975). *Verbraucherinteresse und Verbraucherpolitik.* Göttingen: Schwartz.

Schmid, M. (2006). Über Zyklenmodelle und die Methode der Sozialwissenschaft. In I. Pies & M. Leschke (Hrsg.), *Albert Hirschmans grenzüberschreitende Ökonomik* (S. 117–125). Tübingen: Mohr Siebeck.

Schröder, G. (2006). Die Rhetorik der Spekulation: Albert O. Hirschmans Methodologie als ebenso leidenschaftliches wie unintendiertes Plädoyer für Gary S. Beckers ökonomischen Imperialismus. In I. Pies & M. Leschke (Hrsg.), *Albert Hirschmans grenzüberschreitende Ökonomik* (S. 126–142). Tübingen: Mohr Siebeck.

Scitovsky, T. (1989 [1977]). *Psychologie des Wohlstands: Die Bedürfnisse des Menschen und der Bedarf des Verbrauchers.* Frankfurt a. M.: Campus.

Sen, A. K. (1977). Rational fools: A critique of the behavioral foundations of economic theory. *Philosophy & Public Affairs, 6*(4), 317–344.

Stehr, N. (2007). *Die Moralisierung der Märkte: Eine Gesellschaftstheorie.* Frankfurt a. M.: Suhrkamp.

Strünck, C., & Reisch, L. A. (2018). Verbraucherpolitik. In K. Mause, C. Müller, & K. Schubert (Hrsg.), *Politik und Wirtschaft: Ein integratives Kompendium* (S. 473–495). Wiesbaden: Springer.

Swedberg, R. (Hrsg.). (1990). *Economics and sociology: Redefining their boundaries. Conversations with economists and sociologists.* Princeton, NJ: Princeton University Press.

Swedberg, R., & Hirschman, A. O. (1990). The Pioneers: Albert O. Hirschman. In R. Swedberg (Hrsg.), *Economics and sociology: Redefining their boundaries. Conversations with economists and sociologists* (S. 152–166). Princeton: Princeton University Press.

Terjanian, A. F. (2013). *Commerce and its discontents in eighteenth-century French political thought*. Cambridge: Cambridge University Press.
Töpfer, A. (Hrsg.). (2008). *Handbuch Kundenmanagement: Anforderungen, Prozesse, Zufriedenheit, Bindung und Wert von Kunden* (3., vollständig überarbeitete und erweiterte Auflage). Berlin: Springer.
Weber, H., & Drees, S. (Hrsg.). (2005). *New York*. München: Saur.
Williamson, O. E. (1974). Exit and voice: Some implications for the study of the modern corporation. *Social Science Information, 13*(6), 61–72. https://doi.org/10.1177/053901 847401300604.
Zorell, C. V. (2019). *Varieties of political consumerism*. Cham: Palgrave Macmillan.
Zuboff, S. (2018). *Das Zeitalter des Überwachungskapitalismus*. Frankfurt a. M.: Campus.

Christian Bala Dr., Stabsstelle Verbraucherforschung der Verbraucherzentrale Nordrhein-Westfalen e. V. Leiter der Geschäftsstelle des Kompetenzzentrums Verbraucherforschung NRW (KVF NRW). Lehrbeauftragter der Fakultät für Sozialwissenschaften der Ruhr-Universität Bochum. Mitherausgeber der Schriftenreihe „Beiträge zur Verbraucherforschung". Forschungsschwerpunkte: Konsum- und Verbraucherpolitik.

Teil II
Auf der Suche nach ökologischer Nachhaltigkeit

Kenneth Ewart Boulding: Ökonomik und Ökologie

Michael-Burkhard Piorkowsky

Zusammenfassung

Kenneth Ewart Boulding hat – beginnend in den frühen 1930er-Jahren – Ökonomie und Konsum gegen die herrschende Lehre in Teilen nahezu völlig neu gedacht. Seine kritischen Analysen und Beiträge zur Ökonomik sind noch heute aktuell und richtungsweisend für die Reflexion und weitere Entwicklung der Konsumtheorie, aber in der Fachgemeinschaft wird dies kaum wahrgenommen. Deshalb werden in diesem Beitrag ausgewählte Elemente der Bouldingnomics aus einer überschaubaren Zahl von Publikationen zu Wirtschaft, Konsum und Natur-Umwelt zusammengestellt und kommentiert. Dargelegt werden Bouldings Verständnis vom Wirtschaftsprozess: Konsum und Produktion, von Akteuren: Konsumenten und Firmen, von der Wirtschaft: Markt-Ökonomie und Nicht-Markt-Ökonomie, von der Basisorganisation: Privathaushalt sowie von alternativen Stilen des Wirtschaftens: Cowboy-Ökonomie versus Raumschiff-Ökonomie. Abschließend wird ein Resümee präsentiert, das die wichtigsten Erkenntnisse zusammenfasst und für ein Umdenken in der herkömmlichen Konsum- und Verbrauchertheorie werben soll.

M.-B. Piorkowsky (✉)
Universität Bonn, Bonn, Deutschland
E-Mail: piorkowsky@ilr.uni-bonn.de

1 Biografische Skizze zu Kenneth Ewart Boulding

Kenneth Ewart Boulding wurde am 18. Januar 1910 in Liverpool geboren. Die Familien der Eltern von Kenneth, Elizabeth Ann Boulding und William Couchman Boulding, hat Robert Scott (2015, S. 9) der Arbeiterklasse zugerechnet, Robert A. Solo (1994, S. 1187) die Eltern ebenfalls. Elizabeth war gelernte Schneiderin, William war Gas-Wasser-Installateur, zeitweise mit eigener Werkstatt. Beide waren praktizierende Methodisten sowie politisch und literarisch interessiert und engagiert. William war als Laienprediger und in der aufsuchenden Gemeindearbeit aktiv; und er warb für die Liberale Partei. Elisabeth schrieb Gedichte, wie später, beginnend mit sieben Jahren, auch Kenneth. Seinen zweiten Vornamen hat Kenneth zu Ehren und in Erinnerung an William Ewart Gladstone erhalten, einen von seinen Eltern hoch geschätzten Politiker der Liberalen Partei, der in Liverpool, in nächster Nachbarschaft der Bouldings, geboren worden war. Soviel zu den Eltern – weitergehende Darlegungen finden sich bei Scott (2015, S. 9–26), der die erste umfassende Biografie über Kenneth E. Boulding geschrieben hat.

Kenneth Boulding hat seinen zweiten Vornamen im Zusammenhang mit Publikationen wohl nie ausgeschrieben, sondern zumindest ganz überwiegend in der weitgehend üblichen Form – Kenneth E. Boulding – angegeben. Scott (2015) hat meistens auf den zweiten Vornamen und auch auf die Abkürzung verzichtet und oft lediglich von „Kenneth" berichtet, wie hier gelegentlich auch.

Familiäre Erlebnisse während des Ersten Weltkriegs hatten einen sehr starken Einfluss auf Kenneth Boulding. Dazu hat Scott (2015, S. 17) angemerkt: „Coming of age in wartime affected him in many ways that would follow him the rest of his life. It is easy to suppose that the war had a bigger impact on him than any other life event". Scott (2015, S. 18–22) hebt besonders hervor, dass Kenneth ein resoluter Pazifist wurde und – wohl auch als direkte oder indirekte Folge des Krieges – zu stottern begann. Einen weiteren nachhaltig prägenden Einfluss auf sein Leben und Werk hatte die tief empfundene und gelebte Religiosität. Kenneth wurde Quäker, lernte dadurch später in den USA seine Frau Elizabeth kennen, die ihn spirituell und wissenschaftlich stark beeinflusste, und widmete wesentliche Teile seiner Arbeit gemeinsam mit Elizabeth der Friedens- und Konfliktforschung.

Zum Ende der Schulzeit bewarb sich Kenneth Boulding, der fast immer der beste oder zweitbeste Schüler seines Jahrgangs war, zunächst 1927 erfolglos, dann 1928 erfolgreich um ein Stipendium für ein naturwissenschaftliches Studium am New College in Oxford und begann, Chemie zu studieren (Scott 2015, S. 28). Nach einem Jahr Laborarbeit beantragte er einen Wechsel zur School of Politics, Philosophy, and Economics mit der Begründung, „at that time the great problems of the human race seemed to be economic" (Scott 2015, S. 32). Kenneth wurde im ersten Studienjahr von Lionel Robbins betreut, wovon in Abschn. 2.3 noch berichtet wird. Kenneth entwickelte sich zu einem glühenden und gleichwohl kritischen Keynesianer und beendete 1931 das Ökonomie-Studium in Oxford mit Auszeichnung als einer der besten Absolventen aller Studiengänge und dem besten Abschluss in Economics in jenem Jahr. Das Ergebnis wertete Boulding als sicheres Fundament für eine akademische Karriere und Rechtfertigung dafür, keinen Doktortitel anstreben zu müssen und somit die Mühsal einer Doktorarbeit zu vermeiden (Scott 2015, S. 34).

Wohlgefühlt hat sich Boulding in Oxford nicht. Um der snobistischen Universitätskultur zu entfliehen, ging er noch 1931 mit einem Commonwealth-Stipendium in die USA und studierte zunächst in Chicago, später in Harvard. Durch seine Sozialisation in Liverpool war er bestens vorbereitet auf den amerikanischen Schmelztiegel, und er genoss die diskussionsfreudige Atmosphäre in Vorlesungen, Seminaren und Arbeitskreisen. Zu seinen Lehrern und Diskussionspartnern gehörten Frank Heyneman Knight, Henry Schultz, Jacob Viner und Joseph Alois Schumpeter (Solo 1994, S. 1187; Scott 2015, S. 36–39).

Mit dem Auslaufen des Commonwealth-Stipendiums ging Boulding pflichtgemäß, aber ungerne 1934 nach England zurück. Dort waren in jener Zeit Universitätspositionen rar. Das einzige Angebot, dass Boulding hatte, war eine wenig attraktive, prestigearme und schlecht bezahlte Lehrtätigkeit an der University of Edinburgh, Scotland, mit einem Drei-Jahres-Vertrag, den er annahm. Ein Lichtblick für Boulding war der gute Kontakt mit William Baxter, Professor für Unternehmensrechnung, der Boulding mit der Theorie und Technik der Buchhaltung und Bilanzierung vertraut machte und ihm damit ein betriebswirtschaftliches Verständnis von ökonomischen Ressourcen, insbesondere Kapital, von Organisationen und Entscheidungen und der Steuerung von betrieblichen Prozessen vermittelte (Scott 2015, S. 41; Solo 1994, S. 1188 f.). Akademisch „geadelt" wurde Boulding mit der Veröffentlichung eines Aufsatzes von Frank H. Knight im *Quarterly Journal of Economics* 1935, in dem Boulding bereits im Titel namentlich genannt wird *(The Theory of Investment Once More: Mr. Boulding and the Austrians)*. Dies und die sich anschließende Kontroverse zwischen dem in Fachkreisen noch unbekannten Boulding und Knight erwies sich für Boulding als Sprungbrett für seine Karriere (Scott 2015, S. 41 f.).

Auf einer Konferenz in Philadelphia 1937 erhielt Boulding den Hinweis auf eine freie Position an der Colgate University in Hamilton, New York, die er übernahm und von dort aus – so Solo (1994, S. 1188) – seine glorreiche Universitätskarriere startete. Weitere Hauptstationen auf seinem Weg waren die Fisk University in Nashville, Tennessee, das Iowa State College, die spätere Iowa State

University, in Ames, die McGill University in Montreal, die University of Michigan in Ann Arbor, ein längerer Forschungsaufenthalt an der Stanford University in Palo Alto, California, und schließlich die University of Colorado in Boulder, wo er 1980 emeritiert wurde (Solo 1994, S. 1188; Scott 2015, S. 43–59, S. 139). Einzelne Stationen werden noch im folgenden Abschn. 2 im Zusammenhang mit den hier ausgewählten Beiträgen von Boulding angesprochen.

Am 20. März 1993 starb Kenneth Boulding in Boulder. Seine letzte Tagebucheintragung endet mit der Feststellung: „I have had an extraordinarily good life. I will be 83 in three months and I have absolutely nothing to complain about. If there is a future life, well, that's fine; if there isn't, I won't know about it, and that's fine too" (zitiert bei Scott 2015, S. 182).

Kenneth Boulding hat über tausend Beiträge zu 30 Sachgebieten veröffentlicht, ist bei Solo (1994, S. 1188) zu lesen. Mit Blick auf seine ökonomischen Schriften könnte er als ein universeller Vordenker neuer Ansätze der Ökonomik, wie Evolutorische Ökonomik, Neue Institutionenökonomik, Ökologische Ökonomik sowie Sozial- und Verhaltensökonomik, aber auch als Post-Keynesianer eingeordnet werden (vgl. dazu die Beiträge in Dolfsma und Kesting 2013). Solo (1994, S. 1187) hat Boulding in der posthumen Würdigung als den kreativsten Sozialwissenschaftler seiner Zeit bezeichnet. Bahnbrechend war sein Buch *A Reconstruction of Economics* (1950) mit der wohl ersten umfassenden ökologischen Fundierung der ökonomischen Theorie (Scott 2015, S. 3; vgl. dazu Fisher und Peterson 1976, S. 3), die auch Solo (1994, S. 1188 f.) in seiner Würdigung hervorgehoben hat und hier als Ausgangspunkt für die Betrachtung der Bouldingnomics gewählt worden ist. Mit Bezug auf diesen originären Ansatz wird Boulding hier als ökologisch orientierter Ökonom eingeordnet. Ökologie (und damit auch Evolution) ist ein zentraler Baustein in seiner Theorie der Wirtschaft, insbesondere über die Zentralprozesse Produktion und Konsum – neben der institutionellen Erweiterung der Markt-Ökonomik um seine Analyse der Nicht-Markt-Ökonomie, die er „Grants Economy" genannt hat.

Kenneth Boulding war eigensinnig und unorthodox. Im ersten Satz seiner Einführung in die *Grants Economics Series* in seinem programmatischen Buch *The Economy of Love and Fear – A Preface to Grants Economics* (Boulding 1973) hat er gemutmaßt, die Arbeit der Herausgeber der Schriftenreihe – neben Boulding war es der deutsche Ökonom Martin Pfaff – könnte fast als „radical economics by regular economists" gedeutet werden. Das mag auch erklären, warum der Ökologische Ökonom Robert Underwood Ayres ihm vorgeworfen haben soll, ein Institutionenökonom zu sein (Wray 2013, S. 431). Tatsächlich hat Boulding Ökonomie und Konsum in Teilen radikal neu gedacht und die Einsichten in seinen

Werken nach und nach veröffentlicht. In der Zeitschrift *Business Week* ist Boulding im Jahr 1969 als „Ketzer" unter den Ökonomen bezeichnet worden; und in einem anderen Zusammenhang hat er auf die Frage, ob er sich als Ökonom verstehe, geantwortet: Ich muss es wohl sein, ich bin der Präsident der American Association of Economists (Scott 2015, S. 5). Die Würdigung seines ökonomischen Wirkens in mehreren Beiträgen im *Journal of Economic Issues* (1994), darunter in dem hier zitierten Nachruf von Solo (1994), hat der Herausgeber des Journals mit dem Satz eingeleitet: „The late Kenneth Boulding was a controversial economist even among the heterodox" (Editor 1994, S. 1187).

Kenneth Boulding war nicht nur Präsident der American Association of Economists, sondern auch weiterer akademischer Gesellschaften, darunter der American Association for the Advancement of Science, der Society for the Advancement of General Systems Theory, der Association for the Study of the Grants Economy und der International Studies Association, von denen er einige mitgegründet hat. Hier ist noch abschließend zu erwähnen, dass Kenneth Boulding für den Wirtschaftsnobelpreis und gemeinsam mit Elizabeth Boulding mehrfach für den Friedensnobelpreis nominiert war (Scott 2015, S. 4).

2 Ausgewählte Beiträge von K. E. Boulding zu einer Kritischen Konsumtheorie

In den hier ausgewählten Beiträgen von Boulding werden Themenbereiche behandelt, die für eine Kritische Konsumtheorie zentral sind. Es geht um Grundfragen zum Verständnis von Konsum und Produktion (Abschn. 2.1), Konsumenten und Firmen (Abschn. 2.2), Nicht-Markt-Ökonomie und Markt-Ökonomie (Abschn. 2.3), Privathaushalten (Abschn. 2.4) und alternativen Stilen des Wirtschaftens für ein mehr oder weniger nachhaltiges Wirtschaften (Abschn. 2.5).

2.1 Konsum und Produktion

Konsum im ökonomischen Sinn verstand Boulding als Nutzung von Vermögensbeständen und (Vor-)Leistungen – letztlich – zur Produktion von Humankapital bzw. Humanvermögen einschließlich erwünschter mentaler Zustände. Dies sei von der Zerstörung der Güter im *technischen* Sinn (und der Wortbedeutung von Konsum als „verzehren", „verbrauchen") strikt zu unterscheiden. Er argumentiert sinngemäß wie folgt: Für die Lebenserhaltung und Lebensgestaltung müssen Versorgungsprozesse organisiert werden (Boulding 1986, S. 10). Der Konsumprozess sei unvermeidbar mit der gleichzeitigen oder sich nach und nach vollziehenden technischen Zerstörung der genutzten Konsumgüter sowie mit Umweltbelastungen verbunden. Konsum führe folglich im Ergebnis zu einer Bestandsminderung der genutzten Güter und einer Bestandsmehrung des Humanvermögens und sei Auslöser von Produktion, um Ersatz oder auch Zusätzliches bereitzustellen. Aber auch Produktion sei bei genauer Betrachtung Konsum. Denn der Prozess der Gütererstellung erfordere die Umwandlung der Einsatzgüter in die für den Konsum angestrebten Nutzleistungen. Dies verursache unvermeidbar die Zerstreuung eines Teils der eingesetzten Energie und Materie in Gewinnungsprozessen sowie in weiteren Prozessen der Ver- und Bearbeitung. Folglich seien Konsum und Produktion als *ein* Transformationsprozess von Vorleistungen in angestrebte Nutzleistungen, Abfälle und Umweltbelastungen zu verstehen, den Markt-Ökonomen mehrheitlich in zwei als gegensätzlich gedeutete Phasen zerlegt und dichotom bezeichnet hätten: Produktion im Sinn von Güterhervorbringung und Konsum im Sinn von Gütervernichtung (vgl. dazu Piorkowsky 2017, S. 76–85; 2019a).

Gründe für die ökonomisch irrige Einordnung von Konsum und Produktion sind für Boulding – wie in etlichen seiner Arbeiten dargelegt wird – vor allem die marktzentrierte Betrachtung gesonderter Organisationen, insbesondere Unternehmen und Haushalte, und die Vermischung von realgüter- und nominalgüterwirtschaftlicher Analyse der Wirtschaftsprozesse mit der Fokussierung auf Tauschwerte (Boulding 1945); außerdem die Verkennung der Wirkungen des Konsums auf die Bildung von Humanvermögen bzw. Humankapital – Boulding (1950, S. 135–140) verweist diesbezüglich auf die Notwendigkeit der Erhaltung und Gestaltung des Lebens und konkretisiert dies mit „utilization", „enjoyment" und „psychic capital" – sowie die fehlende theoretische Einordnung des Wirtschaftsprozesses entsprechend den naturgegebenen Grundlagen der Lebensgestaltung, insbesondere unter Berücksichtigung der Gesetze der Thermodynamik. Er spricht aber auch die Schwierigkeit der Reformulierung der Theorie an (Boulding 1950, S. 135) und verweist insbesondere darauf, dass der tradierte ökonomische Begriffsapparat eine zutreffende Konzeptualisierung behindere (vgl. Boulding 1986, S. 8).

Die ökonomisch neue Sicht auf Konsum und Produktion hatte Boulding über viele Jahre entwickelt, nicht zuletzt bei den Arbeiten an seinem Lehrbuch *Economic Analysis* (Boulding 1941, S. 119 f., S. 279, S. 636 f.; 1948a, S. 284 f., S. 290 f.), das nach der zweiten Auflage (Boulding 1948a) noch in dritter Auflage (Boulding 1955) sowie zuletzt 1966 in vierter Auflage zweibändig erschienen ist (Scott 2015, S. 48 f.). Boulding war während seiner Zeit an der Colgate University gebeten worden, ein Lehrbuch zu schreiben. Es entwickelte sich – so Scott (2015, S. 48 f.) – zumindest in den USA bis zur dritten Auflage zu einem der am weitesten verbreiteten und einflussreichsten Lehrbücher, das aber nach und nach durch den neuen „Klassiker" *Economics: An Introductory Analysis* von Paul Anthony Samuelson abgelöst wurde.

Als Boulding 1948 mit dem Schreiben seines Buches *A Reconstruction of Economics* (Boulding 1950) begann, war es sein letztes Jahr am Iowa State College. Dort hatte er sich auf Wunsch von Theodore William Schultz, dem damaligen Leiter der ökonomischen Abteilung und späteren Wirtschaftsnobelpreisträger, mit Interesse, aber ohne Begeisterung als Arbeitsökonom spezialisiert. Boulding bewegten vor allem Fragen nach den Strukturen und Funktionen sowie dem Zusammenwirken einzel- und gesamtwirtschaftlicher Prozesse. Bereits in seinem Aufsatz über *Consumption Economics. The Consumption Concept in Economic Theory* (Boulding 1945) unternahm er in Kurzform eine „Abrechnung" mit Klassikern der Ökonomik, beginnend bei Adam Smith, Jean-Baptiste Say, Thomas Robert Malthus und David Ricardo bis zu Alfred Marshall und John Maynard Keynes, und er stellt einleitend klar:

> It is only a slight exaggeration to say that the classical economists, up to and including Marshall, had a fairly clear concept of consumption but no adequate theory of how consumption fitted into the whole economic process. [...] Marshall, for instance, having defined consumption fairly accurately, immediately leaves the subject and devotes the rest of his Book III to a discussion of the related, but by no means identical, topic of Demand (Boulding 1945, S. 1).

Bouldings Kritik war allerdings nicht vorrangig gegen die Darstellung des Konsums in den *Principles of Economics* von Alfred Marshall gerichtet (vgl. dazu Piorkowsky 2019b). Die Kritik zielte vielmehr auf John Maynard Keynes und die mit der Keynes'schen Konsumfunktion definierte Gleichsetzung der Nachfrage bzw. der Konsum*ausgaben* mit dem Konsum der erworbenen Güter. Denn die Ausgaben seien lediglich ein Teil einer Markttransaktion, bei der Geld gegen einen Vermögenswert oder eine Dienstleistung getauscht werde. Zwar seien die beiden Prozesse, Kauf und Konsum, wie auch Kauf und Produktion, miteinander verbunden, aber vollständig unterschiedlich: einerseits Zirkulation von vorhandenen Real- und Nominalgütern, andererseits Transformation von Realgütern in Nutzleistungen und Abfall. Tatsächlich ist es schwer nachvollziehbar, dass von Wirtschafts- und Sozialwissenschaftlern bis heute die Beschaffung und Nutzung von Gütern als Konsum *oder* als Produktion gedeutet wird, je nachdem, ob es sich bei den Akteuren um Mitglieder von Haushalten oder um Beschäftigte von Unternehmen oder Verwaltungsbetrieben handelt.

Die Korrektur der Vermischung von realgüter- und nominalgüterwirtschaftlicher Betrachtung war nicht das einzige Anliegen von Boulding (1950, S.

vii-x). Er war insgesamt unzufrieden mit dem Stand der Wirtschaftswissenschaft. Die fehlende Integration der Ökonomik in die Sozialwissenschaften und die Vernachlässigung von Erkenntnissen der Naturwissenschaften empfand er als Versäumnisse der Ökonomen, die zu einer Abschottung von der realen Welt geführt hätten. Als unnötige Verengungen sah er insbesondere die Postulierung des Maximierungsverhaltens, die Marginalanalyse und die statische Gleichgewichtstheorie (vgl. dazu Boulding 1948b; 1986, S. 9, S. 12), und er hat nach alternativen Ansätzen gesucht. Beispielgebend waren für ihn zum einen die Arbeiten der Agrarökonomen am Iowa State College, die insbesondere von Theodore W. Schulz geprägt waren, und zum anderen Disziplinen überschreitende Fächerbildungen in Natur- und Sozialwissenschaften, wie Physikalische Chemie, Biophysik, Sozialpsychologie und Wirtschaftssoziologie (Boulding 1950, S. vii f.).

> The outstanding success of what may still be called the ‚Ames School' in agricultural economics has been somewhat facetiously attributed to the discovery that there was no such subject – that there was only economics applied to agricultural problems. In somewhat similar vein I have been gradually coming under the conviction, disturbing for a professional theorist, that there is no such thing as economics – there is only social science applied to economic problems. Indeed, there may not even be such a thing as social science – there may only be general science applied to the problems of society (Boulding 1950, S. vii).

In seiner *Reconstruction of Economics* bietet Boulding – ab 1949 Professor an der University of Michigan, Ann Arbor (Scott 2015, S. 70) – dreierlei: erstens eine theoretische Einbettung der Ökonomie in die sozioökonomisch-ökologische Umwelt, zweitens eine systematische Trennung zwischen realgüter- und nominalgüterwirtschaftlichen Prozessen sowie drittens eine Einordnung der Befunde in die herkömmliche Struktur ökonomischer Lehrbücher nach Mikro- und Makroökonomik – eine Leistung, die nicht durchgehend Anerkennung gefunden hat (siehe die Rezension von Turvey 1951, S. 204; ferner Spash 2013, S. 355 f.). Boulding (1950, S. 3–8) wollte die Wirtschaft nicht scharf abgegrenzt als wesentlich durch Geldgebrauch gekennzeichnetes ökonomisches System der Gesellschaft betrachten, sondern aspekthaft als verhaltenswissenschaftliches Beziehungsgefüge erklären. Denn an sozialen Organismen, wie Familien, Firmen, Gewerkschaften, Kirchen und Staaten, ließen sich – wie an allen biologischen Organismen und Populationen – ökonomische Aspekte bei Produktion, Konsum und Austausch feststellen. Boulding (1950, S. 6) weist nachdrücklich darauf hin, dass die Betrachtung der Gesellschaft als ein ökologisches System nicht lediglich eine

Analogie sei. Vielmehr stelle Gesellschaft ein Beispiel für ein Ökosystem dar, so wie Wälder, Felder und Sümpfe andere Beispiele für Ökosysteme seien. Für das ökologisch-ökonomische Verständnis von Konsum und Produktion durch soziale Organisationen und Organismen bezieht sich Boulding in seinem Buch auf das physiologische Konzept der Homöostase, also den Mechanismus der notwendigen Aufrechterhaltung der lebenserhaltenden Funktionen durch Zufuhr von Energie zum Ausgleich der durch Aktivität abfließenden Energie. Für Wachstum und Entwicklung muss danach im Sinn eines Fließgleichgewichts zusätzliche Energie gewonnen werden. „Thus the human body has a complex physiochemical equilibrium, involving, for instance, a constant temperature and certain concentrations of various substances in its various parts. If the equilibrium is disturbed, ‚wants' are set up which induce the body to act so as to restore its optimum condition" (Boulding 1950, S. 27). So betrachtet, realgüterwirtschaftlich gesehen, sind Konsum und Produktion einschließlich Austausch organisierte Prozesse der Aufnahme, Umwandlung und Abgabe von Materie und Energie, also metabolische, stoffumwandelnde Prozesse, wobei die Aufnahme und Abgabe teils aktiv aus der sozioökonomischen Umwelt und der Natur-Umwelt organisiert wird, teils ohne Zutun geschieht, wie der Zugang elementarer Lebensmittel, z. B. Luft, Sonnenstrahlung und Wasser.

Bei genauer Betrachtung zeigt sich zum einen, dass aktiver Austausch, also Beschaffung von Einsatzgütern und Abgabe von Leistungen und nicht erwünschten Stoffen, den Einsatz von Arbeit und oft auch von weiteren Mitteln erfordert, also Produktion ist. Gewünschtes wird aktiv beschafft, nicht mehr gewünschtes aktiv entsorgt. Zum anderen zeigt sich, dass Produktion und Konsum genau betrachtet *ein* Prozess der Transformation ist: Umwandlung von Rohstoffen und Energie sowie von Vorleistungen durch Arbeit in angestrebte Nutzleistungen sowie in Rest- und Schadstoffe.

> Production generally means the simultaneous creation of one or more kinds of assets through the destruction of other kinds, the net effect being the replacement of the destroyed assets by the produced assets, i.e. the transformation of destroyed assets into produced assets. The destroyed or consumed assets constitute the ‚cost', from the point of view of the firm, of the assets produced. Thus in the production of 1000 tons of flour 1250 tons of wheat may be consumed, a certain amount of machinery and equipment may be consumed, and a certain quantity of money must be spent in the purchase of labor. The shifts in the asset structure as a result of this productive operation therefore consists of (i) an increase in the flour item (the ‚production'), and (ii) decreases in the cash, wheat, and machinery items (the ‚costs of production'). These increases and decreases may, of course, be valued in dollar terms. If the operation has been profitable the value of the increase in flour should be greater than the value of the decreases in the other items. This is the essence of the profit-making process – the

manipulation (transformation) of assets in order to achieve an increase in their total value. [...] In accounting terms such consumption of assets is said to be expensed' (Boulding 1950, S. 30 f.).

Die ökologische Fundierung seiner Rekonstruktion der ökonomischen Theorie führte Boulding auch zu der Klarstellung, dass eine dynamische, am Lebenszyklus von Organismen und Organisationen orientierte ökonomische Theorie eine Ungleichgewichtstheorie sein müsse: „Indeed, true equilibrium is unknown in the world of nature, for all things are subject to the irreversible process of entropy" (Boulding 1950, S. 37). Damit war Boulding nach meinem Wissen der erste Ökonom, der die Thermodynamik – lange vor Nicholas Georgescu-Roegen (1971) – in die ökonomische Analyse eingeführt und die Konsequenzen für Produktion und Konsum klar erkannt und dargelegt hat.

> Consumption in its literal sense means destruction: if we ask destruction of what, the answer is destruction of capital, i.e. of real assets. When we eat food, burn fuel, and wear out clothes we have a smaller stock of these things than we had before the act of consumption. Economists have frequently written, as if consumption was the desideratum, the end product of all economic activity. Such, however, is not the case. It is true that there are some commodities which must be consumed in the utilization, such as food and fuel. This, however, is a technical incident. For most commodities consumption is merely incidental to their use and, far from being a desideratum, is to be avoided as much as possible (Boulding 1950, S. 135).

Die Erkenntnis des ökonomisch-ökologischen Metabolismus münzt Boulding (1950, S. 136) in die generelle Empfehlung um, Konsum und damit auch Produktion möglichst gering zu halten: „We do not want to consume fuel except as a means to getting heat, light, or power: the more of these things we can get from a unit of fuel the better off we are [...]. We burn coal in a house furnace only because the temperature of the house is a depreciating asset in winter, which has to be replaced by the consumption of fuel". Er stellt nicht nur klar, dass selbstverständlich die Lebenserhaltung vernünftig zu gewährleisten sei, sondern auch, dass die Nutzung von langlebigen Gütern zu deren Erhalt beitragen könne, dass ein bewohntes und gepflegtes Haus langsamer verfalle als ein unbewohntes Haus; er weist auch darauf hin, dass naturbedingte und krankhaft vorgenommene Zerstörungen, z. B. durch Feuer, auch von Pyromanen, vorkämen; dass die Nutzenstiftung dem Konsumakt an sich entspringen könne, etwa bei der Selbstwahrnehmung als Akteur; und dass bei unmittelbar personenbezogenen Dienstleistungen Produktion und Konsum offensichtlich zusammenfielen, z. B. beim Besuch einer Filmaufführung, die zur Bildung von psychischem Kapital durch gedankliche Verarbeitung und Speicherung führe, aber sich eben auch früher oder später verflüchtige und dann oft den Wunsch nach erneuter Information oder Unterhaltung anrege (Boulding 1950, S. 136–141).

Der Abschluss dieses Gedankengangs mit der Feststellung: „Oddly enough, the mental state of having gone to a bad movie may depreciate at a slower rate than the state of having gone to a good one!" (Boulding 1950, S. 141), ist typisch für Boulding. Er wurde nicht nur wegen der thematischen Vielfalt seiner Arbeiten, seiner Kreativität und Scharfsinnigkeit, sondern auch wegen seiner witzigen Bemerkungen und klugen Wortspiele geschätzt (siehe z. B. Turvey 1951, S. 203; Solo 1994, S. 1187). Beispielhaft erwähnt sei eine seiner Reverenzen an Adam Smith, „who has strong claim being both the Adam and the smith of systematic economics" (Boulding 1970a, S. 117).

2.2 Konsumenten und Firmen

„Let us now see what is the problem which a theory of a consumer – who may be a firm as well as a household – must solve" (Boulding 1950, S. 144). Mit dieser Aufforderung beginnt Boulding in seiner *Reconstruction of Economics* den Abschnitt „A theory of the consumer". Ehe dem im Detail nachgegangen wird, sei hier kurz bekräftigt, dass Boulding – ökonomisch-ökologisch konsequent – Haushalte und Unternehmen gleichermaßen als Produzenten und Konsumenten begreift. Er legt in seiner *Reconstruction* außerdem dar, dass Haushalte nicht nur für den Eigenbedarf produzieren, sondern auch unternehmerisch tätig seien und Unternehmen gründen würden. Wenn Boulding von Firmen spricht, meint er körperschaftlich verfasste Großbetriebe, so wie es ja auch in der Fachgemeinde (siehe Coase 1937) und im Alltagsdenken gesehen wird (allerdings in Unterschätzung der zahlenmäßig überwältigenden Dominanz der Mini-Unternehmen). Boulding behandelt grundlegende Strukturen und Prozesse der Produktion im Unternehmen bereits im Zusammenhang mit den ökologischen Grundlagen des Wirtschaftens, greift dies aber später wieder auf. Das ermöglichte es ihm, der gängigen Stoffgliederung in der Lehrbuchliteratur zu folgen und die mikroökonomische Theorie der Produktion im Zusammenhang mit der Theorie der Firma und anschließend die Theorie des Konsumenten im Zusammenhang mit der Theorie des Haushalts zu behandeln. Mit Blick auf die Real- und Theoriegeschichte und den Forschungsergebnissen von Boulding (1942) folgend, hätte es auch umgekehrt sein können, ich würde fast sagen, sein müssen, was noch begründet wird.

The simplest theory of the firm is to assume that there is a ‚homeostasis of the balance sheet' – that there is some desired quantity of all the various items in the balance sheet, and that any disturbance of this structure immediately sets in motion forces which will restore the status quo. Thus, if a customer purchases finished product, this diminishes the firm's stock of finished product and increases its stocks of money. In order to restore the status quo the firm must spent the increased money stock to produce more finished product. On these assumptions the firm's production, and indeed the production of the whole society, is a necessity imposed on it by the fact of consumption (Boulding 1950, S. 27).

Die Theorie der Homöostase und das Konzept der Vermögensstruktur und Bilanzierung ist für Boulding 1950, S. 27), wie bereits in Abschn. 2.1 dargestellt, ein Grundmodell, das er zur Analyse aller sozialen Organismen und Organisationen für anwendbar hält – beispielhaft nennt er Hochschulen, Kirchen und Gewerkschaften (siehe dazu Abschn. 2.3) – und in seiner *Reconstruction* insbesondere auf Firmen sowie auf Konsumenten und Haushalte angewandt hat (vgl. dazu Solo 1994, S. 1188 f.). Für soziale Organismen stellt Boulding (1950, S. 33 f.) klar, dass deren Gleichgewichtsposition nicht nur durch natürliche Umweltgegebenheiten, sondern maßgeblich durch die Ziele und Entscheidungen der Führung der Organisation gestaltet würden. Für Firmen spielen insbesondere Eigentümerstruktur, rechtliche Regelungen sowie Beschaffungs- und Absatzmärkte eine bedeutende Rolle; das soll hier nicht weiter vertieft werden.

Konsumenten betrachtet Boulding (1950, S. 144 f.) im Haushaltszusammenhang, vor allem mit Blick auf Güterkäufe und Güterverkäufe, Erwerbsbeteiligung und Geldeinkommen, Haushaltsproduktion und Naturaleinkommen, Güter- bzw. Vermögensstruktur, Nutzungspräferenzen und weitergehendes Nutzungsverhalten sowie Lebensverläufe. Außer Betracht bleibt die soziale Lebensform, aber unterstellt wird wohl der herkömmliche Familienlebenszyklus. Die genannten Verhaltensweisen und Bestimmungsgründe gehen weit über das hinaus, was die traditionelle Verbrauchertheorie – weder damals noch heute – ganzheitlich abbildet. Boulding hält, wie bereits ausgeführt, insbesondere die Gleichsetzung von Nachfrage bzw. Kauf mit Konsum für völlig verfehlt. Außerdem betrachtet er Haushaltsproduktion und Selbstversorgung als Alternativen zum Kauf für den Aufbau, die Erneuerung und die unmittelbare Nutzung von Haushaltsvermögen und bezieht außerdem Naturaltausch und Verkäufe von Haushaltsgütern in die Überlegungen ein. Mit Bezug auf die ökonomische Theorie des Konsumenten stellt er fest:

The patterns of the consumer are in fact the patterns of living and require complex psychological and sociological study. It may well be that variables which fall under the general field of sociology – e.g. Veblen's conspicuous consumption, emulation of the neighbors, conventional patterns associated with certain occupations or certain ‚positions' in society – play a more important role in determining the consumer's economic behavior than any strictly ‚economic' considerations (Boulding 1950, S. 147).

Im Folgenden behandelt Boulding mit Bezug auf die Markttheorie zum einen die spezifisch ökonomische Orientierung der Konsumenten bei der Güternachfrage an monetären Größen, insbesondere Geldeinnahmen und Güterpreise, sowie deren Änderungen und zum anderen – weitergehend – die Neigung zu unternehmerischem Handeln im Haushaltskontext. Er verweist insbesondere auf die verbreitete Praxis des Verkaufs ausgesonderter Haushaltsgüter, z. B. Kraftfahrzeuge und Einrichtungsgegenstände, auf Second-Hand-Märkten und sieht generell einen unternehmerischen Charakter bei Haushalten, bis hin zum Übergang in selbstständige unternehmerische Erwerbstätigkeit. Dazu führt Boulding (1950, S. 152) aus, dass es zwar verlockend sei, einen „reinen Haushalt" zu definieren, bei dem sich Geldeinnahmen, Ausgaben für Konsumgüter und Konsum wertmäßig entsprächen, aber es wäre viel wichtiger, die unterschiedlichen Aktivitäten von Haushalten wahrzunehmen, statt einen Idealtyp festzulegen. Das Aktivitätsspektrum, dass hier von Boulding angesprochen wird, beinhaltet verschiedene Formen der Geldbeschaffung und Investition sowie Kauf, Tausch, Teilen, Haushaltsproduktion, Marktproduktion, Verkauf, konsumtive Nutzungen und Gründung von Organisationen, beginnend mit dem eigenen Haushalt (vgl. dazu auch Piorkowsky 2017, S. 89–99; 2018, S. 86–90, S. 102 ff.).

Boulding (1950, S. 153 f.) weist zum Abschluss des Abschnitts „A theory of the consumer" darauf hin, dass sich die ökonomische Theorie der Firma und der Produktion sowie des Haushalts und des Konsums immer ähnlicher würden. Tatsächlich ist die neoklassische Theorie der Unternehmung in den 1930er-Jahren in Analogie zur Theorie des Haushalts entwickelt worden, was Boulding (1941) bereits in der ersten Auflage seiner *Economic Analysis* aufgegriffen und weiterentwickelt hatte (Boulding 1942, S. 800). Die Gemeinsamkeiten in der Beschaffung und Verwendung von Einsatzgütern in der Haushaltsproduktion für den Eigenbedarf und in der Marktgüterproduktion der Unternehmen sind ja unübersehbar, auch wenn die einen Konsumgüter und die anderen Produktionsfaktoren genannt werden. Und weil die Ökonomen einen möglichst effizienten Gütereinsatz annehmen bzw. unterstellen, dauerte es nicht lange, bis die zuerst für die Erklärung der Nachfrage des Haushalts entwickelten analytischen Grundlagen nach und nach für die Unternehmenstheorie analog formuliert und damit „von der Konsumtheorie auf die Produktionstheorie" (Blaug 1975, S. 12) übertragen wurden.

Das sei an Beispielen kurz erläutert (Boulding 1942, S. 798 ff.; Piorkowsky 2011, S. 83–105). Der Unterscheidung zwischen komplementären und substitutiven Konsumgütern in der Nachfragetheorie des Haushalts entspricht die Unterscheidung zwischen limitationaler und substitutionaler Faktorkombination in der Produktionstheorie der Unternehmung. Den Axiomen der Präferenz des Konsumenten entsprechen Annahmen über technologische Prozessstrukturen im Unternehmen. Für substitutionale Produktionsfaktoren und Prozesse gilt Folgendes: Dem Konzept des Grenznutzens eines Konsumgutes entspricht das des Grenzertrags eines Produktionsfaktors. Der Aussage des Gesetzes vom fallenden Grenznutzen (erstes Gossen'sches Gesetz) entspricht die Annahme eines sinkenden Grenzertrags. Der Grenzrate der Substitution zwischen Konsumgütern (zweites Gossen'sches Gesetz) entspricht die Grenzrate der Substitution zwischen Produktionsfaktoren. Den Indifferenzkurven der Nutzentheorie entsprechen die Isoquanten der Produktionstheorie, also solche zum Ursprung eines Koordinatensystems hin gekrümmte Kurven, die geometrische Orte aller Kombinationen von zwei Inputs sind, mit denen auf unterschiedlichem Niveau ein jeweils konstanter Output effizient produziert werden kann. Vom Haushalt wird angenommen, dass er eine Nutzenfunktion unter der Nebenbedingung einer Budgetbeschränkung durch die Wahl eines Güterbündels maximiert. Und vom Unternehmen wird angenommen, dass es den Gewinn unter der Beschränkung eines gegebenen Budgets zum Erwerb der Produktionsfaktoren maximiert.

Boulding (1942, S. 799 f.) verstand die Gemeinsamkeiten nicht lediglich als formale Analogien, sondern als im Großen und Ganzen mit der Realität übereinstimmend: „Indeed, a consumer is merely a ‚firm' whose product is ‚utility'. [...] I have extended this type of analysis to cover even the theory of selling cost, relegating the once predominant theory of consumption to its place as a special case of the general theory of an economic organism". Boulding hätte also, wie am Anfang des Abschnitts 2.2 kritisch angesprochen, die Bedeutung der privaten Haushalte noch nachdrücklicher hervorheben können. Denn die Produktionstheorie der Unternehmung ist in Teilen eine Erweiterung der Haushaltstheorie. Und Haushalte sind die logisch und historisch ursprünglichen Betriebe, aus denen heraus sich abgeleitete Organisationen entwickeln, wie Familien, Unternehmen und Verbände. Boulding hat das später nachgeholt, wie in den Abschnitten 2.3 und 2.4 dargelegt wird.

Boulding verließ 1967 nach 28 Jahren die Universität von Michigan – verärgert über fachliche Reformen, darunter die Streichung der Dogmengeschichte der Ökonomik aus dem Fächerkanon, sowie enttäuscht über veränderte finanzielle und politische Rahmenbedingungen – und übernahm eine attraktiv ausgestattete Professur an der Universität von Colorado, am Standort Boulder, wo er im Institute of Behavioral Science zunächst seine Konflikt- und Friedensforschung fortsetzte (Scott 2015, S. 110 f.).

2.3 Nicht-Markt-Ökonomie und Markt-Ökonomie

Die Konzeption einer – die ökonomische Theorie des Marktes ergänzenden – Nicht-Markt-Ökonomik entwickelte Boulding aufgrund der Marktorientierung der modernen Ökonomik und der sich daraus ergebenden Vernachlässigung von Organisationen, die nicht vorrangig über Märkte gesteuert werden, wie Familienhaushalte, Gewerkschaften, Kirchen und Staatshaushalte (Boulding 1970a, S. 1–22, S. 53–75; 1973; 1981). Zweifellos hatte er das *nicht* am Markt-Tausch-Paradigma orientierte Verständnis der Ökonomik von Lionel Robbins verinnerlicht, der, wie in Abschn. 1 erwähnt, sein Betreuer im Ökonomie-Studium in Oxford war. Robbins vertrat ein verhaltensorientiertes Verständnis von Ökonomik, das er bereits Anfang der 1930er-Jahre in der berühmten Definition formulierte: „Economics is the science which studies human behavior as a relationship between ends and scarce means which have alternative uses" (Robbins 1945 [1932], S. 16; vgl. dazu Boulding 1970b [1949], S. 5 ff.).

Außerdem vermisste Boulding die Berücksichtigung von Konflikten, Macht und Wohlwollen in der ökonomischen Analyse der Gesellschaft. Die Erkenntnis, dass manche Konflikte destruktiv, andere aber produktiv sein können, führte ihn zu der Unterscheidung zwischen integrativen und desintegrativen Mechanismen der Steuerung der Güterversorgung, wie in der „Introduction to the Series on Grants Economics" und dem „Preface" dargelegt wird (Boulding 1973). In seinem Vorwort führt er dazu aus:

> I concluded that the main problem lay in what I have come to call the ‚integrative system' – that is, the aspect of society that deals with status, identity, community, legitimacy, loyalty, benevolence, and so on, and of course the appropriate opposites. This approach could almost be defined as the study of ‚how things come to hold together and how they fall apart'. Still an economist, I naturally asked myself how the famous ‚measuring rod of money' might be used to measure the relationships of the integrative system, and this question set me onto the idea of the grant, or the one-way transfer, as a measure of integrative relationship. If A gives B something and B does not give A anything in the way of an economic good, then there must be some kind of integrative relationship between them. I concluded that studying the ‚grants matrix' – that is, who gives what to whom – could throw a great deal of light on the clusterings of the integrative structure (Boulding 1973, Preface).

Als „grants" bezeichnet Boulding (1973, S. 1–13, S. 30 f.) einseitige Übertragungen von Geld sowie von Sach- und Dienstleistungen einschließlich Nutzungsmöglichkeiten, z. B. öffentlich bereitgestellte Güter, sodass sich die Vermögensposition bzw. die Leistungsbilanz zwischen den Beteiligten einseitig ändert. Bei zweiseitigen Transaktionen, wie dem Tausch von Ware gegen Ware oder Ware gegen Geld, wird im Idealfall wertgleich getauscht, sodass sich nur die Struktur der Vermögensbestände der Tauschpartner verändert. Nach der vorrangigen Motivation für die einseitige Übertragung unterscheidet Boulding zwei Hauptgruppen von Grants, positive und negative: zum einen durch Solidarität und Liebe motivierte freiwillige Übertragungen und zum anderen durch Drohung und Angst veranlasste unfreiwillige Übertragungen. Zu den freiwilligen Übertragungen gehören Geldspenden, Sachgeschenke, finanzieller Kindesunterhalt, Haushalts- und Familienarbeit, Vermächtnisse, betriebliche Budgetzuweisungen, Forschungsdrittmittel und Freiwilligendienste. Zu den unfreiwilligen Übertragungen gehören erpresstes Lösegeld und Tributleistungen sowie – mit Einschränkung – Steuerzahlungen, die in demokratisch verfassen Gesellschaften mit der Vorstellung verbunden sein können, davon einen Teil in Form öffentlicher Güter und persönlicher Sozialleistungen zurückzubekommen. Die Wahl des Terminus „grant" begründet Boulding (1973, S. 2) so: „I use the term ‚grant' as a generic name for the one-way transfer, as it seems to have the broadest connotation of any name that might be used".

In weitergehender Analyse der Transaktionen beschreibt Boulding (1973, S. 2–5; 1981, S. 2–5) ein „grants-exchange continuum" mit unterschiedlichen Mischungen von Eigeninteresse und Altruismus, konkret: äquivalenter Gütertausch auf unpersönlichen Märkten als das eine Extrem, Reziprozitätserwartung bei manchen Geschenken als eine Mittelposition und selbstlose Gabe als das andere Extrem. Er sah auch Elemente von Drohung und Angst in Austauschbeziehungen und in freiwilligen einseitigen Übertragungen sowie von Reziprozität und Tausch in unfreiwilligen Übertragungen. Boulding (1973, S. 106 f.) ging als Ergebnis seiner Überlegungen davon aus, dass die allermeisten Transaktionen Mischformen sind, in denen Tausch, Liebe und Drohung in unterschiedlichen Verhältnissen zusammenwirken, z. B. die großzügige Versorgung der Kinder durch die Eltern in Erwartung von Dankbarkeit und Wohlverhalten, der Einkauf im Nachbarschaftsladen aus Solidarität mit dem Inhaber und aus Sorge vor der Aufgabe und Schließung des Geschäfts, die Zahlung von Steuern, nicht nur aus Angst vor der Steuerbehörde, sondern auch aus Solidarität mit dem Gemeinwesen und in Erwartung einer guten Infrastruktur.

Damit entwickelt Boulding (1970a, S. 9–15; 1973, S. 107) das Modell eines in mehrfacher Hinsicht gemischten Wirtschaftssystems mit zwei nicht überschneidungsfreien Subsystemen, einem marktdominierten und einem nicht marktdominierten Subsystem, sowie mit drei ebenfalls nicht überschneidungsfreien Steuerungssystemen: Tausch, Liebe und Drohung, die er als „social organizers" versteht und grafisch als „social triangle" mit jeweils 100 % Steuerungswirkung an den drei Ecken des Dreiecks und einem Mischbereich innerhalb des Dreiecks darstellt. Er geht davon aus, dass in der Wirtschaft seiner Zeit keines der Steuerungssysteme ausschließlich, also zu 100 %, die ökonomischen Aktivitäten lenke, und schätzt, dass die damalige US-Wirtschaft zu 60 % durch Tausch und zu 40 % durch Grants dominant organisiert sei, davon 30 % durch integrative Kräfte, wie Liebe und Solidarität, und 10 % durch Drohungen unterschiedlicher Art (Boulding 1973, S. 106 f.). Allerdings hat Boulding (1970c, S. 162) im Zusammenhang mit seiner Kritik am Bruttosozialprodukt den Anteil der Haushaltsproduktion, gemessen am Bruttosozialprodukt, lediglich grob auf 5 bis 10 % geschätzt (vgl. dazu Boulding 1973, S. 30 f.). Andere zeitlich vergleichbare Schätzungen und Berechnungen beziffern den Wert der Haushaltsproduktion – je nach dem Umfang der berücksichtigten Leistungen und dem Wertansatz für die Zeitkomponente – auf 20 bis 45 %, gemessen am Bruttosozialprodukt (Hawrylyshyn 1976, S. 107–115; Becker 1995).

Mit der Theorie der Grants Economy erweiterte Boulding das institutionelle ökonomische Bild von Haushalten, Unternehmen und Staat um Verbände oder Non-Profit-Organisationen, wie sie von Soziologen in der Theorie des Dritten Sektors betrachtet werden (z. B. Etzioni 1973), und ergänzte das Motivations- und Verhaltensspektrum der Akteure um integrative und desintegrative Elemente, wie Liebe, Solidarität und Wohlwollen sowie Besorgnis, Angst und Bedrohung, die mehr oder weniger mit Selbstinteresse verzahnt und situativ unterschiedlich gemischt sein können. Damit lassen sich Markttransaktionen und Steuerzahlungen sowie weitere externe Übertragungen in Form von erpresstem Lösegeld, Spenden für gemeinnützige Vorhaben und die Gabe von Geld als Almosen sowie interne Übertragungen von Geld und Leistungen an Haushalts- und Familienmitglieder differenzierter beschreiben und zutreffender erklären als mit der herkömmlichen ökonomischen Betrachtung separater Rollen im Geld- und Güterkreislauf und dem alleinigen Argumentationsmuster gemäß dem Eigennutz-Axiom. Zunehmende Annäherung an die Realität bedeutet allerdings auch abnehmende Möglichkeit, generelle Aussagen zu formulieren, und könnte Argumente für eine mehr rigorose Analyse liefern.

Das gilt auch hinsichtlich der Unterscheidung von Boulding (1973, S. 49–61) zwischen direkten, expliziten Grants und indirekten, impliziten Grants: „Implicit grants may be defined as redistributions of income or wealth that take place as a result of structural changes or manipulations in the set of prices and wages, licenses, prohibitions, opportunity or access; they are anything, in fact, that is not a direct and explicit grant yet leads to economic redistributions" (Boulding 1973, S. 49). Boulding betont, dass es sich bei der Behandlung der impliziten Grants um eine der schwierigsten Fragen in der Theorie der Grants Economy handele. Die Annäherung an die komplexe Realität wird hier allerdings tendenziell erkauft durch Erschwernisse der Analyse und/oder Verzicht auf eindeutige Aussagen.

In visionärer Perspektive nutzte Boulding (1973, S. 106–112) sein „social triangle" aus Tausch, Liebe und Drohung zur Analyse historischer Wandlungen der gesamtwirtschaftlichen Versorgungsstrukturen und zur Auslotung von Optimierungsstrategien der gesellschaftlich arbeitsteiligen Güterversorgung durch Unternehmen, Staat, Verbände und Haushalte. Und noch weitergehend übertrug er das Grants-Konzept auf die Nutzung der Naturgüter im Wirtschaftsprozess (Boulding 1973, S. 105 f.; 1981, S. 7). Die gelegentliche Rede von den „Gaben der Natur" und dem „Raubbau an der Natur" erscheint im Licht der Grants Economics nicht nur als eine metaphorische Beschreibung, sondern kann in einem um die ökologische Umwelt erweiterten Modell der Wirtschaft herangezogen werden, um unterschiedliche Wirtschaftsstile hinsichtlich der Nutzung der Natur als Rohstoffquelle und Schadstoffsenke zu kennzeichnen, was Boulding (1966) unternommen und in seinem berühmten Aufsatz über die Ökonomie im „Raumschiff Erde" dargelegt hat (siehe dazu Abschn. 2.5).

Erwähnt sei hier abschließend die Kritik von Randall Wray (2013, S. 431), dass verschiedene Transaktionsmuster einseitiger Übertragungen bereits umfänglich von namhaften „regulären" Ökonomen vor Boulding analysiert worden seien. Dagegen ist nichts einzuwenden, aber Bouldings Leistung der Differenzierung der Formen und deren Zusammenführung zu einem Gesamtbild der Grants Economy sowie dessen Verknüpfung mit der Exchange Economy zu einem erweiterten Wirtschaftsmodell ist wohl unbestreitbar. Arjo Klamer (2013, S. 441) stellt jedenfalls fest: „Boulding actually tries to alter the picture of the world that economists usually have". Und mit Scott (2015, S. 118) kann festgehalten werden: „This is an important concept because it speaks to many misconceptions among people today about the way society is organized. Most people are stuck in an exchange-system mind-set, where everything has a price and its cost should fall on those who benefit directly from it". Unzutreffend ist die Kritik von Wray (2013, S. 433 f.), Boulding sei „apparently ignorant of anthropological studies". Tatsächlich zitiert Boulding (1973, S. 2) bereits in der 3. Fußnote die berühmte Arbeit *Die Gabe. Form und Funktion des Austauschs in archaischen Gesellschaften* von Marcel Maus (1990) in der amerikanischen Ausgabe von 1967.

2.4 Basisinstitution Privathaushalt

„Households are by far the largest reasonably homogeneous sector of any society, and have been for a long time. If we look at something even as commonplace as national income economics, we find that household purchases are about 60 percent of the GNP [...]. Then, we find that households are by far the most important agent in the ‚grants' economy. [...] Transfers within the households are over $ 300 billion; these are transfers from earning members of households to non-earning members" (Bolduing 1972, S. 110 f.). In seinem Aufsatz *The Household as Achilles' Heel* hebt Boulding (1972) neben der Funktion der Steuerung der Produktion durch die gesamtwirtschaftliche Nachfrage der Haushalte und der Funktion der Umverteilung von Geld innerhalb des Haushaltssektors auch die generative Funktion der Nachwuchssicherung sowie die Funktionen der primären Sozialisation und Versorgung der Familienhaushalte hervor und verweist auf die Vermittlung von Lernfähigkeit und Wissen als unverzichtbare, kritische Grundlage gesellschaftlicher Entwicklung:

> The GNP is essentially a by-product of the learning process. Capital is only human knowledge impressed upon the material world. The problem of the transmission and expansion of the knowledge stock is the crucial problem of any society. Knowledge is highly perishable; we lose, I would estimate, perhaps 3 to 5 percent of the knowledge stock every year by people getting old, forgetful and dead, and it has to be replaced in the young. As I keep telling my students, the business of education is the transfer of knowledge from decaying old minds to decaying young minds. This is the only way the world keeps going. The household has an enormously important role in this process. We do not know how much because we have no adequate measures of knowledge production, but it would not surprise me if it were close to 50 percent of the total (Boulding 1972, S. 111 f.).

Boulding sorgte sich angesichts des sozioökonomischen Werte- und Strukturwandels sowie der damit zusammenhängenden Verlagerung von Haushalts- und Familienfunktionen auf Unterstützungssysteme im Unternehmens-, Verbands- und Staatssektor und der damit anscheinend einhergehenden Verkümmerung ursprünglicher Versorgungskompetenzen um die gesellschaftliche Zukunft. Er befürchtete, dass die Entleerung der Haushalte von Basisaufgaben zu einer Desintegration auf der Mikroebene und damit einem Zusammenbruch der Gesellschaft führen könnte. Deshalb bezeichnet er im Titel des hier herangezogenen Aufsatzes den Haushalt als „Achillesferse" der Gesellschaft. Er sah insbesondere einen Werteverfall und Kompetenzverlust hinsichtlich gesunder Ernährung, familienorientierter Lebensweise und integrativer Beziehungen im Nahbereich, der nicht nur dem gesellschaftlich verbreiteten konservativen Bild der bürgerlichen Familie, sondern auch seinem gelebten traditionell orientierten Familienmodell entsprach (vgl. dazu Scott 2015, S. 56).

Der Aufsatz *The Household as Achilles' Heel* war aus dem gleichnamigen Vortrag auf der Frühjahrstagung 1972 des American Council on Consumer Interests (ACCI) hervorgegangen; es sollte vor allem ein Warnruf sein, private Haushalte als sozioökonomische Basisorganisationen *nicht* zu verkennen und mündet in der Forderung, Bildung und Beratung für Haushalte zu stärken und sogar die Etablierung eines Ministeriums für Angelegenheiten der Privathaushalte zu erwägen (Boulding 1972, S. 119). Die Hervorhebung der basalen Bedeutung der Haushalte, insbesondere der Familienhaushalte, und der Versorgungsfunktionen der Nicht-Markt-Ökonomie sowie die Sorge vor einem Verlust an Aufgaben und Bedeutung der Familienhaushalte, verbunden mit dem Bemühen um deren Stärkung, erinnert an die Theorie des Haushaltssektors von Erich Egner (1952; 1963) und seine Beiträge zur Politik für Haushalte und Familien (vgl. dazu Hufnagel 2019). In Erinnerung gebracht sei hier noch, was Boulding in anderem Zusammenhang hervorgehoben hat, nämlich, dass private Haushalte nicht nur Familien, sondern auch Unternehmen gründen (vgl. Abschn. 2.2).

Tatsächlich mag man sich wundern, wie die Wahrnehmung der ökonomischen Aktivitäten der Menschen in den Wirtschafts- und Sozialwissenschaften disziplinär differenziert bearbeitet bzw. nicht bearbeitet und in der politischen Administration auf Ministerien aufgeteilt sowie hin und wieder umverteilt wird. In Deutschland gibt es offensichtlich eine Entsprechung zwischen der Zergliederung der Haushalte entsprechend der ökonomischen Kreislauf- und Rollentheorie in Erwerbstätige und nicht Erwerbstätige sowie in Verbraucher und Unternehmer einerseits und der Verteilung der Zuständigkeiten auf Ministerien andererseits, z. B. auf Bundesebene hauptsächlich auf die Ministerien für Arbeit und Soziales, für Wirtschaft und Energie, für Familie, Senioren, Frauen und Jugend, für Ernährung und Landwirtschaft sowie für Justiz und Verbraucherschutz.

2.5 Raumschiff-Ökonomie versus Cowboy-Ökonomie

In dem Aufsatz *The Economics of the Coming Spaceship Earth* beschreibt Boulding (1966) mit Bezug auf die sich zunehmend abzeichnende Verknappung von natürlichen Umweltgütern und die Erkenntnisse der Thermodynamik die Erde als ein Raumschiff, dass mit begrenzten Ressourcen und Verschmutzungsbereichen an Bord seine Bahn um die Sonne zieht. Eine künftig gebotene mehr nachhaltige Lebensweise erfordere – so Boulding (1966, S. 9) – eine Ökonomie, wie sie zwangsläufig von Raumfahrern praktiziert werden muss. Zwar ist die Erde genau genommen hinsichtlich Energie und Materie kein völlig geschlossenes System, aber unter praktischen Gesichtspunkten kann sie näherungsweise als geschlossen betrachtet werden. Weder stehen Rohstoffe auf der Erde unbegrenzt zur Verfügung, noch können diese nach Art und Menge von außerhalb beschafft werden; und auch den Abfall können die Menschen nicht auf anderen Planeten entsorgen. Hinsichtlich der Gewinnung und Nutzung von Energie sah und sieht es noch immer auf lange Sicht nicht viel besser aus. Mit Blick auf den zweiten Hauptsatz der Thermodynamik war deshalb festzustellen: „In regard to the energy system there is, unfortunately, no escape from die grim Second Law of Thermodynamics" (Boulding 1966, S. 7), also der naturbedingt zunehmenden Zerstreuung und Vermischung aller Energie und letztlich auch Materie im Universum. Dieser Prozess ist irreversibel und wird auf der Erde insbesondere durch industrielle Wirtschaftstätigkeit rasant beschleunigt (vgl. dazu Spash 2013, S. 357 ff.). Wer sich in einer physikalisch offenen Welt mit unbegrenzten Ressourcen und Verschmutzungsbereichen wähnt, der denkt und handelt nicht – so Boulding – wie ein Raumfahrer, sondern wie ein Cowboy.

> For the sake of picturesqueness, I am tempted to call the open economy the ‚cowboy economy', the cowboy being symbolic of the illimitable plains and also associated with reckless, exploitative, romantic, and violent behavior, which is characteristic of open societies. The closed economy of the future might similarly be called the ‚spaceman' economy, in which the earth has become a single spaceship, without unlimited reservoirs of anything, either for extraction or for pollution, and in which, therefore, man must find his place in a cyclical ecological system which is capable of continuous reproduction of material form even though it cannot escape having inputs of energy. The difference between the two types of economy becomes most apparent in the attitude towards consumption. In the cowboy economy, consumption is regarded as a good thing and production likewise; and the success of the economy is measured by the amount of the throughput from the ‚factors of production', a part of which, at any rate, is extracted from the reservoirs of raw materials and noneconomic objects, and another part of which is output into the reservoirs of pollution. […] By contrast, in the spaceman economy, throughput is by no means a desideratum, and is indeed to be regarded as something to be minimized rather than maximized (Boulding 1966, S. 9).

Das bereits in seiner *Reconstruction of Economics* ausgearbeitete Verständnis von Konsum und Produktion (siehe Abschn. 2.1) fasst Boulding (1966, S. 10) – mit kritischer Betonung gegen traditionell arbeitende Ökonomen gerichtet – in dem Satz zusammen: „This idea that both production and consumption are bad things rather than good things is very strange to economists, who have been obsessed with the income-flow concepts to the exclusion, almost, of capital-stock concepts" (vgl. dazu bekräftigend Ayres und Knees 1969, S. 282 f., die sich auf Bouldings Aufsatz beziehen). Anschließend erörtert er die mit der individuellen Gestaltung und generellen Bewertung von Konsum und Produktion verbundenen Konzepte von Wohlstand, Wohlfahrt und Wohlbefinden sowie Argumente für und wider einen sofortigen Wechsel, hin zu einem mehr nachhaltigen Wirtschaftsstil. Zum einen geht Boulding insbesondere der Frage nach, ob Wohlfahrt und Wohlbefinden vom Prozess oder vom Ergebnis des Konsums bestimmt werden. Zum anderen geht es um die moralische bzw. ethische Begründung für oder gegen ein mehr nachhaltiges Wirtschaften.

Hinsichtlich der generellen Einschätzung der Bedeutung von Konsum hält Boulding einerseits gemäß dem Konzept der Homöostase das Ergebnis, z. B. gut ernährt und gekleidet zu sein, für entscheidend:

> Is it, for instance, eating that is a good thing, or is it being well fed? Does economic welfare involve having nice clothes, fine houses, good equipment, and so on, or is it to be measured by the depreciation and the wearing out of these things? I am inclined myself to regard the stock concept as most fundamental, that is, to think of being well fed as more important than eating, and to think even of so-called services as essentially involving the restoration of a depleting psychic capital (Boulding 1966, S. 10).

Andererseits will er den Prozessen der Herstellung und der Nutzung von Produkten einen Eigenwert nicht grundsätzlich absprechen:

> Would we, for instance, really want an operation that would enable us to restore all our bodily tissues by intravenous feeding while we slept? Is here not, that is to say, a certain virtue in throughput itself, in activity itself, in production and consumption itself, in raising food and in eating it? It would certainly be rash to exclude this possibility. Further interesting problems are raised by the demand for variety. We certainly do not want a constant state to be maintained; we want fluctuations in the state. Otherwise there would be no demand for variety in food, for variety in scene, as in travel, for variety in social contact, and so on. The demand for variety can, of course, be costly, and sometimes it seems to be too costly to be tolerated or at least legitimated, as in the case of marital partners, where the maintenance of a homeostatic state in the family is usually regarded as much more desirable than the variety and excessive throughput of the libertine. There are problems here which the economics profession has neglected with astonishing singlemindedness (Boulding 1966, S. 10 f.).

Aber warum sollte man sich überhaupt mit der Lösung der Probleme befassen, die erst in ferner Zukunft aktuell werden? Boulding (1966, S. 11 ff.) argumentiert in seinem Aufsatz, dass bereits der „Schatten des künftigen Raumschiffs Erde", also die Grenzen des industriell beschleunigten, übermäßigen Einsatzes von erschöpfbaren Ressourcen und der immense Güterdurchsatz für Produktion und Konsum sowie die damit verbundenen Umweltbelastungen deutlich erkennbar seien; dass durch die Entwicklung neuer, mehr dauerhafter Materialien und Energiesysteme einschließlich Kernenergie die Wachstumsgrenzen lediglich hinausgeschoben, aber nicht dauerhaft überwunden werden könnten; dass die individuelle Wohlfahrt auch von der Identifikation mit anderen, mit der Gemeinschaft, nicht nur in der Gegenwart, sondern auch in der Vergangenheit und mit Blick in die Zukunft abhänge; und dass eine Gesellschaft, in der das Gefühl der Verantwortung für die Nachwelt verloren gehe, ihr positives Selbstbild und damit auch die Fähigkeit verliere, aktuelle Probleme zu lösen, und auseinanderfalle.

Mit Blick auf Gründe für die übermäßige Güternutzung und die damit verbundene Belastung der Umwelt sowie auf kurzfristig mögliche Maßnahmen spricht Boulding (1966, S. 13 f.) die Fehlorientierung durch das marktgesteuerte Preissystem an, das für die zutreffende Erfassung der Umweltkosten in den Preisen der Rohstoffe und Fertigwaren nicht geeignet sei, und plädiert für eine Internalisierung der externen Effekte durch eine korrigierende Besteuerung. Er hält auch eine Verschärfung der strafrechtlichen Verfolgung von Umweltvergehen für erforderlich und sieht das zu weit gefasste Recht auf Erwerb und Nutzung privater Güter als generelles Problem.

Boulding hat die Idee vom „Raumschiff Erde" später wieder aufgegriffen und einen Kommentar mit dem Titel *Spaceship Earth Revisited* geschrieben, der 1980 erstmals veröffentlicht und wiederholt 1993 und 2013 abgedruckt worden ist. Er leitet den Kommentar mit der Feststellung ein: „The spaceship metaphor stresses the earth's smallness, crowdedness, and limited resources; the need for avoiding destructive conflict; and the necessity for a sense of world community with a very heterogeneous crew" (Boulding 2013, S. 345). Boulding war unzufrieden mit dem verschwenderischen Lebensstil der US-Bürger und der Prosumenten in anderen vermeintlichen Wohlstandsgesellschaften sowie mit der geringen politischen Wahrnehmung der wachstumskritischen Analysen über Umweltgefährdungen, wie sie insbesondere der Club of Rome vorgelegt hatte. Er greift aber auch – evolutionsbiologisch und technologisch orientiert und durch Zukunftsforschung inspiriert – Überlegungen der American Association for the Advancement of Science auf, denen zufolge eine Besiedlung anderer Planeten für möglich gehalten wird, und will nicht ausschließen, dass Menschen irgendwann die Erde verlassen könnten. Allerdings stellt Boulding (2013, S. 346) auch klar: „Ultimately, of course, we must face the spaceship earth on earth. Uncertainty, however, is the principal property of the future, and time horizons themselves have an irreducible uncertainty about them". Boulding (2013, S. 347) beendet seinen Kommentar mit dem – nachdenklich stimmenden – Satz: „It would be presumptuous of us to think that the human race is any more than a link in the great evolutionary process of the universe that moves majestically from unknown Alpha to the even more unknown Omega".

Die Metapher vom „Raumschiff Erde" hat Boulding gemeinsam mit der Journalistin, Ökonomin und Umweltaktivistin Barbara Ward geprägt oder zumindest in der Fachdiskussion populär gemacht (Boulding 1970c, S. 163; 2013, S. 345). Boulding schrieb den Aufsatz – zunächst als Manuskript für den Vortrag auf dem Sixth Resources for the Future Forum on Environmental Quality im März 1966 konzipiert – zu einer Zeit, als Ökonomen noch wenig an Umweltfragen interessiert waren, und hat damit die diesbezügliche Forschung und Diskussion über die Fachgrenzen hinaus maßgeblich angeregt und beeinflusst (siehe dazu z. B. Fisher und Peterson 1976, S. 3; Höhler und Luks 2006a, S. 5 ff.; Spash 2013, S. 348–351; Scott 2015, S. 71).

Eine breit angelegte Kritik der „Raumschiff Erde"-Ökonomik hat Clive L. Spash (2013) vorgelegt. Spash (2013, S. 353 ff.) kritisiert insbesondere den technologischen Optimismus von Boulding hinsichtlich der Möglichkeiten, das Versiegen von Rohstoffquellen und die Überlastung von Schadstoffsenken auf der Erde hinauszuschieben und sogar den Weltraum zu besiedeln (vgl. dazu Spash 2013, S. 362). Die Kritik übersieht, dass Boulding technische Entwicklungen und Projektionen jener Zeit nicht ausblenden wollte und die Zukunft selbstverständlich als unbekannt betrachtete. Zutreffend ist die Feststellung von Spash (2013, S. 355) – vermutlich mit Bezug auf Bouldings Kommentar von 1980: „Boulding would not be seen as having provided the full range of arguments and concerns of modern environmentalists. For example, he does not address the social and political factors or structural issues driving economic growth and environmental degradation". Deutlich „gnädiger" werten Höhler und Luks (2006b, S. 6) Bouldings Ausführungen in den beiden Raumschiff-Beiträgen – zumindest in Teilen – als „Themen von weltpolitischer Dimension, indem er die Expansionspolitik des Hochimperialismus endgültig der Vergangenheit übergab und an eine Weltgemeinschaft appellierte, die in der Lösung gemeinsamer Probleme zukünftig eng aufeinander angewiesen sei".

Spash (2013) reflektiert in seinem Kommentar nicht nur Bouldings Originalbeitrag von 1966 und seinen Nachtrag von 1980, sondern auch frühere Veröffentlichungen von Boulding und die Entstehungsgeschichte der Ökologischen Ökonomik in den USA. Spash (2013, S. 355 ff.) berichtet u. a. von dem – wohl auch von ihm selbst Boulding angelasteten – Scheitern der Gründung einer Vereinigung von ökologischen Ökonomen in den 1970er-Jahren; er weist z. B. auf die Kritik von Georgescu-Roegen (1971) an der Darstellung von Produktionsfunktionen in Bouldings Lehrbuch *Economic Analysis* von 1955 hin; und er stellt im

Zusammenhang mit der Einordnung der „Raumschiff-Ökonomik" in die „social ecological economics" die ökologische Fundierung der *Reconstruction of Economics* (Boulding 1950) stark verkürzt dar, indem er diese als „some early reflections on the relationships between ecology and economcis" (Spash 2013, S. 356) wertet und als Quelle lediglich den Titel des ersten Kapitels („An Ecological Introduction") der *Reconstruction* wie einen Aufsatz nachweist und damit den Eindruck erweckt, es handele sich bei dem Buch um ein von Boulding herausgegebenes Sammelwerk, nicht aber um eine Monographie. Diese Kritik von Spash (2013, S. 356, dazu S. 361) wird nach meiner Einschätzung der Leistung von Boulding nicht gerecht. Scott (2015, S. 66) hat – das sei hier ergänzend angemerkt – über das Buch geschrieben: „Many people (including me) think *Reconstruction* was Boulding's most underappreciated work" (siehe auch Scott 2015, S. 106 f.).

3 Folgerungen für die Konsum- und Verbrauchertheorie

Für die Beschreibung, Erklärung und Gestaltung der Wirtschaftsprozesse ist die Betrachtung der mentalen Aktivitäten und der Verwendung von Geld nicht ausreichend. Wirtschaften vollzieht sich durch Versorgungsprozesse, die in familiale, gesellschaftliche und ökologische Funktionssysteme eingebettet sind. Wirtschaften ist folglich sozialen Regeln und den Gesetzen der Natur unterworfen. Beide Klassen von Bestimmungsgründen lassen sich nicht dauerhaft überspielen. Wer es ernst meint mit Nachhaltigkeit und Umweltschutz kann bei der Analyse wirtschaftlichen Handelns – den Einsichten von Boulding (1950; 1966) und auch von anderen ökologisch orientierten Ökonomen, z. B. Ayres und Kneese (1969), folgend – nicht maßgebliche Naturgesetze ausklammern und bekannte Schlussfolgerungen ignorieren. Das gilt insbesondere für die Gesetze der Thermodynamik und die Schlussfolgerung, Produktion und Konsum als *einen* Transformationsprozess zu verstehen, der sich normalerweise über eine Vielzahl von Wirtschaftsstufen erstreckt, anstatt Produktion und Konsum danach zu unterscheiden, ob die Transformation in Unternehmen oder in Privathaushalten stattfindet.

Die Vorstellung von Konsum als Letztverbrauch von Gütern in Haushalten ist nicht haltbar. Mitglieder privater Haushalte produzieren zwar abschließend die unmittelbar nutzenstiftenden Güter und damit Humanvermögen für sich, Eltern auch für ihre Kinder, und damit für die Gesellschaft (siehe z. B. Deutscher Bundestag 1994, S. 144 f.). Unternehmen liefern lediglich einen Teil der Vorleistungen, die durch Umwandlung der Einsatzgüter hergestellt worden sind. Die alleinige Zuordnung der Verbraucherrolle zu den Privathaulhalten ist obsolet. Überholt und irreführend ist auch die Vorstellung, Haushalte würden lediglich

Marktgüter bei der Transformation von Vorleistungen in unmittelbar nutzenstiftende Güter und Humanvermögen einsetzen. Vielmehr nutzen sie auch kollektive und öffentliche Güter von Betrieben privater und öffentlicher Verbände sowie unmittelbar die Güter der Natur. Private Haushalte sind generativ, unternehmerisch und bürgerschaftlich aktiv und gründen nicht nur Familien, sondern auch Unternehmen und Verbände (siehe z. B. Verbraucherzentrale 2011; Selbsthilfezentrum München 2013). Zwar ist der Wirtschaftsprozess ein interdependenter Prozess. Aber wenn nach einem Anfangs- und Endpunkt gesucht wird, dann kommen nur die Privathaushalte in Betracht, es sind die Basiseinheiten von Wirtschaft und Gesellschaft – *und* wie es Boulding (1972) metaphorisch formuliert hat – damit zugleich die „Achillesferse" der Gesellschaft.

Produktion und Konsum in Unternehmen, Verbänden und Privathaushalten dienen der Lebenserhaltung und Lebensgestaltung. Aber jede Gütertransformation ist kausal mit Umweltnutzungen verbunden und sollte nach sozial und ökologisch vernünftigen Maßstäben ausgerichtet sein. Das ist heute in der Verbraucherforschung unumstritten. Aber nach wie vor dominiert ein eindimensionales Verständnis vom Endverbraucher im Haushaltssektor, dass die Denkschablone für Verbraucherpolitik von Staat und privaten Verbänden mit der Aufgabe des Käuferschutzes im Konsumgüterbereich liefert, während die Interessenvertretung derselben Menschen – ebenso eindimensional – als Arbeitnehmer den Gewerkschaften obliegen soll (vgl. dazu Stauss 1982). Es ist nicht auszuschließen, dass dadurch der „ganze Mensch" im Haushalt wie im Unternehmen oder im Verband in Rollenkonflikte gepresst und in seinem Verhalten hin- und hergerissen wird. Verfestigte Rollenbilder und Aufgabenstellungen der beruflichen und ehrenamtlichen Interessenvertretungen, traditionell orientierte Bildungsinhalte in den Schulen und Hochschulen, irrige Vorstellungen über die Entstehung, die Formen und die Größenstrukturen im Haushalts-, Unternehmens- und Verbandssektor sowie über die Beiträge der genannten Hauptgruppen der Akteure zur Wohlfahrtsproduktion fördern die Vorstellung vom Gegensatz zwischen Haushalten und Unternehmen als Konsumenten und Produzenten. Diese überverallgemeinerten Denkfiguren entsprechen zunehmend weniger der Realität, sie sind nicht mehr zeitgemäß und müssen neu gedacht sowie empirisch untermauert werden, um ein neues Verständnis von Wirtschaft und Wirtschaften zu fördern und evidenzbasierte Empfehlungen und Maßnahmen für eine mehr nachhaltige, persönlich erfolgreiche sowie sozial und ökologisch verantwortbare Lebensgestaltung zu ermöglichen (vgl. dazu Piorkowsky 2020).

Literatur

Ayres, R. U., & Kneese, A. V. (1969). Production, Consumption, and Externalities. *The American Economic Review, 59*(3), 282–297.
Becker, G. S. (1995). Housework: The missing piece of the economic pie. *Business Week*, 16. Okt., S. 30.
Blaug, M. (1975). *Systematische Theoriegeschichte der Ökonomie. Bd. 3. Marshalls Ökonomie – Die Revolution des Marginalismus: Grenznutzen und Grenzproduktivitätstheorie – Grenzproduktivitätstheorie der Verteilung.* München: Nymphenburger Verlagsanstalt. (Originalausgabe: Economic Theory in Retrospect. Revised Edition. Homewood, Ill., 1968).
Boulding, K. E. (1941). *Economic Analysis.* New York, London: Harper & Brothers.
Boulding, K. E. (1942). The Theory of the Firm in the Last Ten Years. *The American Economic Review, 32*(4), 791–802.
Boulding, K. E. (1945). Consumption Economics. The Consumption Concept in Economic Theory. *The American Economic Review, 35*(2), 1–14.
Boulding, K. E. (1948a). *Economic Analysis* (Revised). New York: Harper & Brothers.
Boulding, K. E. (1948b). Samuelson's Foundations: The Role of Mathematics in Economics. *Journal of Political Economy, 56*(3), 187–199.
Boulding, K. E. (1950). *A Reconstruction of Economics.* New York, London: John Wiley & Sons, Chapman & Hall.
Boulding, K. E. (1955). *Economic Analysis* (3. Aufl.). London: Hamish Hamilton.
Boulding, K. E. (1966). The Economics of the Coming Spaceship Earth. In H. Jarrett (Hrsg.), *Environmental Quality in a Growing Economy* (S. 3–14). Baltimore: The Johns Hopkins University Press.
Boulding, K. E. (1970a). *Economics as a Science.* New York: MacGraw-Hill Book Company.
Boulding, K. E. (1970b [1949]). Is Economics Necessary?. In K. E. Boulding, *Beyond Economics. Essays on Society, Religion, and Ethics* (S. 3–13). Ann Arbor: The University of Michigan Press.
Boulding, K. E. (1970c). Fun and Games with the Gross National Product. The Role of Misleading Indicators in Social Policy. In H. W. Helfrich (Hrsg.), *The Environmental Crises. Man's Struggle to Live with Himself* (S. 157–170). New Haven: Yale University Press.
Boulding, K. E. (1972). The Household as Achilles' Heel. *The Journal of Consumer Affairs, 6*(2), 110–119.
Boulding, K. E. (1973). *The Economy of Love and Fear. A Preface to Grants Economics.* Belmont, California: Wadsworth Publishing Company.
Boulding, K. E. (1981). *A Preface to Grants Economics. The Economy of Love and Fear.* New York: Praeger Publishers.
Boulding, K. E. (1986). What Went Wrong with Economics? *The American Economist, 30*(1), 5–12.
Boulding, K. E. (2013). Commentary article: Spaceship earth revisited. In W. Dolfsma & S. Kesting (Hrsg.), *Interdisciplinary Economics: Kenneth E. Boulding's engagement in the sciences* (S. 345–347). London: Routledge.
Coase, R. H. (1937). The nature of the firm. *Economica, 4,* 386–405.

Deutscher Bundestag (Hrsg.). (1994). *Fünfter Familienbericht. Familien und Familienpolitik im geeinten Deutschland. Zukunft des Humanvermögens.* Bonn, Berlin: Deutscher Bundestag, Drucksache 12/7560. Im Internet: https://dipbt.bundestag.de/doc/btd/12/075/120 7560.pdf. Zugegriffen: 19. Nov. 2019.

Dolfsma, W., & Kesting, S. (Hrsg.). (2013). *Interdisciplinary Economics. Kenneth E. Boulding's engagement in the sciences.* London, New York: Routledge.

Editor (1994). Vorwort zu den Beiträgen zur Würdigung des Werks von Kenneth Ewart Boulding. *Journal of Economic Issues 28*(4), 1187.

Egner, E. (1952). *Der Haushalt. Eine Darstellung seiner volkswirtschaftlichen Gestalt.* Berlin: Duncker und Humblot.

Egner, E. (1963). *Studien über Haushalt und Verbrauch.* Berlin: Duncker und Humblot.

Etzioni, A. (1973). The third sector and domestic missions. *Public Administration Review, 33*(4), 314–323.

Fisher, A. C., & Peterson, F. M. (1976). The environment in economics: A survey. *Journal of Economic Literature, 14*(1), 1–33.

Georgescu-Roegen, N. (1971). *The Entropy Law and the Economic Process.* Cambridge, MA: Harvard University Press.

Hawrylyshyn, O. (1976). The value of household services: A survey of empirical estimates. *The Review of Income and Wealth, 22*(2), 101–131.

Höhler, S., & Luks, F. (Hrsg.). (2006a). *Beam us up, Boulding! 40 Jahre „Raumschiff Erde".* Vereinigung für Ökologische Ökonomie. Beiträge und Berichte, H. 7.

Höhler, S., & Luks, F. (2006b). Kenneth Bouldings „Raumschiff Erde" – 40 Jahre danach. In S. Höhler & F. Luks (Hrsg.), *Beam us up, Boulding! 40 Jahre „Raumschiff Erde"* (S. 5–8). Vereinigung für Ökologische Ökonomie, Beiträge und Berichte, H. 7.

Hufnagel, R. (2019). Erich Egner: Die haushälterische Vernunft. In M.-B. Piorkowsky & K. Kollmann (Hrsg.), *Vergessene und verkannte Vordenker für eine Kritische Konsumtheorie. Beiträge aus Ökonomik, Soziologie und Philosophie* (S. 47–83). Reihe Kritische Verbraucherforschung. Wiesbaden: Springer VS.

Klamer, A. (2013). Comment: A grant perspective. Boulding's grants economics revisited. In W. Dolfsma & S. Kesting (Hrsg.), *Interdisciplinary Economics: Kenneth E Boulding's engagement in the sciences* (S. 440–448). London, New York: Routledge.

Maus, M. (1990). *Die Gabe: Form und Funktion des Austauschs in archaischen Gesellschaften.* Frankfurt a. M.: Suhrkamp.

Piorkowsky, M.-B. (2011). *Alltags- und Lebensökonomie. Erweiterte mikroökonomische Grundlagen für finanzwirtschaftliche und sozioökonomisch-ökologische Basiskompetenzen.* Bonn University Press, Göttingen: V&R Unipress.

Piorkowsky, M.-B. (2017). Konsum im Fokus der Alltags- und Lebensökonomie. In C. Fridrich, R. Hübner, K. Kollmann, M.-B. Piorkowsky & N. Tröger (Hrsg.), *Abschied vom eindimensionalen Verbraucher* (S. 73–112). Reihe Kritische Verbraucherforschung. Wiesbaden: Springer VS.

Piorkowsky, M.-B. (2018). Konsumenten, Prosumenten oder Conpreneure? Wenn Konsumgüter auch unternehmerisch genutzt werden. In S. Nessel, N. Tröger, C. Fridrich & R. Hübner (Hrsg.), *Multiperspektivische Verbraucherforschung. Ansätze und Perspektiven* (S. 83–109). Reihe Kritische Verbraucherforschung. Wiesbaden: Springer VS.

Piorkowsky, M.-B. (2019a). Konsum. I. Wirtschaftswissenschaft. In Görres-Gesellschaft & Verlag Herder (Hrsg.), *Staatslexikon. Recht – Wirtschaft – Gesellschaf in 5 Bänden, 8., völlig neu bearb. Aufl., Bd. 3* (Sp. 1027–1031). Freiburg: Herder.

Piorkowsky, M.-B. (2019b). Alfred Marshalls Konsumenten sind Prosumenten. In M.-B. Piorkowsky & K. Kollmann (Hrsg.), *Vergessene und verkannte Vordenker für eine Kritische Konsumtheorie. Beiträge aus Ökonomik, Soziologie und Philosophie* (S. 21–46). Reihe Kritische Verbraucherforschung. Wiesbaden: Springer VS.

Piorkowsky, M.-B. (2020). *Ökonomie ist menschlich. Wirtschaft und Wirtschaftslehre neu gedacht*. Wiesbaden: Springer Gabler.

Robbins, L. (1945 [1932]). *An essay on the nature and significance of economic science*. Second edition, reviesed and extendet. London: Macmillan & Co. (1. Aufl. 1932).

Scott, R. (2015). *Kenneth Boulding. A voice crying in the wilderness*. London: Palgrave Macmillan.

Selbsthilfezentrum München, S. (Hrsg.). (2013). *Recht für Selbsthilfegruppen*. Autorin: Renate Mitleger-Lehner. 2. aktualisierte und erweiterte Aufl., Neu-Ulm: AG SPAK.

Solo, R. A. (1994). Kenneth Ewart Boulding: 1910–1993. An appreciation. *Journal of Economic Issues, 28*(4), 1187–1200.

Spash, C. L. (2013). Comment: The economics of Boulding's spaceship earth. In W. Dolfsma & S. Kesting (Hrsg.), *Interdisciplinary Economics: Kenneth E. Boulding's engagement in the sciences* (S. 348–363). London: Routledge.

Turvey, R. (1951). A reconstruction of economics by Kenneth E. Boulding. *Economica (New Series), 18*(70), 203–207.

Verbraucherzentrale (2011). *Nebenberuflich selbstständig. Steuern, Recht, Finanzierung, Marketing*. 1. Aufl., Düsseldorf: Verbraucherzentrale NRW.

Wray, L. R. (2013). Commentary article: Keneth Boulding's grants economics. In W. Dolfsma & S. Kesting (Hrsg.), *Interdisciplinary Economics: Kenneth E. Boulding's engagement in the sciences* (S. 425–439). London, New York: Routledge.

Michael-Burkhard Piorkowsky Dipl.-Kfm., Dipl.-Volksw., Dr. rer. pol., Professor em. für Haushalts- und Konsumökonomik an der Universität Bonn. Forschungsschwerpunkte: Lebensgestaltung im Haushaltskontext, Sozioökonomische Hybriden, Mikro-Makro-Übergänge im Wirtschaftssystem, Produktions- und Konsumtheorie.

Nachhaltige Entwicklung ist die Alternative zum Kapitalismus – Erinnerungen an Gerhard Scherhorn

Johannes Hoffmann und Gerhard Hofmann

Zusammenfassung

Gerhard Scherhorn hat die naturphilosophische Kritik an der gesellschaftlich selbstverschuldeten Zerstörung der natürlichen Grundlagen der Lebensbedingungen auf der Erde, wie sie insbesondere Klaus Michael Meyer-Abich formuliert hat, in die ökonomische Analyse einbezogen und mit Gleichgesinnten in ethisch und ökologisch fundierte Evaluationen und Handlungsempfehlungen sowie in politische Kommunikationsstrategien umgesetzt. Als maßgeblich für die Fehlorientierungen im Wirtschaftsablauf sah er das übersteigerte Vertrauen in die Selbstregulierungskräfte einer freien Marktwirtschaft, die unterregulierte Nutzung der Naturgüter im Wirtschaftsprozess und die systeminhärente Tendenz zur Externalisierung der betrieblich verursachten Umweltkosten. So wurde der Wirtschaftswissenschaftler Gerhard Scherhorn vom Konsumforscher und Verbraucherpolitiker zu einem Vordenker und Vormacher für „Nachhaltiges Wirtschaften" und „Neue Wohlstandsmodelle".

J. Hoffmann (✉)
Goethe-Universität Frankfurt am Main, Frankfurt am Main, Deutschland
E-Mail: J.Hoffmann@em.uni-frankfurt.de

G. Hofmann
Berlin, Deutschland
E-Mail: dr.gerhard.hofmann@t-online.de

© Springer Fachmedien Wiesbaden GmbH, ein Teil von Springer Nature 2021
M.-B. Piorkowsky und K. Kollmann (Hrsg.), *Eigensinnige und unorthodoxe Vordenker für eine Kritische Konsumtheorie*, Kritische Verbraucherforschung,
https://doi.org/10.1007/978-3-658-31537-5_6

1 Gerhard Scherhorn: Querdenker und Impulsgeber

Gerhard Scherhorn wurde 1930 geboren. Nach der Schule machte er zunächst eine Lehre als Lektor und Verlagsbuchhändler. Danach studierte er Philosophie und Volkswirtschaft in Köln bei dem Sozialökonomen Günter Schmölders, bei dem er 1959 promovierte und im Jahr 1966 habilitierte. Daraus wird ersichtlich, dass ihm von Beginn seines Studiums an Interdisziplinarität außerordentlich wichtig war.

Scherhorn wurde 1966 an die Hamburger Hochschule für Wirtschaft und Politik berufen. Im Jahr 1971 wurde er Vorstandsmitglied des Kölner Instituts für angewandte Verbraucherforschung (IFAV). Im Jahr 1975 folgte Scherhorn einem Ruf nach Stuttgart-Hohenheim, wo er das bisher einzige Institut für Konsumforschung und Verbraucherpolitik gründete. Von 1974 bis 1979 war er Mitglied des Sachverständigenrats zur Begutachtung der gesamtwirtschaftlichen Entwicklung und im Verbraucherbeirat beim Bundesminister für Wirtschaft. Bis 1991 wirkte er im Verbraucherpolitischen Beirat beim Senator für Wirtschaft, Verkehr und Landwirtschaft in Hamburg mit und bis 1995 war er Mitherausgeber des *Journal of Consumer Policy*. Nach seiner Emeritierung in Stuttgart-Hohenheim ließ sich Scherhorn von Ernst Ulrich von Weizsäcker dazu bewegen, beim Wuppertal Institut mitzuarbeiten und wurde 1996 Direktor der Arbeitsgruppe „Neue Wohlstandmodelle" und im Jahr 2004 Direktor der Forschungsgruppe „Nachhaltiges Produzieren und Konsumieren", um nur ein paar Stationen seiner umfangreichen Forscher- und Beratertätigkeit zu nennen.

Scherhorn hat mit mir, Johannes Hoffmann, 1992 die Forschungsgruppe Ethisch-Ökologisches Rating (FG EÖR) ins Leben gerufen und mit uns, Johannes Hoffmann und Gerhard Hofmann, bis zu seinem tragischen Fahrradunfall im Juni 2013 mitgeleitet und geprägt. Dafür sind seine Publikationen in dieser Zeit, die anlässlich seines 80. Geburtstags in einem Sammelband erschienen sind, ein beredtes Zeugnis. Der Band trägt den Titel, den er selbst dafür vorgeschlagen hat: *Wachstum oder Nachhaltigkeit. Die Ökonomie am Scheideweg* (Scherhorn 2015). Unser Dank gilt Gerhard Scherhorn.

Am 4. Mai 2018 haben wir in einem großen Kreis von Prof. Dr. Gerhard Scherhorn an der Goethe-Universität in Frankfurt am Main Abschied genommen. Mit diesem Beitrag wollen wir ihn und sein Werk gegenwärtig setzen. Indem wir uns an die Zusammenarbeit über viele Jahre erinnern, setzen wir eine intensive, bereichernde und dichte Kommunikation fort. Vielleicht ist die Erinnerung an ihn überhaupt die dichteste Form von Kommunikation. Eine Kommunikation, die sich ganz auf ihn konzentriert; eine Kommunikation, in der wir uns von seinem klaren Blick auf die gesellschaftliche, ökonomische und politische Wirklichkeit einfangen und begeistern lassen. Er ist dann für uns ganz präsent. Ja, wir empfinden eine

Unmittelbarkeit der Wahrnehmung, in der Gegenwart, Vergangenheit und Zukunft in eins verschmelzen.

Es war eine Freude, mit ihm zusammenzuarbeiten. Niemanden überrumpelte er mit seinen Kenntnissen, sondern stellte sie zur Diskussion und freute sich, wenn sich in der Diskussion alle in die Präzisierung und Weiterführung einmischten und einbrachten. In der Zusammenarbeit mit ihm hatte man das Gefühl, am Ergebnis beteiligt zu sein. Daher ist es kein Wunder, dass alle, die ihn erlebt haben, ihm begegnet sind, mit ihm gearbeitet, diskutiert, gestritten, gelernt und gelacht haben, ihn und seine Art schmerzlich vermissen. Aber das ist genau die Erfahrung, die es uns ermöglicht, nach seinem Fortgang mit ihm in neuer Weise und einer neuen Form in Kommunikation zu bleiben.

Es gibt in jeder Kultur die Erfahrung von der Gegenwart der Verstorbenen, von der Präsenz der Ahnen. Diese Erfahrung kann so stark sein, dass wir ganz selbstverständlich wie immer mit dem Verstorbenen Zwiesprache halten. Unser Zuspruch wird nicht ohne Resonanz bleiben, sondern in einer Weise eine Antwort erfahren, die zwar ganz anders als früher ist, die aber dennoch eine Antwort von ihm ist, ein Zeichen seiner Gegenwart bei uns in unserer Mitte. Wir können eine neue Form der Beziehung mit ihm realisieren, die an den Erfahrungen anknüpft, die wir mit ihm geteilt haben. Diesem Anliegen möchte unser Beitrag dienen.

2 Erinnerung unseres Zusammenwirkens in der Forschungsgruppe Ethisch-Ökologisches Rating

Ich, Johannes Hoffmann, möchte an Gerhard Scherhorn aus der über 20-jährigen gemeinsamen Leitung der Forschungsgruppe Ethisch-Ökologisches Rating (FG EÖR) am Fachbereich Katholische Theologie der Goethe-Universität Frankfurt erinnern.

1989 sind wir einander zum ersten Mal begegnet. Dr. Gotthard Fuchs, Leiter der Rabanus Maurus-Akademie in Wiesbaden-Naurod hatte uns beide gefragt, ob wir miteinander eine Tagung zu einem von uns zu wählenden ökologischen Thema konzipieren und durchführen wollten. Gerhard Scherhorn fragte mich, welches Thema ich mir vorstellen könne, und ich sagte: „Ethisch-ökologisches Rating". Scherhorn war von dem Vorschlag begeistert und so machten wir uns an die Arbeit. Das Thema hatte wohl die damalige Akademieklientel noch nicht auf dem Schirm, denn die Tagung kam mangels Masse nicht zustande. Aber wir haben uns bei der Gelegenheit kennen gelernt und entdeckten beide – wenn auch aus ganz unterschiedlichen Perspektiven – unser gemeinsames Interesse an nachhaltiger Entwicklung im Rahmen der Marktwirtschaft. Die Gelegenheit für eine konkrete Zusammenarbeit ergab sich nach einer Tagung mit Bankmanagern in der Evangelischen Akademie in Bad Boll zum Thema „Saubere Gewinne – Ethische Vermögensanlagen in der Diskussion" im März 1991 (Roche et al. 1992).

Am Ende der Tagung wurde ich gefragt, ob ich nicht eine Forschungsgruppe zur Entwicklung einer Kriteriologie zur Bewertung von Kapitalanlagen bilden könnte, weil man im Lande der Dichter und Denker ein wissenschaftlich entwickeltes und methodisch gestütztes Bewertungssystem benötige. In Deutschland könne man nicht wie in den USA agieren, wo ein Fonds schon als ethisch korrekt gilt, wenn er nicht in Tabak oder Waffen investiert. Diese Aufforderung habe ich angenommen, mich mit Gerhard Scherhorn zusammengesetzt und mit ihm 1992 die FG EÖR gegründet. Scherhorn war es dabei wichtig, dass in der Forschungsgruppe Wissenschaftler und Wissenschaftlerinnen sowie Studierende nicht nur interdisziplinär, sondern auch transdisziplinär mit Praktikern aus Wirtschaft und Gesellschaft zusammenarbeiten sollten.

Unsere Wirtschaftsordnung erlaubt es, die Gemeingüter (Commons, Ressourcen), die unsere gemeinsamen Lebens- und Produktionsgrundlagen bilden, stärker zu nutzen (zu übernutzen) als diese das aushalten. Denn das Recht der Privateigentümer, über ihre Grundstücke, Produktionsanlagen, Fahrzeuge usw. nach Belieben zu verfügen, endet meist nicht konsequent dort, wo aus dem privaten Eigentum heraus ungezügelt auf die Gemeingüter zugegriffen wird, wie z. B. auf Atmosphäre, Atemluft, Bodenfruchtbarkeit, Wasserreinheit, Fischreichtum, Artenvielfalt, Bodenschätze. Als seien frische Luft, reines Wasser, fruchtbarer Boden oder reiche Fischgründe noch im Überfluss vorhanden, als dürfen letztere fast nach Belieben ausgeplündert, die anderen über Gebühr belastet werden. Nach dem Prinzip „höchste Rendite in kürzester Zeit" werden zu ihren Lasten Kosten gespart, dadurch Preise verbilligt und Qualitäten überhöht. Dieses geschieht mit dem Segen des Wettbewerbs- und Gesellschaftsrechts: Aufwendungen und Selbstbeschränkungen, die nötig wären, um eine Schädigung genutzter Gemeingüter zu vermeiden oder diese Güter nach der Nutzung wiederherzustellen, können unterlassen werden. Mit einem Wort: Gemeingüter (des Human-, Natur- und Sozialkapitals) werden übernutzt, so wie die sprichwörtliche Allmende, die Gemeindewiese, übernutzt wurde, wenn zu viele Tiere zu lange auf ihr weideten, anstatt dass sie durch begrenzte Nutzung Gelegenheit bekam, sich zu regenerieren. Übernutzung tritt ein, wenn Nutzungsbeschränkungen der Gemeingüter bzw. Aufwendungen zu ihrer Erhaltung oder ihrem Ersatz unterlassen werden dürfen – anders ausgedrückt: Weil man Kosten auf Dritte abwälzen (externalisieren) darf.

Ein drittes Wort für Übernutzung und Externalisierung ist Raubbau, ein viertes ist Substanzverzehr. Heute sind alle Gemeingüter durch Raubbau und Substanzverzehr bedroht; viele sind dem kritischen Zeitpunkt nahe, an dem ihre Dezimierung nicht mehr zurückgedreht werden kann, es gibt keinen Kippschalter. Doch noch immer schützt das Wettbewerbsrecht Wettbewerber auch dann, wenn sie sich durch Externalisierung Vorteile gegenüber jenen verschaffen, die Kosten selbst tragen, um die natürlichen und sozialen Lebensgrundlagen zu erhalten. Und noch immer verpflichtet das Gesellschaftsrecht den Vorstand einer Aktiengesellschaft allein auf das Vermögensinteresse der Aktionäre, aber nicht auch auf den Schutz des Natur- und Sozialkapitals.

Unser Beitrag in der FG EÖR war und ist bis auf den heutigen Tag getragen von dem Bemühen, verborgene Sachverhalte bloßzulegen, Ungesehenes sichtbar zu machen, aus überholten Traditionen herauszulocken, Mut für neue Wege zu machen, effektive Altruisten zu begleiten und zu fördern, einen Weg „subversiver Integration" (Ziegler 2017a; vgl. dazu auch Ziegler 2017b) zu gehen, damit Menschwerdung in Gemeinschaft im Mit-Sein mit der Schöpfung gelingen kann.

Das war ganz im Sinne von Gerhards Freund, dem Naturphilosophen Klaus Michael Meyer-Abich (1997a, 1997b), der uns bei der Entwicklung der Kriteriologie korrespondierend begleitete. U.a. schrieb er mir am 9.6.1997:

> Vielen Dank für Ihren Brief und das Manuskript zur Kulturverträglichkeit. Ich finde Ihre Überlegungen zutiefst einleuchtend, genauso möchte ich mir die Wiedereinbindung der Wirtschaft in den kulturellen Zusammenhang unserer Gesellschaft vorstellen! Natürlich freue ich mich, wenn Sie sich dabei auch auf meine Überlegungen beziehen. Besonders gefallen hat mir, dass Sie dieses große und schwierige Thema in einer relativ lockeren Form zu behandeln wissen. Vermisst habe ich allenfalls, dass Sie daraus nicht gleich ein kleines Buch gemacht haben, denn viele schöne Gedanken werden nur allzu kurz angedeutet. […] Mir scheint, Ihre Gedanken sind so ausgereift, dass es schade wäre, wenn Sie sie nicht in aller Ruhe und mit einem etwas längeren Atem auf mindestens 100 Seiten entwickelten (Auszug aus dem Schreiben von Klaus Michael Meyer-Abich vom 9.6.1997 an Johannes Hoffmann).

Nach mehr als 25 Jahren wissenschaftlicher Arbeit der FG EÖR zur Entwicklung von ökologischer, sozialer, ökonomischer, ökumenischer, interreligiöser und interkultureller Nachhaltigkeit in der Marktwirtschaft ist es durchaus sinnvoll, einmal an die Anfänge zu erinnern und einen Blick auf die gegenwärtig laufende Arbeit zu werfen, um daraus Überlegungen für die zukünftige Forschungs- und Bewusstseinsbildungsarbeit zu gewinnen.

Der Raubbau an den Gemeingütern schreitet unaufhaltsam voran, solange er nicht durch Gesetzesinitiativen verhindert wird, die mit der Duldung des externalisierenden Wettbewerbs Schluss machen. Anders wird es nicht zu nachhaltiger Entwicklung kommen. Kosteneinsparung zu Lasten von Gemeingütern muss als unlauterer Wettbewerb gesetzlich sanktioniert werden. Das entspricht dem Verfassungsauftrag, die Sozialpflichtigkeit des Eigentums zu verwirklichen. Artikel 14 Absatz 2 des Deutschen Grundgesetzes fordert den Gesetzgeber auf, den Gebrauch des Privateigentums so zu regeln, dass er zugleich dem Wohl der Allgemeinheit dient. Diesem Gebot kommt der Gesetzgeber am ehesten nach, wenn er Regeln verabschiedet, deren Einhaltung von der Allgemeinheit selbst überwacht und ggf. eingeklagt werden kann, von geschädigten Einzelnen, von den betroffenen Wettbewerbern und von den Institutionen der Zivilgesellschaft. Dafür wurden verschiedene konkrete Gesetzesänderungen vorgeschlagen, unter anderem am Bürgerlichen Gesetzbuch: Die beliebige Verfügung über das Privateigentum sollte Externalisierung ausschließen. Externalisierung sollte in die verbotenen Wettbewerbshandlungen nach §§ 3 und 4 des Gesetzes gegen den unlauteren Wettbewerb aufgenommen werden. Flankierend sollten Vereinbarungen zwischen Unternehmen, die einander eine Internalisierung bestimmter, von ihnen bisher abgewälzter Kosten zusichern, vom Kartellverbot ausgenommen werden; dazu einschlägige Präzisierungen des Aktiengesetzes, des Kreditwesengesetzes und Investmentgesetzes, letzteres mit einer Verpflichtung zur zertifizierten Anlageberatung.

Es war Scherhorns Anliegen, dass in der FG EÖR Frauen und Männer aus Wissenschaft und Praxis zusammenwirken. Daher ist die FG EÖR von Anfang an interdisziplinär, ökumenisch, interreligiös, interkulturell und transdisziplinär zusammengesetzt. Heute ist das favorisierte Wissenschaftskonzeption (vgl. dazu Borgwardt 2017).

3 Heitere Gelassenheit

Ich, Gerhard Hofmann, traf zum ersten Mal auf Gerhard Scherhorn im Mai 2008 anlässlich einer Zusammenkunft der **Forschungsgruppe Ethisch-Ökologisches Rating** (FG EÖR) in der Kreditanstalt für Wiederaufbau (KfW) am Frankfurter Palmengarten. Johannes Hoffmann und Gerhard Scherhorn leiteten die Konferenz, wie sie das immer taten – bis ein tragischer, nicht von ihm verschuldeter Unfall ihn (am 11. Juni 2013) aus der Arbeit und später (28. Februar 2018) aus dem Leben riss. Aber da war er bereits achtundachtzig Jahre alt. Scherhorn, ein asketisch wirkender blitzgescheiter Mann – hatte ich mir erzählen lassen – befürchtete schon 2002 eine weltweite Finanzkrise. Die Forschungsgruppe entwickelte zur Planung eines international und interkulturell angelegten Expertensymposiums eine Diskussionsvorlage unter der Überschrift: „Nachhaltige Entwicklung: Die besondere Verantwortung des Finanzkapitals" für die Teilnehmer. Federführung: Gerhard Scherhorn. Das Symposium selbst mit dem Thema: „Nachhaltigkeit als Gestaltungsprinzip für die Rahmenordnungen von Finanz- und Gütermärkten" war das oben genannte Zusammentreffen. Als Ergebnis wurde ein Kommuniqué veröffentlicht – Thema: „Politische Leitplanken für nachhaltige Märkte und nachhaltigen Wettbewerb" (siehe dazu Hoffmann und Scherhorn 2009).

Gleichzeitig entwarf ich – parallel zur Abschlussdiskussion – eine Medienmitteilung (von der ich nicht weiß, ob sie trotz breitester Streuung irgendein Medium veröffentlicht hat): „Märkte und Wettbewerb müssen endlich nachhaltig werden", stand darüber. Endlich.

„Hohe Kapitalrenten gibt es nur auf Kosten anderer" und „die meisten, die das Börsenspiel mitspielen, verlieren". Solche für manche überraschenden Sätze waren im Verlauf der Tagung gefallen. Ausgehend von den Horrormeldungen über entfesselten Kapitalismus, grenzenlose Globalisierung und ihre Folgen, um den Globus vagabundierendes Kapital und moralfreien Shareholder-Value forderte die Gruppe, dringend das Gesetz gegen den unlauteren Wettbewerb zu ändern: Wer Kosten auf die Allgemeinheit abwälze, „externalisiere", verschaffe sich einen Vorteil – dem müsse das Gesetz einen Riegel vorschieben. Wettbewerb solle zudem nur dann als schutzwürdig gelten, wenn er zugleich ökologisch, sozial und kulturell nachhaltig ist. Das war das Alleinstellungsmerkmal der Forschungsgruppe (Nachhaltigkeit verlangten viele, aber welche?: die kulturelle Nachhaltigkeit). In der vom Symposion verabschiedeten Abschlusserklärung wurden absolute Transparenz und Risiko-Kontrolle für die internationalen Finanzmärkte gefordert – zusammen mit der Transaktionssteuer, die damals noch eine Provokation war. Das Finanzkapital müsse wieder in die alte Sozialbindung zurückgeführt werden, aus der es zum Nachteil vieler befreit worden sei. Das gehe nur durch harte Kontrollen. Ins Aktiengesetz gehöre eine Nachhaltigkeitsverpflichtung hinein, mit der die Gesellschafter „zur gleichrangigen Berücksichtigung der Produktivkräfte Arbeit und Natur verpflichtet" werden müssten.

Das waren zwar großenteils die Gedanken von Gerhard Scherhorn, aber er hatte die Gabe, mit heiterer Gelassenheit jedem das Gefühl zu vermitteln, man habe selber den entscheidenden Beitrag geleistet. So auch, als wir gelegentlich gemeinsam an (seinen!) Texten arbeiteten; ich hatte Stilistisch-Grammatikalisches beizutragen – was nicht heißen soll, er hätte dort besondere Schwächen gehabt. Aber die Gewichte waren verteilt, ohne dass er einen das je spüren ließ. Später entwarfen wir einen Appell an den Bundestag („Wir brauchen Gesetzesinitiativen für den nachhaltigen Wettbewerb"); ich verschickte unsere Forderungen, als „Vorschläge" verkleidet an alle Koalitions-Verhandelnden während der Regierungsbildung 2013. Unser wahrer Einfluss auf die Politik hielt sich in engen Grenzen. Gerhard Scherhorn verdross das nicht: Das Brett wird nicht dünner, wenn man das Bohren einstellt.

4 „Grenzenloser Optimismus"

Peter Hennicke, bis 2000 zeitgleich mit Scherhorn am Wuppertal Institut, danach sein Nachfolger, rühmte an ihm (ein „feiner Mensch") während der akademischen Trauerfeier in der Frankfurter Universität am 4. Mai 2018 „seine enorme wissenschaftliche Breite, die elaborierte Sprache, seinen eindrucksvollen Scharfsinn, seinen moralischen Rigorismus, seinen interdisziplinären Mut und – nicht zuletzt – seinen grenzenlosen Optimismus" (Hennicke o. J. [2018]). Unter der Überschrift *Schwach nachhaltig wird die Erde zerstört* habe Gerhard Scherhorn (Scherhorn und Wilts 2001) sein Konzept von starker Nachhaltigkeit als Gegensatz zur kapitalistischen Verwertungslogik formuliert. Auf dieser Grundlage sei es nur konsequent gewesen, dass er Fragen der Macht in Wirtschaft und Gesellschaft nicht ausklammerte, aber sie in fast salomonischer Weisheit auszubalancieren versuchte.

Im seinem Buchbeitrag zu „Psychologie im Gespräch mit Gerhard Scherhorn über Ökonomie" hat Scherhorn (2001) mit Blick auf die „Verhältnisse der Macht" folgendes ausgeführt:

> Also kann man sich nicht blind auf die Weisheit des Marktes verlassen, sondern muss kritisch und im Detail untersuchen, wie sich die jeweiligen Machtverhältnisse auf sein Ergebnis auswirken. Machtblind nenne ich zum Beispiel die Vorstellung, man könne das Verhältnis von Arbeit und Kapital allein unter dem Aspekt betrachten, dass beide Produktionsfaktoren sind, die im Interesse der Güterproduktion rational kombiniert werden müssen, ohne zugleich dafür zu sorgen, dass beide in stabiler Machtbalance stehen (Scherhorn 2001, S. 448).

Hennicke (o. J. [2018]) hob hervor, dass „Balance" ein Schlüsselwort sei, um das Schaffen von Gerhard Scherhorn zu verstehen. Dahinter stand für ihn die normative Frage „nach dem rechten Maß", die er ebenso wie das Verständnis von Suffizienz als universelles Thema für Konsum und Produktion verstand.

Kritisch habe Scherhorn immer seine eigene Disziplin, die Wirtschaftswissenschaften, gesehen. Wichtig war ihm dabei, die Rolle und die Reflexion der nichtmonetären Ökonomie und der ökonomischen Dimensionen der Gemeingüter hervorzuheben:

> Machtblind ist auch die Vorstellung, der Zweck der Arbeit sei allein der Gelderwerb. Sie blendet die informelle Arbeit in Haushalt und Familie, in Eigenproduktion und Realtausch, in Nachbarschaftshilfe und bürgerschaftlichem Engagement aus, obwohl diese für den Gesamtwohlstand umso wichtiger wird, je höher die Produktivität und je geringer das Arbeitsvolumen in der formellen Arbeit sind, und deshalb dringend in das sichtbare gesellschaftlich gewürdigte Sozialprodukt einbezogen werden muss (Scherhorn 2001, S. 449).

Ferner betonte Scherhorn immer wieder, dass Arbeitsplatzvernichtung und Umweltzerstörung die gleiche Ursache hätten. Mit Blick auf die „Macht der Verhältnisse" hat er das folgendermaßen erklärt:

> Die Relation der Preise für Natur und Arbeit wird in politischen Entscheidungen festgelegt. Seit Jahrhunderten – und in den Zeiten des billigen Erdöls erst recht – sind diese Entscheidungen so ausgelegt, dass Unternehmen für Naturverbrauch weniger zahlen müssen als für Arbeitskräfte, also ist es wirtschaftlich, die Arbeitsproduktivität auf Kosten der Ressourcenproduktivität zu steigern. Das verhindert, dass die naturgegebenen Ressourcen effizient und schonend behandelt werden; deshalb wird die Umwelt zerstört. Die Arbeitsproduktivität wird durch verschwenderischen Einsatz fossiler Energien, und nun auch noch kombiniert mit digitalen Informations- und Kommunikationstechnologien, so rasant gesteigert, dass die Gesamtnachfrage nicht Schritt halten kann; deshalb gehen Arbeitsplätze verloren (Scherhorn 2001, S. 447).

Das übersteigerte Vertrauen in das eigennützige Verhalten auf Märkten und in Organisationen kritisierte Scherhorn immer wieder. Seiner Meinung nach bringe es eben die gesellschaftlichen Bedingungen hervor, welche die Indifferenz gegenüber dem Ganzen fördern, den Raubbau an den Global Commons als normal erscheinen lassen und der unbegrenzten Kapitalexpansion Vorschub leisten.

Die Quelle der Bedrohung liege „in der Unverantwortlichkeit des Kapitals. Eine Charta für Kapitalgesellschaften muss heute Verantwortlichkeiten ökologischer, ökonomischer und sozialer Art definieren. In der Verwirklichung dieser drei Verantwortlichkeiten kann man die Grundlage für eine Kultivierung des Kapitals sehen, denn dadurch wird der Geburtsfehler des Kapitalismus behoben und es wird möglich, das Kapital in das Ganze der Produktivkräfte zu integrieren" (Hennicke o. J. [2018]).

Die Ausnahmepersönlichkeit, der radikale Querdenker innerhalb der Zunft der Ökonomen, sprachlich und konzeptionell immer um Anschlussfähigkeit mit seiner Disziplin bemüht, habe – so Hennicke (o. J. [2018]) – eine tiefe und empirisch gut begründbare Abneigung gegen den entfesselten globalen Kapitalismus gehabt, aber er sei kein Kapitalismuskritiker im Sinne einer Marx´schen Methodik und Kapitalanalyse gewesen.

Ein Schlüsselwort für Gerhard Scherhorn sei dabei „Externalisierung" gewesen. Ernst Ulrich von Weizsäcker habe (darauf aufbauend) das geflügelte Wort geprägt „die Preise müssen die ökologische Wahrheit sagen". Denn zweifellos würde der Kapitalismus in ökologisch und sozial verträglichere Leitplanken eingezäunt, wenn sich möglichst viele externe Kosten in den Preisen widerspiegelten. Scherhorn hat – wohl wissend, dass das nur ein Anfang sein könnte – den Begriff der Externalisierung über die Sphäre von Kosten und Preisen hinaus gefasst und ihm damit auch eine neue Wucht bei seiner Systemkritik verliehen, sagte Hennicke (vgl. Hennicke o. J. [2018]). Scherhorn habe „Externalisierung für eine notwendige Eigenschaft kapitalistischer Gesellschaften, für das Gegenteil von Nachhaltigkeit, und für überwindbar durch nachhaltige Entwicklung" gehalten. Es gehe dem Kapitalismus um „Akkumulation durch Aneignung" von Gemeingütern, Marx' ursprüngliche Akkumulation in der Gegenwart fortführend, in ihrer Gesamtheit dem marktwirtschaftlichen Prinzip entgegengesetzt. Dass und wie dies überwunden werden könne, hat Scherhorn – kurz vor seinem tragischen Unfall – in einem Diskussionsbeitrag zur Externalisierungsdebatte 2013 zum Ausdruck gebracht und seine optimistische Einschätzung der Etablierung eines Neuen Wohlstandsmodells besonders prägnant in einer radikalen These formuliert, die auch den Titel für diesen Beitrag angeregt hat:

> Da uns das [Problem der Externalisierung, P. H.] heute zusehends klarer vor Augen tritt, müssen wir über kurz oder lang einen grundlegenden Schutz der Gemeingüter einführen, indem das Eigentumsrecht, sie zu nutzen, ergänzt wird durch eine Eigentumspflicht, sie zu erhalten. Damit wird die Grundlage der *Akkumulation durch Aneignung* – und damit die Grundlage des Kapitalismus – entfallen. […] Das wird dadurch erleichtert, dass wir die Alternative zum Kapitalismus nicht mehr im Sozialismus sehen, sondern in der hautnäheren und demokratiekonformeren Nachhaltigen Entwicklung. Nachhaltigkeit besteht in der Erhaltung der Gemeingüter, vor allen anderen der naturgegebenen; das *Nachhaltigkeitsprinzip* besteht im Vorrang der Erhaltung der natürlichen Lebensgrundlagen; also ist Nachhaltige Entwicklung die Alternative zum Kapitalismus (Gerhard Scherhorn, Auszug aus dem Diskussionsbeitrag 2013, zitiert bei Hennicke (o. J. [2018]).

Literatur

Borgwardt, A. (2017). *Impulse für die strategische Debatte in der Wissenschaft.* Schriftenreihe des Netzwerk Exzellenz an Deutschen Hochschulen, Bd. 11. Berlin: Friedrich-Ebert-Stiftung. Im Internet: https://library.fes.de/pdf-files/studienfoerderung/13460.pdf. Zugegriffen: 29. Mai. 2020.

Hennicke, P. (o. J. [2018]). Gerhard Scherhorn und das Wuppertal Institut. In Weltethos Institut (Hrsg.), *„Also ist Nachhaltigkeit die Alternative zum Kapitalismus".* https://weltethos-institut.org/blog/allgemein/also-ist-nachhaltigkeit-die-alternative-zum-kapitalismus/. Zugegriffen: 30. Mai. 2020.

Hoffmann, J., & Scherhorn, G. (Hrsg.). (2009). *Eine Politik für Nachhaltigkeit. Neuordnung der Kapital- und Gütermärkte. Reihe „Geld und Ethik",. Reihe „Geld & Ethik",* (Bd. 2). Erkelenz: Altius.

Meyer-Abich, K. M. (1997). *Praktische Naturphilosophie. Erinnerung an einen vergessenen Traum.* München: C. H. Beck.

Meyer-Abich, K. M. (Hrsg.). (1997). *Vom Baum der Erkenntnis zum Baum des Lebens. Ganzheitliches Denken der Natur in Wissenschaft und Wirtschaft.* München: C. H. Beck.

Roche, P., Hoffmann, J., & Homolka, W. (Hrsg.). (1992). *Ethische Geldanlagen.* Kapital auf neuen Wegen. Frankfurt a. M.: Verlag für Interkulturelle Kommunikation.

Scherhorn, G. (2001). Ökonomie. In H. Keupp & K. Weber (Hrsg.), *Psychologie. Ein Grundkurs* (S. 441–450). Reinbek bei Hamburg: Rowohlt Taschenbuch Verlag.

Scherhorn, G., & Wilts, C. H. (2001). Schwach nachhaltig wird die Erde zerstört. *GAIA– Ecological Perspectives for Science and Society, 10,* 249–255.

Scherhorn, G. (2015). *Wachstum oder Nachhaltigkeit. Die Ökonomie am Scheideweg.* Mit einem Vorwort von Johannes Hoffmann. Hrsg. Für die Forschungsgruppe Ethisch-Ökologisches Rating. Reihe „Geld und Ethik", Bd. 3. Erkelenz: Altius.

Ziegler, J. (2017). Tahir Chaudhry. *Süddeutsche Zeitung, 202,* 50.

Ziegler, J. (2017). *Der schmale Grat der Hoffnung. Meine gewonnenen und verlorenen Kämpfe und die, die wir gemeinsam gewinnen werden.* München: C. Bertelsmann.

Johannes Hoffmann Professor für Moraltheologie, Sozialethik und Wirtschaftsethik am Fachbereich Katholische Theologie der Goethe-Universität in Frankfurt/M; Diakon mit Zivilberuf der Diözese Limburg, Mitglied des Vorstandes von Theologie Interkulturell e.V.; Projektleiter der Forschungsgruppe Ethisch-Ökologisches Rating (FG ÖER) der Goethe-Universität Frankfurt; seit 2018 Mitglied der Forschungsgruppe Finanzen und Wirtschaft der Stiftung Weltethos an der Universität Tübingen.

Gerhard Hofmann Dr. phil., Publizist, zahlreiche Stationen als TV-Reporter und Korrespondent (München, Mainz, Buenos Aires, Baden-Baden, Bonn, Berlin); heute Geschäftsführer der Agentur Zukunft, Büro für Nachhaltigkeitsfragen – langjähriges Mitglied im Leitungsteam der Forschungsgruppe Ethisch-Ökologisches Rating der Goethe-Universität Frankfurt – heute Weltethos-Forschungsgruppe Finanzen und Wirtschaft an der Universität Tübingen.

Georg Simmel: Mode und Schönheit

Rainer Hufnagel

Für Klaus Christian Köhnke 1953–2013

Zusammenfassung

Ohne Berücksichtigung sozialer Milieus werden Erklärungen von Verbraucherverhalten unvollständig bleiben. Vor diesem Hintergrund blicken wir auf Leben und Werk eines Klassikers der Moderne: Georg Simmel. Aus seinem überbordenden Gesamtwerk wird in diesem Aufsatz vor allem seine *Philosophie der Mode* vorgestellt. Wir untersuchen, welche Anregungen heute, da „Fast Fashion" merklich zu Umweltbelastung und Ressourcenverschwendung beiträgt, aus Simmels Essay zu schöpfen wären. Sein qualitatives Modell wird um quantitative Simulationsrechnungen ergänzt. Ableitbar ist, dass die Schönheit der Dinge dazu beitragen könnte, Modewellen zu verlangsamen und zu dämpfen. Der Begriff der Schönheit führt uns zu Simmels Beiträgen zur neukantianischen Ästhetik. Deren dialektischer Charakter lässt sie aber nur begrenzt tauglich scheinen, von der „Fast" Fashion zu einer nachhaltigeren „Slow" Fashion zu gelangen. Die Dialektik sozialer Systeme ist aus anderer Sicht aber durchaus auch zu begrüßen. Je schwächer die determinierenden Anteile im sozialen System, desto mehr Hoffnung verbleibt für die individuelle Freiheit, auch in einer Zukunft, die von der Thesaurierung sozialer Daten geprägt sein dürfte.

R. Hufnagel (✉)
HSWT, Weidenbach, Deutschland
E-Mail: rainer.hufnagel@hswt.de

1 Einleitung

Der Berliner Georg Simmel (1858–1918) gilt als Wegbereiter der modernen Soziologie. Seine aktuelle Bedeutung beruht vor allem darauf, dass er – neben Max Weber und Thorstein Veblen – als Begründer des Lebensstilkonzeptes gilt. Zu Beginn des 20. Jahrhunderts von diesem Trio im Rahmen einer qualitativen Soziologie formuliert, wurde dieses Konzept im letzten Viertel des 20. Jahrhunderts mit anspruchsvollen quantitativen Methoden statistischer Clusterbildung vermählt. So gelangte man zum Begriff des Lebensstilclusters, deren bekanntesten die „Sinus-Milieus" sind (zu alldem Hartmann 1999). Die Kanonisierung Simmels zum Klassiker der Moderne konkretisierte sich ab den 80er-Jahren des vergangenen Jahrhunderts mit der Erstellung der 24-bändigen Gesamtausgabe, die von 1989–2015 vom Suhrkamp-Verlag veröffentlicht worden ist. Parallel zur Arbeit an der Werkausgabe publizierten die Rammstedt, Köhnke, Dahme, Frisby und andere einen breiten Strom von Forschungsergebnissen und Deutungen zu Simmel und seinem Werk (vgl. hierzu insbesondere Dahme und Rammstedt 1984).

Warum sollte Verbraucherforschung sich mit Simmel befassen? Die erste Antwort ist naheliegend. Kein Werbemann und keine Verbraucherforscherin würden ernsthaft den Hintergrund gesellschaftlicher Milieus als unwichtig für die Erklärung des Verbraucherverhaltens abtun.

Eine zweite Antwort verweist uns auf Berlin. Simmel wurde im Laufe seines Lebens der Chronist des Aufstiegs von Berlin vom Residenzstädtchen zu einer Metropole vom Range Londons oder Paris Das Lebensgefühl der Urbanität beschreibt die 1900 erschienene *Philosophie des Geldes* (Simmel 1989). Verdichtet ist es im 1903 erschienenen Essay *Die Großstädte und das Geistesleben* (Simmel 1991, S. 116–131).

In der Großstadt ist der Einzelne anonym, er distanziert sich von den Anderen. Wenn er seine Individualität leben will, so muss er aus dem reichhaltigen kulturellen Angebot der Metropolen wählen und sich expressiv darstellen. Er muss sich durch seinen Lebensstil, etwa in der Mode und im Prestigekonsum, von den Anderen so weit wie möglich unterscheiden (vgl. hierzu auch Jung 2016, S. 156–161). Auch wir haben seit 1989 den Wiederaufstieg Berlins zu einer internationalen Metropole erlebt. Der Dialektik von äußerster Anonymisierung und expressivster Individualisierung begegnen wir dazu erst recht im Internet. Genügte es vordem schrill in der S-Bahn aufzutreten, so bedarf es heute aufwendigster Selbstdarstellung in den sozialen Medien, um herauszustechen.

In diesem Aufsatz freilich wollen wir die Breite von Simmels Werk nicht weiter nachzeichnen. Wir beschränken uns auf seine *Philosophie der Mode* (Simmel

2016a). Wie Simmel zu seiner Zeit erleben auch wir eine allgemeine Beschleunigung der Lebensverhältnisse, gerade auf dem Feld der Bekleidungsmode. „Fast Fashion" wirft immer schneller neue Kleidung auf den Markt, befeuert von den Influenzerinnen im Netz. 5 % der globalen Emissionen werden für neue Kleidung verbraucht. Nach einem Jahr sind 60 % aller Kleidungsstücke bereits im Müll (Frey 2020; Weiteres dazu in Übersicht 1). Die Neigung der Menschen, Moden zu folgen, wird von der Konsumgüterindustrie und vom Handel, in den Shopping-Malls und im Internet, zur Ankurbelung der Umsätze benutzt. Aus der Nachhaltigkeitsperspektive ist dies bedenklich. Sehen wir uns an, was eine *Philosophie der Mode* zur Genese und Persistenz von Moden zu sagen hat!

Übersicht 1 Fakten zu Fast Fashion. Quelle: Frey 2020.
1. Seit dem Jahr 2000 hat sich der Absatz an neuer Kleidung mehr als verdoppelt.
2. Mehr als 100 Mrd. Teile werden pro Jahr hergestellt.
3. Mehr als 60 Artikel kauft ein Deutscher pro Jahr.
4. 40 % der produzierten Kleidung werden nicht verkauft.
5. 60 % der verkauften Kleidungsstücke landen nach einem Jahr im Müll.
6. Beim Einsturz der Textilfabrik Rana Plaza in Bangladesh starben 1 135 Menschen.
7. 1,2 Mrd. t CO_2-Emissionen werden jährlich von der Textilindustrie verursacht (so viel wie Russland insgesamt emittiert).
8. Für ein T-Shirt werden bis zu 3 000 l Wasser benötigt, für eine Jeans 8 000 l.
9. 2,5 % der weltweiten Ackerfläche trägt Baumwolle, worauf jedoch über 10 % der weltweit verbrauchten Pestizide versprüht werden.
10. ½ der Mikropartikel in den Ozeanen stammt von Kunstfaserresten in der Waschlauge.

Philosophische Grundlegung und Nutzung der Mathematik verschaffen einer Wissenschaft Prestige, machen sie bisweilen erst zu einer solchen (vgl. hierzu auch McCloskey 1998). Wenn von Simmel als „Begründer der Soziologie als Wissenschaft" die Rede ist (Jung 2016, S. 194), wenn dieser selbst „Philosophien" (des Geldes, der Mode, der Mahlzeit, etc.) vorlegt, so darf man ihn in diesem Punkt – die Methodik betreffend – nicht überschätzen. Simmels „Philosophien" sind zunächst einmal kulturphilosophische Begriffsanalysen, wie sie Köhnke (2019, S. 24) umschrieben hat: Verständigung darüber, was ein Begriff beinhaltet, ohne dass uns dies immer sogleich in den Sinn käme. Wer unter philosophieren die Entwicklung eines Systems, wie etwa bei Hegel, oder wenigstens die Verortung des Gegenstandes der Betrachtung in einem solchen, versteht, wird sich enttäuscht sehen. Er wird der schon von Simmels Zeitgenossen geäußerten Kritik (Koigen 1910, S. 924) vom „Hang zum Systemlosen" Recht geben müssen. Wer an das heutige wissenschaftliche Publikationswesen gewohnt ist, wo die Herausgeber und Gutachter oft auf Kürze und Prägnanz drängen, den wird bald auch das Causeurhafte weiter Passagen von Simmels Texten befremden. Ein zeitgenössischer Gutachter attestiert Simmels Ausführungen einen „aphoristischen Charakter" (Gassen und Landmann 1958, S. 16). Wir werden Simmel am ehesten noch gerecht, wenn wir ihn als Stoffsammler und Anreger würdigen – nicht mehr und nicht weniger, wie Quentin Skinner (1969) in einem einflussreichen Essay angemahnt hat. In diesem Sinne möge dieser Artikel (im Abschn. 3) exemplifizieren, wie und inwiefern die Mathematisierung und Systematisierung der Soziologie Simmels Grundlegungen weiterführen kann. Der Weg von der Daten- und Stoffsammlung zur sozialen Theorie und Praxis ist nebendies in unserer Zeit ein hochaktuelles Thema (vgl. Weigend 2017, S. 38 ff.); denn wir sind mit der Frage konfrontiert, inwiefern die Suchmaschinen, die immer mehr über uns wissen, unser Handeln steuern wollen und können.

Im folgenden 2. Kapitel stellen wir zunächst kurz Vita und Opera vor. Im 3. Kapitel befassen wir uns ausführlich mit Simmels Modell zum Phänomen der Mode. Kap. 4 diskutiert Simmels Beitrag zu unseren aktuellen Debatten über Mode und Nachhaltigkeit. Kap. 5 gibt einen Ausblick auf das Potenzial von Simmels Stoffsammlung im 21. Jahrhundert.

2 Leben und Werk

2.1 Lebenslauf

Georg Simmel selbst hat wenig Wert gelegt auf die Überlieferung biografischer Details. Das Werk schien ihm wichtiger als der Verfasser. Wichtigste primäre Quellen von Lebenserinnerungen sind Gassmann und Landmann (1958), Susman (1959) und Hans Simmel (1976). Sekundäre Quellen sind, geordnet nach Ausführlichkeit, Guth (in Simmel 2016a, S. 50–51), Jung (2016, S. 11–21), Rammstedt (in Simmel 2016b, S. 362–377) und Köhnke (1996, S. 9–153).

Hier einiges zu Simmels Vita in Kürze. Georg Simmel wurde am 1. März 1858 in Berlin als Sohn des Kaufmanns Edward Simmel geboren. Edward Simmel war geschäftlich wenig erfolgreich, obwohl einer der Mitbegründer von Sarotti-Schokoladen, sodass Georg, zusammen mit sechs Geschwistern, beengt, aber ohne Not in der werdenden Weltmetropole Berlin aufwuchs. Immerhin konnte er das Gymnasium besuchen und legte 1876 das Abitur ab. Anschließend studierte er in Berlin Geschichte und Philosophie.

1874 verstarb sein Vater. Der mit den Simmels verschwägerte reiche Verleger Julius Friedländer wurde Simmels Vormund und hinterließ ihm 1889 sein Vermögen. Immer von Friedländer finanziell gesichert, musste Simmel sich nie bedingungslos monetären Restriktionen unterwerfen. Dies ermöglichte ihm auch ein hohes Maß an intellektueller und publizistischer Autonomie, wenn nicht Streitbarkeit. Diese stieß auf Widerstände und Ressentiments genug. Die Simmels waren konvertierte Juden, Georgs Vorlesungen und Vorträge waren hip und seine Publikationen verkauften sich bestens. All das zusammen sorgte nicht unbedingt für allseitige Beliebtheit.

Ärger gab es schon bei der Promotion 1881. Die zunächst eingereichte Arbeit „Psychologisch-ethnologische Studien über die Anfänge der Musik" wurde abgelehnt; formal zu nachlässig gemacht und zu abstrus die Themenwahl für die Prüfungskommission. Stattdessen akzeptierte man dann die schon veröffentlichte und preisgekrönte Abhandlung *Das Wesen der Materie nach Kant's Physischer Monadologie* (Simmel 2000) und winkte ihn mit „cum laude" durch.

Seine Habilitationsschrift wurde 1883 angenommen. Dafür fiel er diesmal bei der Probevorlesung durch. Erst 1885 wurde er Privatdozent. Als solcher bot er, ohne festes Gehalt, zahlreiche Lehrveranstaltungen, beliebt und gut besucht, zu zahlreichen Themen an der Berliner Universität an.

1890 heiratete Simmel Gertrud Kinel. Ihr Kind Hans Simmel wurde 1891 geboren. 1907 brachte Gertrud Kantorowicz seine Tochter Angela zur Welt.

1900 ernannte ihn die Berliner Universität zum immer noch unbezahlten Extraordinarius. 1910 wurde er Mitbegründer der Deutschen Gesellschaft für Soziologie. 1914 erhielt er, endlich und nahezu beleidigend überfällig, eine ordentliche Professur an der Universität Straßburg für Philosophie und Pädagogik. Wegen des Krieges verödete das akademische Leben in Straßburg freilich schnell. Simmel ordnete seine Schriften und verfasste, im Kampf gegen den Krebs, letzte philosophische Ausblicke. Er starb am 26. September 1918.

2.2 Gesamtwerk

Von Studententagen bis zu seinem Tode war Georg Simmel über vier Dekaden hinweg ein produktiver Schreiber. Die Gesamtausgabe umfasst 24 Bände, insgesamt mehr als 10 000 Druckseiten. Zu Simmels Werk gehören gewichtige Monografien und eine Vielzahl kleinerer Gelegenheitsschriften. Eine chronologische Aufzählung findet sich in Simmel (2016b, S. 366–368, S. 371–372, S. 355, S. 377). In der Mitte seines Schaffens steht die 1900 veröffentlichte *Philosophie des Geldes* (in der Gesamtausgabe Simmel 1989). Sie trifft den Nerv der Zeit, entwirft ein Gesamtbild der damals modernen Kultur unter dem Zeichen des Geldes, „ein Buch, das nur in dieser Zeit und nur in Berlin" geschrieben werden konnte (Joël 1901, S. 813).

In Simmels Werk lassen sich drei Schichten unterscheiden (Jung 2016, S. 22–28). In den letzten beiden Dekaden des 19. Jahrhunderts beschäftigte er sich mit den Entwicklungen der Erkenntniskritik jener Zeit. Kantianismus und Neukantianismus liefern zunächst einmal eine erkenntniskritische Fundierung der mathematisierten Naturwissenschaft. Dabei wird die apriorische Form der Anschauung von ihrem Inhalt analytisch getrennt. Die letzten beiden Dekaden des 19. Jahrhunderts und die ersten beiden des 20. Jahrhunderts entwickeln und diskutieren einen Transfer dieses Konzepts in die Geisteswissenschaften. Gibt es apriorische Formen der historischen und soziologischen Anschauung? Wohl ja, indessen weit mehr als in den Naturwissenschaften. Ernst Cassirer hat dies nach Simmel weiter ausgearbeitet (vgl. Paetzold 1995). Wir zehren heute noch von diesen Entwicklungen, wenn wir frankophil uns auf den postmodernen Konstruktivismus und Dekonstruktivismus stützen.

Simmel arbeitete sich am Ausgang des 19. Jahrhunderts – er hatte ja gerade erst studiert, promoviert und sich habilitiert – zur Spitze der in jener Zeit aktuellen Forschung vor und erstaunte seine Zeitgenossen mit einer reichlich gewagten Melange von Neukantianismus, Pragmatismus, Sozialpsychologie, Evolutionstheorie und Völkerkunde. Aus der Warte unserer Gegenwart heraus müssen wir freilich konstatieren, dass er auch in dieser Entwicklungsphase vielleicht noch unfertig, aber kein „Crank" war. Simmels Überlegungen (vgl. Köhnke 1996, S. 337–355) sind klar Vorläufer des in der evolutorischen Ökonomik populär gewordenen Konzepts der „Meme" (etwa Dopfer 2004). Ebenso finden sich Vorgänger-Überlegungen hinsichtlich des heute so aktuellen Forschungsfeldes zur Evolution von Egoismus und Kooperation (etwa Axelrod 1987; Wilson 2012; Nowak 2013).

Um die vorletzte Jahrhundertwende konzentrierte sich Simmel dann immer mehr auf die Soziologie. Besser gesagt wurde er zu einem Mitgründer, aus heutiger Sicht „Klassiker" dieses Faches. Die *Philosophie des Geldes,* fußend auf mindestens 3-jährigen Vorarbeiten im Jahr 1900 erschienen, und die Monographie *Soziologie* aus dem Jahr 1908 sind gewichtige Umgrenzungen dieser Periode (in der Gesamtausgabe Simmel 1992).

Danach entdeckte Simmel Bergson und ging in seinen Schriften selbst zunehmend in Richtung lebensphilosophischer Betrachtungen.

Die Aufzählung von Simmels Werk in Schichten, Perioden oder Phasen, darf nicht zum Missverständnis verleiten, diese seien streng geschieden oder scharf abgrenzbar. Vielmehr ist es so, dass Simmel über sein ganzes Wissenschaftlerleben hinweg Stoffe, Methoden und Themen wiederaufnimmt, umarbeitet oder in nachfolgende größere Werke wieder einarbeitet. Andere Essays dagegen verdanken ihre Entstehung offenbar dem Anlass des Tages, wie etwa seine *Soziologie der Mahlzeit* von 1910 (Simmel 2016b, S. 95–102) oder den Opportunitäten der Zeitläufte.

Für eine Diskussion, die wir im 4. Kapitel wiederaufgreifen müssen, ist es gut, Simmels Haltung zur Schönheit vorzustellen. Die entsprechenden Schriften lassen sich nicht gut in das Drei-Phasen-Schema einpressen. Deshalb runden wir dieses 2. Kapitel mit einem kurzen Blick auf Simmels Ästhetik ab.

2.3 Ästhetik

Simmel betritt die akademische Bühne in den 80ern des vorletzten Jahrhunderts als Neukantianer. Simmels Ästhetik kann demgemäß ihre Wurzeln im deutschen Idealismus nicht verleugnen. Kant hatte eine Ästhetik in der *Kritik der Urteilskraft* formuliert (siehe Näheres Höffe 2014, S. 271–278). Gemäß dieser ist ein Kunstwerk etwas Geschaffenes. Dieser Begriff entwickelt aus sich heraus eine gewisse Dialektik. Etwas Geschaffenes muss aus dem allgemeinen Lebensstrom herausgehoben sein, bedarf der Abgrenzung, der Form. Das Geschaffene muss originär sein, nicht nachgeahmt. Dies führt den Idealismus und die Romantik immer mehr zur Verherrlichung der Genialität und des Genies. Kunst wird so elitär. Das Kunstwerk hat aber auch eine gemeinschaftliche Komponente. Künstler und Kritiker, erst recht das Publikum, erwarten zumindest, dass das Kunstwerk Mehreren gefällt, wenn nicht Vielen. Obwohl der Idealismus Stilurteile von Modetrends abheben möchte, bringt der Verweis auf die Quantität des Urteilens Ästhetik doch wieder in die Nähe des Modischen.

Originalität zieht hinwieder auch nach sich, dass ständig neue Kunstwerke geschaffen werden müssen. Die bloße Kopie des Bewährten ist vielleicht kunstfertiges Handwerk, aber eben keine genialische Kunst.

Simmel selbst war mit vielen Künstlern befreundet, wie Stefan George und Rainer Maria Rilke, und richtete sich mit Kunstgegenständen ein. „Das große hohe Arbeitszimmer [...] war mit kostbaren, alten Perserteppichen belegt. Bilder großer Meister, viele eigenhändige Zeichnungen von Rodin, hingen an den

Wänden. Überall, in Vitrinen und offen, standen Vasen und Schalen fernöstlicher Kunst, auserlesene Buddhafiguren", stellte Margarete Susman (1959, S. 52) die Einrichtung ihres Heros im schönsten Lichte dar.

Zur Ästhetik hat sich Simmel, direkt in Rezensionen oder auch indirekt in seinen Künstlerbiographien über Dante, Goethe und Rembrandt, geäußert (Simmel 2000, 2003, 2016b). Simmel entwickelt dabei die bei Kant schon angelegte Dialektik von Form und Leben. Form heißt für Simmel (2016b, S. 307–308) sogar Symmetrie des Kunstgegenstandes, die Gestaltung des Kunstwerkes nach festen, erkennbaren Prinzipien. Aber das wird schnell langweilig und wirkt am Ende steril und wenig originell. Dieser Statik ist nur zu entkommen, indem immer wieder aus dem wirklich wahren Leben geschöpft wird. Simmels Kunstphilosophie bietet somit das Bild einer dialektischen Dynamik. „Dem vibrierenden, ins Grenzenlose hin sich entwickelnde Leben der in irgendeinem Sinne schaffenden Seele steht ihr festes, ideell unverrückbares Produkt gegenüber", formulierte Simmel (1996, S. 390) im Essayband *Philosophische Kultur*. Die Tragik des Lebens besteht für Simmel darin, dass es sich in dauernden Formen objektivieren will. Es kann indessen von diesen Formen nie zur Gänze erfasst werden, es muss immer wieder über diese Formen hinausgehen und weitergehen (Jung 2016, S. 119). Dieser Prozess des Kunstbetriebs droht abzugleiten. Die Statik der Form kann zum Warenfetisch werden, die Dynamik kann zur fortwährenden Weckung sinnloser Bedürfnisse verkommen (Simmel 1996, S. 408–410).

Solche Betrachtungen gehören zu Simmels letzter, der lebensphilosophischen Phase. Die Dialektik oder Tragik seiner Ästhetik hat er in seinem Erdenleben nicht mehr aufgelöst. Auch wir sind in dieser Frage kaum weiter. Wir wollen dies im übernächsten Kapitel näher diskutieren und auf unsere Zeit beziehen. Zuvor stellen wir jedoch explizit Simmels, im Jahr 1905 erschienene, *Philosophie der Mode* vor.

3 Philosophie der Mode

3.1 Inhalt

Am bequemsten ist uns Simmels *Philosophie der Mode* in einem von Karl-Maria Guth betreuten Neudruck aus dem Jahr 2016 zugänglich (Simmel 2016a). In diesem Neudruck umfasst die *Philosophie der Mode* 34 Oktav-Seiten, hat also nach heutigen Maßstäben die Länge einer Journalpublikation. Ebenso nach heutigen Maßstäben würden wir sie eher nicht eine „Philosophie" nennen, sondern informativer ein essayistisch gestaltetes qualitatives soziologisches Modell (der Mode). Das Essayistische findet sich darin, dass viele Argumente nicht einfach und einmalig statuiert werden, sondern dass Simmel vieles durch Beispiele und Metaphern zu erläutern versucht. Diese Beispiele und Metaphern glänzen durch ihre Gelehrsamkeit. Das hat jedoch leider zur Konsequenz, dass der Inhalt des Beispiels eben nicht bei allen (in der Berliner Hörerschaft oder mitteleuropäischen Leserschaft) als bekannt vorausgesetzt werden kann. Dies fällt Simmel aber erst im Nachhinein ein, woraufhin er das Beispiel aber nicht weglässt, sondern es durch weitere Ausführungen zu verdeutlichen sucht. So führt oft eine einzige seiner Thesen „vom Stock aufs Stöckchen", wie sie im Rheinland sagen, und Zeile um Zeile füllt sich, bis der Meister dann doch wieder zum eigentlichen Argumentationsstrang zurückfindet.

Der Essay enthält eine Vielzahl gescheiter Aperçus zum Phänomen Mode:

1. Mode ist eine durchgängige Erscheinung in der Geschichte unserer Gattung. Moden wechseln in der Zeit, die Existenz von Moden überhaupt ist ein „zeitloses" Phänomen (Simmel 2016a, S. 6, S. 32).
2. Mode ist Klassenmode. Sie sinkt von der höheren Schicht zur tieferen Schicht. Danach kann sie nichtmehr zur klassenmäßigen Scheidung dienen. Deshalb entwickelt die höhere Schicht eine neue Mode (Simmel 2016a, S. 6, S. 8).
3. Mode ist ein Beispiel für die weitgehende Plastizität des Sozialen. Es waltet keine Spur von Zweckmäßigkeit darin, „ob weite oder enge Röcke, spitze oder breite Frisuren, bunte oder schwarze Krawatten getragen werden. So häßliche und widrige Dinge sind manchmal modern, als wollte die Mode ihre Macht gerade dadurch zeigen, daß wir ihretwegen das Abscheulichste auf uns nehmen" (Simmel 2016a, S. 7 ff.).
4. Mode setzt gerne auf das Exotische, Ausländische, Fremde (Simmel 2016a, S. 8 ff.).
5. Die Demi-Monde, die „Parias" sind Quelle für neue Modestile (Simmel 2016a, S. 22).
6. Modevernarrtheit entspringt der Diskrepanz von großem Geltungsbedürfnis und geringen Selbstwirksamkeitserwartungen (Simmel 2016a, S. 14 ff., S. 21).
7. Mode ist eine Institution. Sie reduziert die Transaktionskosten des Lebens in der Gesellschaft (Simmel 2016a, S. 26).
8. Frauen sind modeinteressierter als Männer (Simmel 2016a, S. 19, S. 21).
9. Jugendliche sind modeinteressierter als Alte (Simmel 2016a, S. 27).

10. Mode kann die Grenzen individuellen Schamempfindens sprengen (Simmel 2016a, S. 25).
11. Je billiger es ist, die Mode zu befolgen, desto schneller wechseln die Moden (Simmel 2016a, S. 31).
12. Moden können einen zyklischen Verlauf annehmen. Was out war, kann eine Renaissance erleben. Besonders die Kleidermode schlägt „immer wieder auf frühere Formen zurück, sodass man ihren Weg direkt mit einem Kreislauf verglichen hat. Sobald eine frühere Mode einigermaßen aus dem Gedächtnis geschwunden ist, liegt kein Grund vor, sie nicht wieder zu beleben und vielleicht den Reiz des Unterschieds, von dem sie lebt, demjenigen Inhalt gegenüber fühlen zu lassen, der seinerseits bei seinem Auftreten eben diesen Reiz aus seinem Gegensatz gegen die frühere und jetzt wieder belebte gezogen hat" (Simmel 2016a, S. 33).
13. Klassisches und Natürliches ist der Mode eher fremd, das Barocke und Maßlose ihr eher zugänglich (Simmel 2016a, S. 35).
14. Man kann die eigene Originalität auch unterstreichen, indem man sich nicht um Mode kümmert (Simmel 2016a, S. 36–37).

Simmel unterlegt diese Punkte zumeist mit Beispielen, eben aus seiner Zeit, der vorletzten Jahrhundertwende, gegriffen. Mehr oder weniger spontan fallen indessen auch uns Beispiele aus unserer Gegenwart bzw. gelebten Zeit ein, welche die Richtigkeit von Simmels Sentenzen unterlegen oder doch zumindest nicht unplausibel erscheinen lassen. Was jedenfalls das Modephänomen betrifft, unterscheidet sich unsere Postmoderne gar nicht so sehr von Simmels Moderne – wodurch schon Punkt 1. auch aus unserer Sicht als belegt gelten kann. Auch 2. ist richtig. Die Mittelklassen suchen Anschluss an die Oberschicht (gegenwärtig beispielsweise darin ein Elektroauto zu fahren). Was einst zum Dasein der oberen Mittelschicht gehörte – „einen dicken Benz zu fahren" sagen sie in Mannheim – ist das Samstagsabendvergnügen der „Poser" in der Unterstadt geworden.

Hinsichtlich 3. kann die Erinnerung an die unsäglichen „Baggy-Pants" genügen. Bei 4. denke man an Dreadlocks-Frisuren oder ans Sushi-Essen-Gehen. Bei 5. sei referiert, dass Blue-Jeans einst Arbeitskleidung war, ebenso wie gelbe Öljacken, und man erinnere sich an die Herkunft des Punk!

Zu 6. Gerade Kinder aus prekär lebenden Familien können es sich nicht leisten mit einem gebrauchten Schultornister oder einem Second-Hand-Fahrrad daherzukommen (Chassé et al. 2003). Mittelschichtskinder bekommen eher von daheim das Selbstbewusstsein und das soziale Kapital mit, etwas zu benutzen, was nicht den aktuellsten modischen Anforderungen entspricht. Selbstdarstellungsbedürfnis verbunden mit geringer Selbstachtung kann zur Facebook-Sucht führen, der Unfähigkeit sich auszuloggen aus Sorge, etwas zu verpassen oder hinterrücks gemobbt zu werden. Aus dieser Motivlage heraus dürfte sich auch das breite Publikum der Influenzerinnen im Internet rekrutieren.

Zu 7. Auch wir kleiden uns zumeist „einigermaßen" modisch im Berufsleben; man erspart sich so manchen schrägen Blick, wenn man nicht völlig altmodisch daherkommt. Junge Leute haben sogar in der Freizeit enormen institutionalisierten Druck. Wer nicht richtig gekleidet ist, kommt samstagnachts unter Umständen nicht am Security vorbei in den angesagten Club.

Ob 8. heute noch fundiert werden könnte, dass Frauen modeinteressierter seien als Männer und Jugendliche mehr als Alte, wollen wir in diesem Aufsatz dahingestellt sein lassen.

Dass 10. Modetorheiten Menschen zu Kleidung verleiten, die an die Grenzen des Schamempfindens rührt, dürfte schon so manchem in seinem Alltag begegnet sein.

11. „Fast Fashion" ist nur möglich als billige Mode. 4–6 neue Kollektionen pro Jahr können nur abverkauft werden, wenn Shirts und Hoodies billigst verschleudert werden.

12. Den zyklischen Charakter diverser Modephänomene kann man nachvollziehen, wenn man Jahrzehnte zurückblickt. Bei Männern wechseln etwa Bart und Kinnglätte, lange Haare und kurze Haare, breite Krawatten und dünne Schlipse. Bei Autos kantige klare Formen und runde barocke. Weitere Beispiel mehr lassen sich leicht erinnern.

14. Sich als Modeverächter darzustellen, ist auch heutzutage eine Option, sozial Profil zu ertrotzen.

13. Inwiefern Natürliches und Klassisches geringer dem Modedruck ausgesetzt seien, werden wir im 4. Kapitel ausführlicher erörtern.

Mode kennt ein Auf und Ab, ein Vor und Zurück, wenn nicht gar (nochmal 12.) ein zyklisches Hin und Her, eine Schwingung. Um Schwingungen erklären zu können, muss man zwei Kräfte statuieren, eine, die vom Gleichgewicht wegtreibt, und eine, die der Auslenkung entgegenwirkt oder sie bremst. Simmels Modell zur Mode bereitet diese Erklärungsmöglichkeiten gleich eingangs vor (Simmel 2016a, S. 1–6). Eine dynamische Welt jedenfalls könne nicht aus *einem* Prinzip heraus erklärt werden. Mindestens zwei seien notwendig: Kampf und Frieden, Bewegung und Ruhe, Produktivität und Rezeptivität, Allgemeinheit und Besonderung, Hingabe und Selbstbehauptung, Verschmelzung mit der sozialen Gruppe und Heraushebung aus derselben, Sozialismus und Individualismus, Gleichheit und Einzigartigkeit. Man bemerkt, dass sich Simmel immer mehr dem annähert, was es braucht, Modeschwingungen zu erklären.

Simmel bietet, wie gesagt, ein qualitatives Modell der Modedynamik. Im Abschn. 3.3 werden wir es etwas genauer entwickeln und als Spezialfall in ein umfassenderes quantitatives Modell von Modeschwingungen einordnen. Wir diskutieren, was Simmels Ideen befruchtend beitragen und wo sie an die Grenzen der rein qualitativen Argumentation stoßen. Zuvor ist indessen ein Exkurs über die quantitative Modellierung von Schwingungen angezeigt.

3.2 Mathematik der Schwingungen

Ein Objekt sei durch eine Zustandsgröße x gekennzeichnet, die im Zeitablauf schwankt. Die Zustandsgröße x ist also eine Funktion der Zeit x(t). Das Schaubild der Funktion x(t) in einem t/x-Achsenkreuz heißt Bahnkurve. Abb. 1 veranschaulicht dies anhand eines schwingenden Pendels und der zugehörigen Bahnkurve. Die Zustandsgröße x ist in diesem Beispiel die Auslenkung des Pendels.

Eine Schwankung ergibt sich durch eine auslenkende Kraft. Weiter braucht es eine Kraft, welche die Zustandsgröße wieder zur Ausgangsposition zurücktreibt. In Abb. 1 – beim Pendel – ist die rückstellende Kraft die Schwerkraft. Wenn die rückstellende Kraft proportional zur Auslenkung ist, dann ergibt sich eine sogenannte „harmonische" Schwingung. Deren Bahn ist eine Sinuskurve wie in Abb. 1 gezeigt. In der Realität freilich wird ein Pendel durch die Reibung gebremst. Durch die Reibung klingt eine Schwingung nach einigem hin und her aus. In einem solchen Falle spricht man von einer „gedämpften" Schwingung (siehe Abb. 2). Wenn die Reibung sehr stark ist, erhält man eine sogenannte „kriechende" Schwingung. Nach einer einmaligen Auslenkung „kriecht" die Zustandsvariable zu ihrer Ruheposition zurück (Abb. 3).

Wenn die rückstellende Kraft nicht proportional zur Auslenkung ist, dann wird dies als „nichtlineare" Schwingung bezeichnet. Nichtlineare Schwingungen können sanft in der Ruheposition ausklingen oder einen einfachen oszillierenden Verlauf aufweisen, ähnlich der harmonischen Schwingung. Sie können aber auch zunehmend turbulenter werden, bis hin zu einem „chaotischen" Verlauf. Ein klassisches Beispiel hierfür ist die „Verhulst"-Dynamik, zuerst zu Beginn des 19. Jahrhunderts beschrieben vom belgischen Mathematiker Verhulst.

Sie entsteht aus einem Zusammenhang:

$$\Delta x = x(t+1) - x(t) = (a-1) \times x(t) - a \times x(t)^2 \qquad (1)$$

Hier ist die Rückstellung Δx der Zustandsgröße eine quadratische Funktion der Auslenkung x. Die Stärke der Rückstellung wird durch einen positiven Parameter

Abb. 1 Harmonische
Schwingung mit
Bahnkurve: Ein
schwingendes Pendel mit
Auslenkung x und
zugehöriger Bahnkurve x(t).
Quelle: Eigene Darstellung

a gesteuert. Solange dieser Parameter a kleiner ist als 3, strebt die Verhulst-Dynamik einem stabilen Gleichgewichtszustand zu. Wenn a größer ist als 3, dann setzt eine Oszillation ein, die bei weiter steigendem a immer mehr Oberschwingungen enthält, bis der Verlauf der Funktion x(t) schließlich chaotisch wird, wie in Abb. 4 (mit a = 3,9) zu sehen. „Chaos" heißt in diesem Falle, dass winzigste Änderungen der Ausgangsbedingungen einen völlig anderen Verlauf von x(t) zur Folge haben. Weil man die Anfangsbedingungen nicht beliebig genau kennen kann, heißt „Chaos" konsequenterweise, dass praktisch unberechenbar ist, welchen Wert x an einem künftigen Zeitpunkt t haben wird.

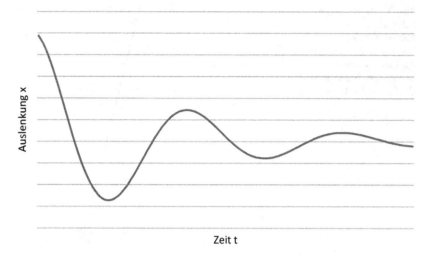

Abb. 2 Bahnkurve einer gedämpften Schwingung. Quelle: Eigene Darstellung

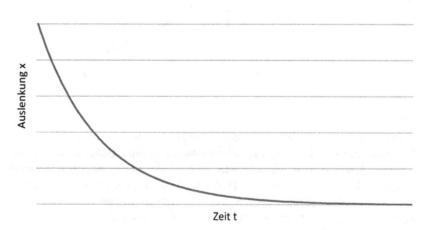

Abb. 3 Bahnkurve einer kriechenden Schwingung. Quelle: Eigene Darstellung

Georg Simmel: Mode und Schönheit 177

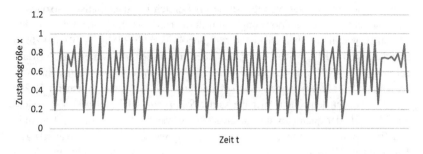

Abb. 4 Chaotische Schwingung aus einer Verhulst-Dynamik. Quelle: Eigene Darstellung

Bevor wir diese mathematischen Betrachtungen in die quantitative Modellierung von Modewellen einbringen – in Abschn. 3.3 – wollen wir die Verhulst-Gleichung (Gl. 1) ein wenig verallgemeinern. Um eine oszillierende Dynamik einer Zustandsgröße x(t) im Zeitverlauf t zu erzeugen, wähle man einen Ansatz:

$$\Delta x = A(x(t)) - B(x(t)) \qquad (2)$$

Dabei seien A(x) und B(x) positive Funktionen von x. Ein solcher Ansatz kann Schwingungen erzeugen. Der Verhulst-Ansatz (Gl.°1) ist ein Spezialfall von (Gl. 2) mit A(x) = (a-1)·x und B(x) = a·x^2. Im allgemeinen Fall (Gl. 2) erzeugen wir eine Schwingung durch die positive Funktion A, die eine Auslenkung x noch verstärkt und weitertreibt und eine Rückstellung -B, die irgendwann die Oberhand über A gewinnt, in Folge Δx negativ werden lässt und die Auslenkung x wieder zur Ursprungsposition zurück treibt – und darüber hinaus ins Negative. Je nach Wahl von A(x) und B(x) lässt sich in dynamischen Modellen Stabilität und Schwingung erzeugen, dazu die Art der Schwingung, ob gedämpft, harmonisch, periodisch oder turbulent. Je stärker der Einfluss von A, desto länger werden die Perioden. Je stärker und schroffer der Einfluss von B, desto turbulenter wird die Oszillation.

3.3 Quantitative Modelle für Moden

Als sich ab Mitte der 80er-Jahre, wie in der Einleitung schon berichtet, die Arbeitsgruppe um Otthein Rammstedt an die Besorgung der Gesamtausgabe machte, und damit Viel, wenn nicht Entscheidendes, zu einer Simmel-Renaissance oder gar -Kanonisierung beitrug, wurde im Bereich der quantitativen Sozialwissenschaften die „Chaos-Forschung" zum dernier cri. Auch sie identifizierte ihre Klassiker, wie die Mathematiker Pierre-François Verhulst (1804–1849) und Henri Poincaré (1854–1912). Stars der späten 80er und frühen 90er waren Benoît Mandelbrot (1924–2010), dessen *Fractal Geometry of Nature* von 1983 im Jahr 1987 auch auf Deutsch erschienen war (Mandelbrot 1987), sowie Herrmann Haken (*1927) mit der deutschen Ausgabe seiner *Synergetik* (Haken 1983). Eine wichtige Methode der quantitativen Sozialforschung war die Simulation von Dynamik und Evolution am Computer geworden, paradigmatisch hier etwa Axelrods *The Evolution of Cooperation,* deutsch: Axelrod (1987). Auf dem Schreibtisch der Wissenschaftler standen ab Ende der 80er-Jahre Personal-Computer, bald so leistungsfähig wie früher mittlere Rechner oder gar Großrechner. Die Simulationen, einst aufwendiges Unterfangen ganzer Forschungsteams, konnten nun leicht im eigenen Büro durchgerechnet werden. Eine Flut von Arbeitspapieren, Gutachten und Veröffentlichungen wurde durch die immer billigeren und schnelleren Rechner generiert.

Hufnagel (1992) konnte in diesem Rahmen eine Simulation von Modeschwankungen in den Jahrbüchern für Nationalökonomie und Statistik darstellen – anknüpfend an einen Beitrag von Weise (1991) über das 1. gossensche Gesetz. In dieser Simulation konnten alle Möglichkeiten in der zeitlichen Dynamik des Konsums eines Gutes in der Menge x(t) generiert werden: Stabilität, Schwingung, turbulente Oszillation, wie im vorhergehenden Abschn. 3.2 dargestellt. Wie dort abschließend mit Gleichung (Gl. 2) beschrieben, bedarf es hierzu eines Terms, der eine anfängliche Auslenkung Δx noch verstärkt, i.e. A, und eines Termes B, der eine weitere Auslenkung wieder bremst und in die Gegenrichtung -Δx zurückführt.

Für die Verstärkung A(x) wählte Hufnagel (1992) den „Mitläufereffekt", in der Konsumtheorie spätesten seit Alfred Marshalls Tagen geläufig (Stigler 1954). Für das bremsende und umkehrende Moment -B(x) wählte Hufnagel (1992) das 1. gossensche Gesetz: „Die Größe eines und desselben Genusses nimmt, wenn wir mit Bereitung des Genusses ununterbrochen fortfahren, fortwährend ab, bis zuletzt Sättigung eintritt". Weise (1991) hatte in seinem Beitrag darauf hingewiesen, dass die mikroökonomischen Lehrbücher das Gossenzitat in der Form

$$\frac{\partial^2 u}{\partial x(t)^2} < 0 \qquad (3)$$

interpretieren: Je größer der aktuelle Konsum x(t) zum Zeitpunkt t, desto geringer der Grenznutzen weiteren Konsums zum Zeitpunkt t. Weise mahnte an, dass das

Gossenzitat genausogut als

$$\frac{\partial^2 u}{\partial X(t)^2} < 0 \quad \text{mit} X(t) = \int_0^t x(\tau) d\tau \qquad (4)$$

aufgefasst werden könne. In dieser Formulierung wird der Grenznutzen vom gesamten bisherigen, bis zum gegenwärtigen Zeitpunkt t kumulierten Konsum X(t) reduziert. In Formulierung (Gl. 3) sitzt einer im Café und lässt sich vom Ober ein Eclair nach dem anderen bringen. Dabei muss er feststellen, dass jedes weitere Eclair ihm geringeren Genuss bereitet als das vorige. In Formulierung (Gl. 4) bereitet ein Eclair umso geringeren Genuss, je mehr der Schlemmer schon insgesamt, d. h. gestern und vorgestern und letzte Woche usw. aufaddiert, konsumiert hatte. „Sind denn nicht […] die Moden und Modellwechsel Ausfluß der ursprünglichen Gossenschen Gesetze?", fragte Weise in seinem Beitrag von 1991." In der Tat ist es naheliegend, diese Formulierung des 1. gossenschen Gesetzes, also gemäß Gleichung (4) bezogen auf den kumulierten vergangenen Konsum, zur Modellierung von Modewellen zu benutzen. Woran die Leute sich in der vergangenen Saison sattgesehen haben, gefällt ihnen zunehmend weniger, es kommt wieder aus der Mode.

Hufnagel (1992) zeigte quantitativ, dass man in der Tat mithilfe des „ursprünglichen" 1. gossenschen Gesetzes (und des Mitläufereffekts) die Moden und Modellwechsel in diversen Dynamiken simulieren kann.

Wenn wir nur wieder auf Simmels *Philosophie der Mode* blicken (Abschn. 3.1), dann werden wir gewahr, dass eigentlich mehr als nur der Antagonismus von Mitläufereffekt und kollektivem Ennui zur Verfügung gestanden hätte, um die gegenläufigen Momente A(x) und B(x) inhaltlich zu unterlegen.

Als wieder zurücktreibendes Moment wird bei Hufnagel (1992) das 1. gossensche Gesetz gesehen. Wir könnten – nichtkonkurrierend – auch das in Abschn. 3.3 als Punkt 2. angeführte Phänomen der Exklusivität von Mode einführen. Wenn die mittleren Schichten erst einmal auf breiter Front den Schick der oberen Schichten kopiert haben, dann verliert dieser seine Exklusivität und wird bei den wohlhabenden Trendsettern démodé. Ähnliches ließe sich für die gesellschaftlichen Outsider modellieren. Wenn die Erwachsenen und die Mittelschicht erst einmal sich Protest- und Jugendkleidung abgekupfert haben, besonders wenn in veredelter Form, dann muss die rotzige Jugend eben Neues ersinnen, was den Philister jetzt noch schocken könnte.

Zum Mitläufereffekt, der bei Hufnagel (1991) den auslenkungsverstärkenden Part A(x) unterlegt, finden sich bei Simmel (vgl. Abschn. 3.1) viele Variationen und Alternativen. Die soziale Kohärenz des Konsums wird begünstigt durch 7. institutionellen Modedruck und durch 11. Preisverfall, insbesondere bei der Kleidung. Die Ausbreitung der Modewellen wird hingegen verlangsamt, durch 13. klassischen natürlichen Geschmack, etwa bei Kleidung oder Wohnungseinrichtung.

Je größer die Amplituden und Frequenzen der Modewellen, desto größer der Ressourcenverbrauch. Wie können wir Extreme und Wechsel in den Moden dämpfen, wenn wir auf mehr Nachhaltigkeit hinwirken wollen? Die quantitativen Betrachtungen in diesem Abschnitt sind hilfreich. Erstens zeigen sie, dass Stabilität oder gemächlicher Wechsel möglich sind, auch wenn die treibenden Momente, wie der Mitläufereffekt, der Klassendünkel, das Sichsattgesehenhaben und das Essichleistenkönnen, weiter existieren. All diese Momente gehören wohl zur menschlichen Natur. Sie dürfen nur nicht zu stark sein, gewisse Schwellen nicht überschreiten. Und selbst dann gelten graduelle Zusammenhänge. Je stärker die Effekte sind, desto schneller und heftiger wechseln die Moden. Es ist somit auch umgekehrt eine wenigstens graduelle Reduktion des Ressourcenverbrauchs möglich.

Was wäre denkbar, was wäre wünschenswert? Blicken wir aufs 1. gossensche Gesetz! Zwar verspricht Gossen (1854) nicht nur die „G e s e t z e des menschlichen Verkehrs" zu entwickeln, sondern auch die daraus fließenden „R e g e l n für menschliches H a n d e l n" abzuleiten. Was Gossen an Regeln gewinnt, ist unter dem Nachhaltigkeitsaspekt freilich wenig hilfreich: nämlich für möglichst viel Abwechslung zu sorgen und sich dazu auch die Früchte der Natur soweit wie möglich zu erschließen. Nun, in diesem Essay soll es ja um Simmel gehen und nicht um Gossen! Wir lassen die durch das 1. gossensche Gesetz aufgeworfene Problematik deshalb so stehen.

Eine, auch in der Mode egalitärere Gesellschaft, würden die Einen begrüßen, Andere hingegen als Gleichmacherei ablehnen. Wer sich mehr Gleichheit in der Gesellschaft wünscht, kann in ökonomischer Hinsicht aber schlecht für die Verteuerung von Kleidung eintreten.

Blicken wir deshalb schließlich auf den Punkt 13. Können wir die Dinge nicht so gestalten, dass sie zeitlos schön sind und deshalb nicht ständig weggetan werden müssen? Dies führt auf eine schwierige Frage: Gibt es objektive Schönheit? Reden wir dazu im folgenden Kapitel also noch einmal über Simmels Ästhetik!

4 Fast Fashion, Ästhetik und Nachhaltigkeit

Wer auch nur einen flüchtigen Blick in die Kunstgeschichte wirft, dem wird nicht entgehen, dass es auch hier Wellen des Wechsels gibt, um nicht zu sagen Moden. Wir finden sogar eine gewisse Periodizität von opulenten und von schlichten Formen: Gotik folgt auf Romanik, Barock auf Renaissance, Neugotik auf Klassik und das Bauhaus auf den Jugendstil. Inwiefern überhaupt eine objektive Ästhetik oder eine Formulierung klassischer Schönheit möglich sein sollte, ist vor diesem Hintergrund fraglich. Ein postmodernes „anything goes" scheint plausibler.

Soweit sind Kantianismus und Neukantianismus freilich noch nicht. Hier wird noch über Schönheit philosophiert. Eine Dialektik diesbezüglich, wenn nicht sogar Antinomie, ist dabei schon bei Kant angelegt. Zum einen sei Schönheit subjektiv, gerade regelsprengend und schöpferisch: „Schöne Kunst ist Kunst des Genies" – heißt es in § 46 der *Kritik der Urteilskraft*. Das ist elitär. Kant kennt aber nicht nur die Schönheit des vom Künstler Geschaffenen, sondern auch das Naturschöne. Es erlaubt ein absichtsloses Sichfinden des Menschen in der Wirklichkeit. Geniale Kunst und Naturschönheit generalisiert der Kantkenner Höffe (2014, S. 277) wie folgt: „Schön ist etwas, bei dem sich alles einzelne ‚zweckmäßig' in das Ganze einfügt, ohne daß das Ganze noch einen weitergehenden Zweck hätte".

Wie wir in Abschn. 2.3 entwickelt hatten, begegnet uns die Dialektik der Kantischen Ästhetik bei Simmel etwas gewandelt wieder als die Dialektik von der Festigkeit der Form und von der Flüssigkeit des Lebens.

Es würde der Nachhaltigkeit nützen, wenn die Dinge – etwa Kleidung, Möbel, Fahrzeuge – ihre Schönheit aus der schlichten, klassischen, zweckmäßigen Form gewännen. Wir würden sie lange nutzen und nur wegtun, wenn sie wirklich abgenutzt sind. Aber kantianische und neukantianische Ästhetik kennen eben auch das andere der Schönheit: geniale Schöpfung aus dem Fluss des Lebens. In den Abschn. 3.1 und 3.3 hatten wir herausgearbeitet, dass Modewellen durch elitären Abgrenzungswillen und den Ennui am sattsam Bekannten ausgelöst und getrieben werden. Der Aufruf, Moden zu dämpfen und dadurch Nachhaltigkeit zu fördern, birgt den Sprengsatz der neukantianischen Simmel-Ästhetik: Die Verknüpfung von Kunst und Genialität.

So nützlich Simmels *Philosophie der Mode* zur Generierung von Erklärungsmodellen auch ist, so zweifelhaft erscheint vorderhand ihr instrumenteller Nutzen, wenn es um die Förderung eines nachhaltigen Konsumverhaltens gehen soll. Das Lebendige und Genialische muss eben Neues oder wenigstens Revitalisiertes sein.

So scheint es, dass wir entweder akzeptieren müssen, dass die Modewellen Ressourcen verschlingen, oder wir müssten ein klassisch-schlichtes, statisches Leben annehmen, ob es uns so gefällt oder nicht.

Die in Abschn. 3.3 formulierten quantitativen Überlegungen zur Mode tragen indessen dazu bei, dieses Entweder-Oder in seiner Schärfe abzumildern. Es kommt nicht so sehr darauf an, dass die Modelle quantitativ sind. Dass quantitative Variablen eine wichtige Rolle spielen, ist nur notwendige Voraussetzung dafür, dass man Modelle mit stetigen Ursache-Wirkungszusammenhängen präzise formulieren kann. Stetigkeit heißt, dass geringe graduelle Änderungen in den Ursachen auch nur geringe Änderungen in den Wirkungen zur Folge haben. In anderen Worten: Wer stetige Zusammenhänge erfassen kann, dem ist Feinsteuerung möglich.

Qualitative Modelle allein verleiten, nicht notwendigerweise aber doch verführerisch, zu dichotomem Denken. Etwas ist da oder nicht, etwas hat eine bestimmte Eigenschaft oder nicht. So müssen wir uns im Kontext von Simmels *Philosophie der Mode* ebenfalls davor hüten, aus dem Widerstreit von beharrender Form und treibender Kreativität eine Dichotomie zu machen. Das Wechselspiel ist graduell. Es gibt ein mehr oder weniger an Formgebundenheit, Schlichtheit und Zweckmäßigkeit. Es gibt beim Mitläufertum eine größere oder schnellere Ausbreitungsgeschwindigkeit der Nouvelles Vogues. Und es gibt ein mehr oder weniger in der Frequenz oder gar Turbulenz der Modewellen.

So könnten wir uns es zumindest zum Ziel setzen, Modewellen zu verlangsamen, aus der „F a s t Fashion eine „S l o w Fashion" zu machen, indem wir die Schönheit der Dinge eher aus ihrer Zweckmäßigkeit und Solidität erwachsen lassen, als aus ihrem Neuigkeitswert. Je mehr so handeln, desto geringer werden die Amplituden der Modewellen werden. Je mehr wir die Geschwindigkeit im Verhaltenskopieren reduzieren, desto geringer werden die Frequenzen der Modewellen werden.

Man mag einwenden, dass in diesen Sentenzen eine gute Prise der Hybris der quantitativen Soziologie der 80er Jahre des letzten Jahrhunderts nachhalle. Hätten denn nicht gerade auch die Ereignisse der letzten drei Dekaden, vom Fall des Eisernen Vorhangs über die Lehman-Pleite bis zur Corona-Pandemie, gezeigt, dass soziale Entwicklungen bisweilen auch unberechenbar sind? Jawohl, kann man an dieser Stelle nur sagen! Gerade die Chaos-Forschung selbst hat ja gezeigt, dass die Möglichkeit zur stetigen Steuerung endet, wenn die Parameter so sind, dass chaotische Dynamik auftreten kann. Man muss dieses Eingeständnis auch gar nicht bedauern, sondern mag es eher positiv annehmen; es gibt Perspektiven aus denen heraus wir so unglücklich gar nicht sein sollten über die fallweise Indeterminiertheit der sozialen Zukunft und über Turbulenzen, die im

Lebensfluss eingesprengt sind. Um diese Blickwinkel einzunehmen, nähern wir uns noch einmal Simmel unter einem weiteren Aspekt.

5 Simmel, Siri der Belle Époque?

„Simmel ist weniger der ‚große' Theoretiker, schon gar nicht ein Systematiker, als vielmehr der geniale Anreger, der [...] auf die Umbrüche seiner Zeit reagiert hat", resümiert Jung (2016, S. 109) in seiner Simmel-Monographie. In Frisbys (1989) Sicht gehört Simmel zu den Kollektoren von „Fragmenten der Moderne". Das soziale Verhalten des Einzelnen wird in unserer Gegenwart von Google, Facebook und Cie. gescannt. Fragmente der Postmoderne sammeln in unseren Tagen Siri und Cortana. Viel mehr an beobachtetem sozialen Verhalten ruht auf den Servern, als selbst ein emsiger und eloquenter Simmel je hätte veröffentlichen können. Kritiker zeichnen das Schreckbild eines Hyper-1984 (Betancourt 2018; Sendler 2018; Zuboff 2019). Moderatere verweisen lieber auf die Chancen der Wissensproduktion auf großer Stufenleiter (Mason 2016; Weigend 2017; Nassehi 2019).

Um Risiken und Chancen recht ermessen zu können, muss man sich die methodische Frage stellen, zu welchem Grad Faktensammlung oder theoretische Anstrengung die instrumentelle Tauglichkeit von Sozialwissenschaft erhöht – sei es zum Guten oder Schlechten. An und für sich war es das Projekt der Historischen Schule (etwa Grimmer-Scholem 2003) zu meinen, es lasse sich aus einem Fundus stilisierter Fakten eine Theorie des Sozialen induzieren. Im Laufe des 20. Jahrhunderts hatte indessen, zumindest in der Ökonomik, eher das axiomatisch-deduktive Vorgehen die Oberhand behalten. Das Kap. 3 des vorliegenden Aufsatzes zeigt freilich, dass auch die Konfrontation oder Fusion des qualitativen Datensammelns aus der Gründerzeit der Soziologie mit den quantitativen Methoden des späteren 20. Jahrhunderts, fruchtbare – oder zumindest bemerkenswert neue – Ergebnisse herstellen kann. Das dichotomische Denken, zu dem uns die qualitative Argumentation verleitet, kann aufgelöst werden hin zur Möglichkeit stetiger Veränderung und Steuerung. Das Mittlere, der nachjustierbare Kompromiss, erhält seinen Platz. Multimethodische Sozialwissenschaft taugt unter diesem Aspekt deshalb auch gut, dem Normativen seinen Raum zu bewahren und einzuräumen. Es gibt Verhandlungsspielräume, innerhalb derer unterschiedliche Wertungen ihren Ausgleich finden können. Die Abwägung von Nachhaltigkeitserfordernissen und Konsumfreude steht schließlich vor und nach empathischer sozialer oder nüchterner mathematischer Rationalität. Im Kleinen kann unsere Untersuchung also belegen, dass das Zusammenbringen von Methoden und Wissen noch immer gut ist, Neues zu erzeugen. Sie demonstriert indessen auch, dass dadurch das Normative nicht seinen eigenen und unabhängigen Wert verliert.

Simmel zählt unter die Gründer der Soziologie als Wissenschaft. Unermüdlich hat er sie mit seinen Beobachtungen und Beiträgen fundiert. Die neuen quantitativen Methoden der 70er-Jahre (Cluster-Analyse) und 80er-Jahre (Simulation sozialer Dynamiken) haben die Soziologie kräftiger und mächtiger gemacht. Simmels Ansätze sind hier wesentlich eingegangen. Die Frage inwiefern eine immer mächtigere Sozialwissenschaft mit menschlicher Freiheit vereinbar ist, hätte Simmel wohl mit Rückgriff auf den Kantianismus beantwortet. Das Wissen um unsere Freiheit ist in uns gelegt und die praktische Vernunft soll so handeln, als ob sie frei wäre. Selbst hat er offensichtlich bedenkenlos Fakten zusammengetragen und beschrieben. Seine Soziologie ließ sich im vergangenen Jahrhundert kreativ mit quantitativen Ansätzen vermählen. Seine Sorglosigkeit um die menschliche Freiheit wird durch unsere Betrachtungen am Ende des 4. Kapitels eher bestätigt. Je komplexer das soziale System, desto unberechenbarer kann es werden.

Standen Simmels ausschweifende Essays, Abhandlungen und „Philosophien" an der Grenze zum Pathologischen Horten? Und wie werden die Datenspeicher, die jetzt aus dem Internet errichtet werden, in Zukunft beurteilt werden: Ein Acker für Erfolge einer induktiven Sozialwissenschaft? Oder werden sich neue, überraschende Einsichten mit neuen Methoden ergeben, wie wir für das Werk Simmels in diesem Aufsatz exemplifizieren konnten? Wird sich das Soziale weiterhin als so komplex erweisen, dass wir eine szientifizistische Einschränkung unserer Freiheit nicht zu fürchten brauchen?

Unser Blick auf Simmels Werk mag uns hier optimistisch stimmen. Die Beschreibung des Sozialen erschöpft sich nicht so schnell und birgt in sich eine Dynamik, die nachzuverfolgen und zu entwickeln auch mit einem Abstand von mehr als 100 Jahren zu faszinieren vermag.

Literatur

Axelrod, R. (1987). *Die Evolution von Kooperation* (1. Aufl.). München: Oldenbourg.
Betancourt, M. (2018). *Kritik des digitalen Kapitalismus. Aus dem Englischen von Manfred Weltecke Aus dem Englischen von Manfred Weltecke*. Darmstadt: Wissenschaftliche Buchgesellschaft.
Chassée, K., Zander, M., & Rasch, K. (2003). *Meine Familie ist arm. Wie Kinder im Grundschulalter Armut erleben und bewältigen* (2. Aufl.). Opladen: Leske & Budrich.

Dahme, H., & Rammstedt, O. (Hrsg.). (1984). *Georg Simmel und die Moderne. Neue Interpretationen und Materialien.* Frankfurt: Suhrkamp.
Dopfer, K. (Hrsg.). (2004). *Studien zur evolutorischen Ökonomik VIII.* Schriften des Vereins für Socialpolitik, Band 195/VIII. Berlin: Duncker & Humblot
Frey, A. (2020). Die Welt trägt Plastik. *Frankfurter Allgemeine Sonntagszeitung, 1,* 53.
Frisby, D. (1989). *Fragmente der Moderne. Georg Simmel – Siegfried Krakauer – Walter Benjamin.* Übersetzt von Adriane Rinsche. Münster: Daedalus.
Gassen, K., & Landmann, M. (Hrsg.). (1958). *Buch des Dankes an Georg Simmel. Briefe, Erinnerungen, Bibliographie. Zu seinem 100. Geburtstag am 1. März 1958.* Berlin: Duncker&Humblot.
Gossen, H. (1854). *Entwickelung der Gesetze menschlichen Verkehrs und der daraus fließenden Regeln für menschliches Handeln.* Braunschweig: Vieweg.
Hartmann, P. (1999). *Lebensstilforschung: Darstellung, Kritik und Weiterentwicklung.* Opladen: Leske & Budrich.
Grimmer-Solem, E. (2003). *The Rise of Historical Economics and Social Reform in Germany 1864–1894.* Oxford: Clarendon.
Haken, H. (1983). *Synergetik: Eine Einführung. Übersetzt von Arne Wunderlin Übersetzt von Arne Wunderlin* (1. Aufl.). Berlin: Springer.
Höffe, J. (2014). *Immanuel Kant* (8. Aufl.). München: Beck.
Hufnagel, R. (1992). Simulation von Präferenzschwankungen mit Hilfe der „ursprünglichen Gossenschen Gesetze". *Jahrbücher für Nationalökonomie und Statistik, 210,* 346–354.
Joël, K. (1901). Eine Zeitphilosophie. *Neue Deutsche Rundschau, 12,* 812–818.
Jung, W. (2016). *Georg Simmel zur Einführung.* 2. vollständig. 2. vollständig (überarbeitete). Hamburg: Junius.
Köhnke, K. (1996). *Der junge Simmel in Theoriebeziehungen und sozialen Bewegungen.* Frankfurt: Suhrkamp.
Köhnke, K. (2019). *Theorie und Begriff der Moderne. Vorlesungen zur Einführung in die Kulturphilosophie.* Aus dem Nachlaß herausgegeben von Jörn Bohr. München: Karl Alber.
Koigen, D. (1910). Soziologische Theorien. *Archiv für Sozialwissenschaft und Sozialpolitik, 31,* 908–924.
Mandelbrot, B. (1987). *Die fraktale Geometrie der Natur* (1. Aufl.). Basel: Birkhäuser.
Mason, P. (2016). *Postkapitalismus. Grundrisse einer kommenden Ökonomie.* Aus dem Englischen von Stephan Gebauer. Frankfurt: Suhrkamp.
McCloskey, . (1998). *The Rhetoric of Economics* (2. Aufl.). Madison: University of Wisconsin Press.
Nassehi, A. (2019). *Muster. Theorie der digitalen Gesellschaft.* München: Beck.
Nowak, M. (2013). *Kooperative Intelligenz.* München: Beck.
Paetzold, H. (1995). *Ernst Cassirer – Von Marburg nach New York – Eine Philosophische Biographie.* Darmstadt: Wissenschaftliche Buchgesellschaft.
Sendler, U. (2018). *Das Gespinst der Digitalisierung. Menschheit im Umbruch. Auf dem Weg zu einer neuen Weltanschauung.* Wiesbaden: Springer.
Simmel, G. (1989). *Philosophie des Geldes.* Georg Simmel Gesamtausgabe, Band 6, herausgegeben von David. P. Frisby und Klaus Christian Köhnke. Frankfurt.
Simmel, G. (1991). *Aufsätze und Abhandlungen 1901–1908 Band 1.* Georg Simmel Gesamtausgabe, Band 7, herausgegeben von Rüdiger Kramme, Angela Rammstedt und Otthein Rammstedt. Frankfurt: Suhrkamp.

Simmel, G. (1992). *Soziologie. Untersuchungen über die Formen der Vergesellschaftung*. Georg Simmel Gesamtausgabe, Band 11, herausgegeben von Otthein Rammstedt. Frankfurt: Suhrkamp.

Simmel, G. (1996). *Hauptprobleme der Philosophie. Philosophische Kultur.* Georg Simmel Gesamtausgabe, Band 14, herausgegeben von Rüdiger Kramme und Otthein Rammstedt. Frankfurt: Suhrkamp.

Simmel, G. (2000). *Das Wesen der Materie nach Kant's Physischer Monadologie. Abhandlungen 1882–1884. Rezensionen 1883–1901.* Georg Simmel Gesamtausgabe, Band 1, herausgegeben von Klaus Christian Köhnke. Frankfurt: Suhrkamp.

Simmel, G. (2003). *Goethe. Deutschlands innere Wandelung. Das Problem der historischen Zeit. Rembrandt.* Georg Simmel Gesamtausgabe, Band 15, herausgegeben von Uta Kösser, Hans-Martin Kruckis und Otthein Rammstedt. Frankfurt: Suhrkamp.

Simmel, G. (2016a). *Philosophie der Mode. Zur Psychologie der Mode. Zwei Essays.* Vollständige Neuausgabe mit einer Biographie des Autors von Karl-Maria Guth. Berlin: Hofstede.

Simmel, G. (2016). *Individualismus der modernen Zeit und andere soziologische Abhandlungen. Ausgewählt und mit einem Nachwort von Otthein Rammstedt* (2. Aufl.). Frankfurt: Suhrkamp.

Simmel, H. (1976). Auszüge aus den Lebenserinnerungen. In H. Böhringer & G. Gründer (Hrsg.), *Ästhetik und Soziologie um die Jahrhundertwende: Georg Simmel* (S. 247–268). Frankfurt: Suhrkamp.

Skinner, Q. (1969). Meaning and Understanding in the History of Ideas. *History & Theory, 8*(1), 3–53.

Stigler, G. (1954). The Early History of Empirical Studies of Consumer Behaviour. *The Journal of Political Economy, 62,* 95–113.

Susman, M. (1959). *Die geistige Gestalt Georg Simmels.* Tübingen: Mohr.

Weigend, A. (2017). *Data for the people. Wie wir die Macht über unsere Daten zurückerobern.* Aus dem Englischen übersetzt von Andreas dos Santos. Hamburg: Murmann.

Weise, P. (1991). Würde Gossen die Gossenschen Gesetze akzeptieren? *Jahrbücher für Nationalökonomie und Statistik, 208,* 94–97.

Wilson, E. (2012). *The Social Conquest of Earth.* New York: Liveright.

Zuboff, S. (2019). *Das Zeitalter des Überwachungskapitalismus.* Frankfurt: Campus.

Rainer Hufnagel Dr., habilitiert in Mikroökonomik, Lehrkraft für besondere Aufgaben an der Hochschule Weihenstephan-Triesdorf, Forschungsschwerpunkte: Haushalts- und Konsumökonomik, Nachfragetheorie und Produktionstheorie

Rückblick und Ausblick: „Verbrauchertheorie neu denken!" Anregungen auf dem Gründungs-Workshop des Bamberger Kreises

Karl Kollmann

Zusammenfassung

In dem Beitrag werden zunächst (1) ganz persönliche Fragen angesprochen. Es folgen (2) grundsätzliche Fragen an die Verbraucherforschung, insbesondere an die Theoriebildung, (3) ganz praktische Fragen an die Verbraucherarbeit und abschließend (4) Anregungen zu grundsätzlichen Ansatzpunkten für die Verbrauchertheorie.

Der Beitrag basiert auf der lediglich redaktionell bearbeiteten Unterlage zu dem Vortrag auf dem Gründungs-Workshop des Bamberger Kreises vom 10. bis 11. Juli 2013 (vgl. dazu Kap. 1 in diesem Band sowie Fridrich et al. 2014).

1 Zuerst einige ganz persönliche Fragen, die ich mir immer wieder stelle …

1. Bekommt die aktuelle Verbraucherforschung ihren Gegenstand, den Verbraucher, heute noch halbwegs ins Blickfeld?
2. Berücksichtigt die aktuelle Verbraucherpolitik die Verfasstheit, die Einbettungen der Verbraucherrolle des modernen Menschen, in einem zureichenden Maß?

K. Kollmann (✉)
Universität Wien, Baden bei Wien, Österreich
E-Mail: piorkowsky@ilr.uni-bonn.de

© Springer Fachmedien Wiesbaden GmbH, ein Teil von Springer Nature 2021
M.-B. Piorkowsky und K. Kollmann (Hrsg.), *Eigensinnige und unorthodoxe Vordenker für eine Kritische Konsumtheorie*, Kritische Verbraucherforschung, https://doi.org/10.1007/978-3-658-31537-5_8

3 Lassen sich Verbraucherforschung und Verbraucherpolitik heute instrumentalisieren?
4 Ist die universitäre Forschung heute überhaupt noch imstande, kritisch mit der aktuellen Verbraucherforschung und der aktuellen Verbraucherpolitik umzugehen?

2 Bausteine 1: Mögliche grundsätzliche Fragen, die man stellen sollte

1 Was benötigt man für eine glaubwürdige Beschreibung und Erklärung des Verhaltens oder Handelns der Menschen als Verbraucher?
2 Erste Vorbedingung: Wenn Verbraucherhandeln „soziales und wirtschaftliches Handeln" ist – was benötigt man für eine überzeugende Beschreibung und Erklärung des Verhaltens oder Handelns der Menschen?
3 Zweite Vorbedingung: Wenn wirtschaftliches Handeln auf der Basis sozialer Flächen geschieht und kein Handeln sui generis ist, was mit genügender Sicherheit anzunehmen ist (vgl. dazu Graeber 2012; Sedláček 2012; Skidelsky und Skidelsky 2013)[1], wie versteht man wirtschaftliches Handeln innerhalb sozialer Handlungskontexte?
4 Dritte Vorbedingung: Wird bei Verbraucherfragen mitgedacht, dass für die Lebenswelt der Menschen Konsum nur eine Schnittstelle zur Gesellschaft ist (eine zweite ist die Erwerbstätigkeit)? Konsum ist (wäre) in vielen Fällen durch Haushaltsproduktion substituierbar. Und der eigene Haushalt begrenzt einerseits und entwickelt andererseits die individuellen Möglichkeiten seiner Mitglieder (Piorkowsky 2011).
5 Können mit einer Frage nach den Motiven sozialen Handelns auch kulturelle, individuen-übergreifende psychische Lagen erklärt werden; Depressionen, Unzufriedenheiten, etc.?
6 Menschen haben soziale Organisationen geschaffen (oder geduldet, das politische System, die Marktwirtschaft, Nationen, usw.) – wie geht man mit solchen Institutionen als Makro-Randbedingungen um?
7 Wie geht man mit geschichtlichen Entwicklungen – etwa von der Sklavenhaltergesellschaft, über das autoritäre aristokratische System bis hin zur Demokratie – um? Ist die Europäische Aufklärung – also bürgerliche Selbstbestimmung – im Verständnis sozialen Handelns und sozialer Institutionen

---

[1] Alle drei Bücher belegen den Primat des „Sozialen".

genügend berücksichtigt? Mit anderen Worten: Wird die geschichtliche Entwicklung zureichend berücksichtigt?

8 Wie respektiert man sich abzeichnende mögliche künftige Entwicklungen in einem passenden und umfassenden Zugang zur Gegenwartsgesellschaft und Gegenwartswirtschaft?

9 Inwieweit können und sollen (nationale, machtblock-generierte) geopolitische Überlegungen in eine Erklärung von kulturellem Verbraucherverhalten einfließen?

10 Kann man biologische und planetarische Grenzen (Rohstoffe, Umweltbelastbarkeit) in einem sozialen und wirtschaftlichen Erklärungsmodell auch passend berücksichtigen?

11 Muss man nicht die Trias: Politik – Wirtschaft – Medien als kulturelle institutionelle Organisation sui generis auffassen? Medien und die omnipräsente Werbung präformieren die Realitätswahrnehmung (Metz und Seeßlen 2012)[2].

12 Zwingen nicht die kulturwissenschaftlichen Verständnisse (vgl. Punkt 5 im nächsten Abschnitt zur „Verbraucherarbeit") überhaupt zu einer breiteren, interdisziplinären Kommunikation und Ausrichtung?

3 Bausteine 2: Mögliche praktische Fragen an die „Verbraucherarbeit"

1 Die Eindimensionalität von Verbraucherinformation: Verbraucherberatung und Verbraucherinformation liefern seit Jahrzehnten wertvolle Beiträge zur Markttransparenz. Sie ignorieren im Regelfall jedoch, dass viele Konsumbereiche (zumindest teilweise) durch autonome und selbstgestaltete Haushaltsproduktion substituiert werden können (und umgekehrt).

2 Ausblenden der Mehr- oder Vieldimensionalität des Konsumhandelns: Verbraucherinformation stellt auf den Gebrauchswert von Gütern und Leistungen ab[3]. Gebrauchswertorientierte Anschaffungen sind jedoch nur ein Teil der Kaufmotive. Auf die oftmals bedeutsameren Konsumaspekte, die für Menschen wichtig geworden sind – Stichworte: demonstrativer Konsum, kompensatorischer Konsum, Konsumgüter als symbolische Güter bzw. Kommunikationsmittel[4]

---

[2]Postmodernität bedeutet eine Welt von Symbolismus und Spektakel, in diesem Sinn vorher schon: Fuat Firat und Venkatesh (1995).

[3]In Kontinentaleuropa eigentlich nur auf die technische Gebrauchstauglichkeit. Gebrauchswert wäre die ökonomisch bewertete (Kaufpreis) Gebrauchstauglichkeit.

[4]Diese Dimensionen könnten durchaus kritisch gesehen werden, sie gänzlich auszublenden macht jedoch den Umgang mit Konsum defizitär.

– wird praktisch nicht eingegangen (Kollmann 1993). Das Konsumverständnis der praktischen Verbraucherpolitik reflektiert also nur eine Teilmenge der Konsummotive, entfernt sich damit von der Lebenswelt der Menschen.

3 Affirmation praktischer Verbraucherpolitik: In den 70er- und 80er-Jahren des letzten Jahrhunderts hatte die Verbraucherpolitik eine kritische, über das herkömmliche politische System hinausreichende (gesellschaftspolitische) Dimension. Diese ist seit den 1990er-Jahren abhandengekommen – die Verbraucherpolitik ist affirmativ, an das Regelsystem traditioneller Politik sich anpassend geworden (Kollmann 2010).

4 Absenz theoretischer Verbraucherpolitik: Die Forschung und Theoriebildung, bei der die Verbraucher im Fokus stehen, ist heute in der universitären Landschaft kaum noch präsent. Im außeruniversitären Bereich gab es solche Forschung ohnedies nicht, da es dafür keine Interessenten gab. Neue Ansätze scheinen sich auf affirmative, praktisch verwertbare Arbeiten und Themen zu beschränken.

5 Ignoranz moderner Konsumverständnisse: Können die Neuen Konsumverständnisse aus den Kulturwissenschaften einigermaßen reflektiert und in der praktischen Verbraucherarbeit berücksichtigt werden? Die mit den Konsumgütern durch Marketing vermittelten Emotionen, Werte und „Treiber" werden von den Kulturwissenschaften schon seit vielen Jahren ja als wesentliches Inventar der Lebenswelt und der persönlichen Identität der konsumgesellschaftlichen Individuen verstanden (etwa aktuell, wenn auch unkritisch vgl. Ullrich 2013). Warum finden sie keine Berücksichtigung?

4 Verbrauchertheorie: Grundsätzliche Ansatzpunkte

1 Eine brauchbare Theorie sozialen Handelns (Luckmann 1992): Neben psychologischen Bedürfnissen/Motiven, den erworbenen Werten und Einstellungen stellt „soziale Anerkennung" einen wesentlichen Antrieb für soziales Handeln dar. Zur modernen soziologische Theorie siehe Homans (1968) und Honneth (2003).

2 Eine Theorie sozialer Institutionen: Interessenslagen von Gruppen und Einrichtungen beeinflussen die Politik einer nationalen oder supranationalen Einheit; Lobbying, organisierte, gesellschaftliche Interessens- und Machtgruppen. Zur modernen Politische Ökonomie siehe Kirsch (1993).

3 Ein kritisches Geschichtsverständnis: Menschen bzw. Gruppen können die Gesellschaft, „die Wirklichkeit" verändern und haben das ja immer – oft auch erfolglos – unternommen (Berger und Luckmann 1977). Können Sie das

auch mit und bei der Konsumgesellschaft? (Sassatelli 2007). Wenn man Aufklärung, demokratisches Denken und bürgerliche Gestaltungsfähigkeit ernst nimmt, müsste jede Beschreibung/Erklärung, ebenso wie die Pädagogik mit der Bürgerrolle beginnen, und dann erst mit der Verbraucherrolle bzw. Wirtschaftsakteursrolle (Wirtschaft und Konsum) fortsetzen[5]. Dies entspricht nicht den Absichten von Politik und Medien, hier will man eher alle bürgerlichen Gestaltungsmöglichkeiten durch Verbraucherrollen (Konsum statt Partizipation) ersetzen (Lewis et al. 2005).

4 Ein interdisziplinärer/transdisziplinärer Umgang mit den Entwicklungen der Lebenswelt: Eine Universalwissenschaft des Verbrauchers/ des privaten Haushalts wird es in absehbarer Zeit wohl nicht geben (dazu müsste man Wissenschaft neu gründen). Jedoch eine Überbrückung (ein Kommunikationsverhältnis) von Ökonomie, Soziologie, Psychologie, Kulturwissenschaften könnte und sollte versucht werden, um Einsichten (Beschreibungen, Erklärungen) zu bündeln und zutreffendere Beschreibungen und Erklärungen einerseits zu machen und andererseits eine tiefgründigere Politik zu versuchen.

Literatur

Berger, P. L., & Luckmann, T. (1977). *Die gesellschaftliche Konstruktion der Wirklichkeit. Eine Theorie der Wissenssoziologie.* Frankfurt a. M.: Fischer.
Fridrich, C., Hübner, R., Hufnagel, R., Jaquemoth, M., Kollmann, K., Piorkowsky, M.-B., Schneider, N. F., Tröger, N., & Wahlen, S. (2014). Bamberger Manifest für ein neues Verbraucherverständnis. *Journal für Verbraucherschutz und Lebensmittelsicherheit.* https://doi.org/10.1007/s00003-014-0880-1.
Fuat Firat, A., & Venkatesh, V. (1995). Liberatory Postmodernism and the Reenchantment of Consumption. *Journal of Consumer Research, 22*(3), 239–267.
Graeber, D. (2012). *Schulden. Die ersten 5000 Jahre.* Stuttgart: Klett-Cotta.
Homans, G. C. (1968). *Elementarformen sozialen Verhaltens.* Köln: Westdeutscher Verlag.
Honneth, A. (2003). *Kampf um Anerkennung: zur moralischen Grammatik sozialer Konflikte.* Frankfurt a. M.: Suhrkamp.
Kirsch, G. (1993). *Neue Politische Ökonomie.* Düsseldorf: Werner.
Kollmann, K. (1993). *Neuorientierte Verbraucherpolitik.* Wien: Verlag Öst. Staatsdruckerei.
Kollmann, K. (2010). Benötigt die Verbraucherpolitik eine Verbrauchertheorie? *Wirtschaft und Gesellschaft, 36*(1), 79–93.
Lang, T., & Gabriel, Y. (1995). The consumer as citizen. *Consumer Policy Review, 5*(3), 96–102.

[5]Mit dem Spannungsfeld „Citizen – Consumer" haben sich die Cultural Studies seit den 90er-Jahren beschäftigt, etwa Lang und Gabriel (1995).

Lewis, J., Inthorn, S., & Wahl-Jorgensen, K. (2005). *Citizens or Consumers: What the Media Tell us about Political Participation*. Maidenhead, New York: Open University Press.
Luckmann, T. (1992). *Theorie des sozialen Handelns*. Berlin: de Gruyter.
Metz, M., & Seeßlen, G. (2012). *Kapitalismus als Spektakel oder Blödmaschinen und Econotainment*. Berlin: Suhrkamp.
Piorkowsky, M.-B. (2011). *Alltags- und Lebensökonomie. Erweiterte mikroökonomische Grundlagen für finanzwirtschaftliche und sozioökonomisch-ökologische Basiskompetenzen*. Bonn University Press, Göttingen: V&R Unipress.
Sassatelli, R. (2007). *Consumer Culture. History, Theory and Politics*. London: Sage.
Sedláček, T. (2012). *Die Ökonomie von Gut und Böse*. München: Carl Hanser.
Skidelsky, R., & Skidelsky, E. (2013). *Wie viel ist genug? Vom Wachstumswahn zu einer Ökonomie des guten Lebens*. München: Kunstmann.
Ullrich, W. (2013). *Alles nur Konsum. Kritik der warenästhetischen Erziehung*. Berlin: Klaus Wagenbach.

Karl Kollmann Ingenieur, promovierter Soziologe und habilitierter Ökonom, Titularprofessor der Wirtschaftsuniversität Wien, viele Jahre für die AK Wien in der österreichischen und europäischen Verbraucherpolitik tätig, Vorsitzender des Verbraucherrats (Austrian Standards Institute), Mitherausgeber des „Jahrbuch Nachhaltige Ökonomie", Metropolis-Verlag, Marburg. Forschungsschwerpunkt: Haushalts- und Konsumökonomie. Karl Kollmann starb am 5. September 2019.

CPSIA information can be obtained
at www.ICGtesting.com
Printed in the USA
LVHW080915110421
684151LV00018B/1134